数学

——职教高考数学点拨新突破

主　编　曾林彬

副主编　吴聪磷　王　魁　张建文　白　琼

参　编　张　婷　杨映琳　仇佩霞　童甜甜　刘　旗　陈鹏程　王丰洲　梁　涛　蒋婷婷

主　审　李媛媛　杨明德　张新美

中国商业出版社

图书在版编目(CIP)数据

数学 ：职教高考数学点拨新突破 / 曾林彬主编. 北京 ：中国商业出版社，2024. 10. -- ISBN 978-7-5208-3164-2

Ⅰ. G634. 603

中国国家版本馆 CIP 数据核字第 20248NK780 号

责任编辑:李　飞
（策划编辑:蔡　凯）

中国商业出版社出版发行
（www.zgsycb.com　100053　北京广安门内报国寺 1 号）
总编室:010－63180647　编辑室:010－83114579
发行部:010－83120835/8286
新华书店经销
北京九州迅驰传媒文化有限公司印刷

*

787 毫米×1092 毫米　16 开　16.5 印张　390 千字
2024 年 10 月第 1 版　2024 年 10 月第 1 次印刷
定价:48.00 **元**

*　*　*　*

（如有印装质量问题可更换）

前　言

党的二十大报告指出:“教育、科技、人才是全面建设社会主义现代化国家的基础性、战略性支撑。”这是党中央将教育、科技、人才三大战略一体规划、系统部署,充分体现了党中央对教育、科技、人才三者内在逻辑和发展规律的深刻把握,以及对高等教育和人才培养的高度重视。教育是国之大计、党之大计,职业教育是我国教育体系的重要组成部分,肩负着“为党育人、为国育才”的神圣使命。本教材以习近平新时代中国特色社会主义思想为指导,深入贯彻落实党的二十大精神和全国职业教育大会精神,将思想道德建设与专业素质培养融为一体,加快构建现代职业教育体系,着力培养更多高素质技术技能人才、能工巧匠和大国工匠。

职业教育发展进程中,许多中职学生由于受到一些条件的限制,难以进一步升学以提升其职业技能和就业竞争力,职教高考作为中职学生升入高一级学校的主要途径,受到了众多中职学校师生的热切关注。学校期望学生能通过此考试进入更高学府深造,学生也希望通过这一通道增强自身的就业实力。实际上,很多学生因为学习基础薄弱、学习方法不当等问题而在高职高考中失利。鉴于此,我们联合了广大从事中职一线教学的教师,针对学生在高职高考过程中可能遇到的学习难题,精心编写了这本高等职业院校招生考试用书。

本教材按照现代职业教育新形态教材建设思路,以全新的理念、视角、组织、方法和路径,聚焦数学职教高考的核心知识,全面落实立德树人根本任务,体现了职业教育教材的职业性与实用性,凸显了职业教育的类型特征。针对学生学习中的难点进行分析,探讨考试中可能遇到的难题,提供相应的解题技巧,通过设计相关的练习题,旨在培养学生解决数学问题的能力。

本教材内容涵盖集合与逻辑用语、不等式、函数、指数函数与对数函数、三角函数、数列、平面向量、平面解析几何、立体几何、概率与统计等十大章节,全面覆盖了职教高考数学科目的相关知识点。所有知识点均通过具体例子进行阐释,并配以大量有针对性的练习,确保精讲多练,帮助学生深入理解和掌握。

本书由曾林彬任主编；吴聪磷、王魁、张建文、白琼任副主编；参编人员有张婷、杨映琳、仇佩霞、童甜甜、刘旗、陈鹏程、王丰洲、梁涛、蒋婷婷。最后由李媛媛、杨明德、张新美负责本书主审工作。

由于编者的学术水平有限，时间仓促，书中难免存在不足之处，恳请广大读者提出宝贵的意见和建议，我们将不胜感激。

目　录

第1章　集合与逻辑用语

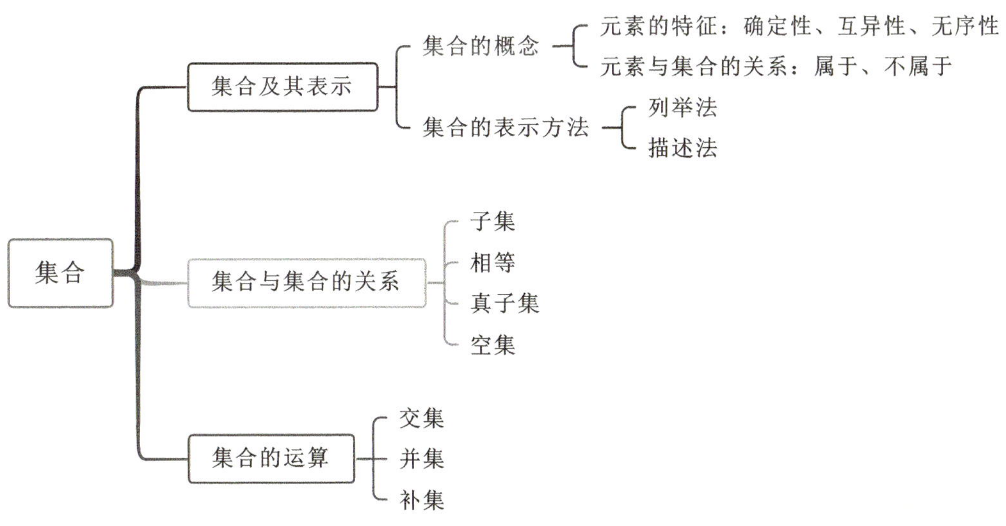

逻辑用语分为充分条件、必要条件以及充要条件三种.

考点 1　集合及其关系

【知识点】

1. 集合的有关概念

(1) 定义：由某些确定的对象组成的整体称为集合. 构成集合的每个对象都叫作这个集合的元素.

(2) 集合中元素的特征：确定性、无序性、互异性.

(3) 空集：不含任何元素的集合，记作 $\varnothing$.

(4) 常见数集符号如下.

数集	自然数集	正整数集	整数集	有理数集	实数集
记法	$\mathbf{N}$	$\mathbf{N}_+$ 或 $\mathbf{N}^*$	$\mathbf{Z}$	$\mathbf{Q}$	$\mathbf{R}$

2. 元素与集合的关系

如果 a 是集合 A 的元素，就说 a 属于集合 A，记作 $a \in A$；如果 a 不是集合 A 的元素，就说 a 不属于集合 A，记作 $a \notin A$.

3. 集合的表示方法

列举法、描述法.

4. 集合与集合的关系

关系	文字语言	符号语言
子集	集合 A 中任意一个元素都是集合 B 中的元素	$A \subseteq B$ 或 $B \supseteq A$
相等	集合 A 与集合 B 中的所有元素都相等	$A = B$ 或 $B = A$
真子集	A 中任意一个元素均为 B 中的元素， 且 B 中至少有一个元素不是 A 中的元素	$A \subsetneqq B$ 或 $B \supsetneqq A$
空集	空集是任何集合的子集， 是任何非空集合的真子集	$\varnothing \subseteq A$，$\varnothing \subsetneqq B$ $(B \neq \varnothing)$

注：若集合 A 中有 $n(n \in \mathbf{N}_+)$ 个元素，则 A 的子集有 2^n 个，真子集有 2^n-1 个，非空真子集有 2^{n-1} 个.

【例题讲解】

例 1. 下列各对象不可以组成集合的是(　　).

A. 某学校计算机教室中的所有计算机　　B. 某学校素质好的学生

C. 某菜地里的所有黄瓜　　D. 某学校所有女老师

【答案】B

【解析】素质好不是确定的，不满足集合中元素的确定性.

例 2. 用“$\in$”或“$\notin$”填空

(1)0 ______ $\{0\}$　　(2)0 ______ $\varnothing$　　(3)0 ______ **N**

(4)a ______ $\{a, b\}$　　(5)-3 ______ **Z**　　(6)$\sqrt{3}$ ______ **Q**

(7)0.5 ______ **Z**　　(8)e ______ **Q**　　(9)π ______ **R**

【答案】(1) $\in$；(2) $\notin$；(3) $\in$；(4) $\in$；(5) $\in$；(6) $\notin$；(7) $\notin$；(8) $\notin$；(9) $\in$.

例 3. 用适当的方法表示下列集合.

(1) 大于 3.5 且小于 8.5 的整数构成的集合；(2) 不等式 $x-1<2$ 的解集.

【答案】(1)$\{4, 5, 6, 7, 8\}$；(2)$\{x \mid x<3\}$.

【解析】集合常用的两种表示方法，分别是列举法和描述法.

例 4. 下列四个关系：①$\{a, b\} \subseteq \{b, a\}$，②$\{0\}=\varnothing$，③ $\varnothing \in \{0\}$，④$0 \in \{0\}$，其中，正确的个数是(　　).

A. 1 个　　B. 2 个　　C. 3 个　　D. 4 个

【答案】B

【解析】① 项，因为任何集合是它自己的子集，所以$\{a, b\} \subseteq \{b, a\}$正确；② 项和 ③ 项，$\varnothing$ 是一个集合，没有任何元素，而$\{0\}$是一个含有元素 0 的集合，故 ②③ 项错误；④ 项$\{0\}$是一个含有元素 0 的集合，故 ④ 项正确.

例 5. 已知 $A=\{2, -3, 4\}$，集合 A 的子集有(　　).

A. 8 个　　B. 9 个　　C. 7 个　　D. 6 个

【答案】A

【解析】集合 A 中有 3 个元素，所以集合 A 的子集有 $2^3=8$ 个.

【强化训练】

一、选择题

1. 已知集合 $A=\{-1, 0, 1\}$，$B=\{1, a^2\}$，若 $A \supseteq B$，则实数 a 的值为(　　).

A. 0　　B. 1　　C. -1　　D. 0，-1，1

2. 集合$\{a, b\}$的子集有(　　).

A. 1 个　　B. 2 个　　C. 3 个　　D. 4 个

3. 集合 $A=\{x \in \mathbf{Z} \mid 0 \leqslant x<3\}$ 的真子集的个数是(　　).

A. 5 个　　B. 6 个　　C. 7 个　　D. 8 个

4. 集合 $P=\{x \mid x \leqslant 4\}$，则下列各式正确的是（　　）.

A. $\pi \notin P$　　B. $\pi \subseteq P$　　C. $\{\pi\} \in P$　　D. $\{\pi\} \subseteq P$

5. 设 $M=\{x \mid x \leqslant \sqrt{10}\}$，$a=3$，下列各式正确的是（　　）.

A. $a \subseteq M$　　B. $a \notin M$　　C. $\{a\} \subseteq M$　　D. $\{a\} \in M$

6. 设 $M=\{a\}$，则下列各式正确的是（　　）.

A. $a=M$　　B. $a \in M$　　C. $a \subseteq M$　　D. $a \notin M$

7. 集合 $\{1, 2, 3\}$ 的所有真子集的个数为（　　）.

A. 1 个　　B. 3 个　　C. 5 个　　D. 7 个

8. 下列选项中，表示同一集合的是（　　）.

A. $A=\{0, 1\}$，$B=\{(0, 1)\}$　　B. $A=\{2, 3\}$，$B=\{3, 2\}$

C. $A=\{x \mid -1<x \leqslant 1, x \in \mathbf{N}\}$，$B=\{1\}$　　D. $A=\varphi$，$B=\{x \mid \sqrt{x} \leqslant 0\}$

9. 下列各项中，不能组成集合的是（　　）.

A. 所有的正数　　B. 所有的老人

C. 不等于 0 的数　　D. 我国古代四大发明

10. 下列对象能构成集合的是（　　）.

①NBA 联盟中所有优秀的篮球运动员；

② 所有的钝角三角形；

③2015 年诺贝尔经济学奖得主；

④ 大于等于 0 的整数；

⑤ 我校所有聪明的学生.

A. ①②④　　B. ②⑤

C. ③④⑤　　D. ②③④

11. $\{x \in \mathbf{N} \mid -2<x<4\}$ 用列举法表示是（　　）.

A. $\{-1, 1, 2, 3\}$　　B. $\{-1, 0, 1, 2, 3\}$

C. $\{0, 1, 2, 3, 4\}$　　D. $\{0, 1, 2, 3\}$

12. 已知集合 $A=\{(x, y) \mid x^2+y^2 \leqslant 3, x \in \mathbf{Z}, y \in \mathbf{Z}\}$，则 A 中元素的个数为（　　）.

A. 9 个　　B. 8 个　　C. 5 个　　D. 4 个

13. 已知集合 $M=\{x \mid x^2+x=0\}$，则（　　）.

A. $\{0\} \in M$　　B. $\varnothing \in M$　　C. $-1 \notin M$　　D. $-1 \in M$

14. 已知集合 $A=\{-1, 0, 1\}$，$B=\{a+b \mid a \in A, b \in A\}$，则集合 $B=$（　　）.

A. $\{-1, 1\}$　　B. $\{-1, 0, 1\}$

C. $\{-2, -1, 1, 2\}$　　D. $\{-2, -1, 0, 1, 2\}$

15. 对于集合 A，B，“$A \subseteq B$”一定成立的含义是（　　）.

A. A 是 B 的子集　　B. A 中的元素都不是 B 的元素

C. A 中至少有一个元素不属于 B　　D. B 中至少有一个元素不属于 A

16. 集合 $A=\{x \mid 0 \leqslant x<3 \text{ 且 } x \in \mathbf{Z}\}$ 的真子集的个数是（　　）.

A. 5 个　　B. 6 个　　C. 7 个　　D. 8 个

二、填空题

17. 集合$\{a, b\}$有哪些子集？________.

18. 在数集$\{0, 1, x-2\}$中，实数x不能取的值是________.

19. 已知集合$A=\{12, a^2+4a, a-2\}$，且$-3 \in A$，则$a=$________.

20. 用“$\in$”或“$\notin$”填空：0________N.

21. 集合$\{2a, a^2-a\}$中实数a的取值范围是________.

三、解答题

22. 设集合$A=\{0, 2, 4\}$，集合$B=\{1, 2, 3, 4, 5\}$，写出集合$A \cap B$的所有子集，并指出其中的真子集.

23. 判断集合$A=\{x \mid x=2k, k \in \mathbf{Z}\}$与集合$B=\{x \mid x=4k, k \in \mathbf{Z}\}$的关系.

考点 2　集合的运算

【知识点】

集合的有关概念及集合的运算

	交集	并集	补集
图形			
符号	$A \cap B = \{x \mid x \in A 且 x \in B\}$	$A \cup B = \{x \mid x \in A 或 x \in B\}$	$\complement_U A = \{x \mid x \in U 且 x \notin A\}$
性质	$A \cap B = B \cap A$ $A \cap A = A$ $A \cap \varnothing = \varnothing$ $(A \cap B) \cap C = A \cap (B \cap C)$ 若 $A \subseteq B$，则 $A \cap B = A$	$A \cup B = B \cup A$ $A \cup A = A$ $A \cup \varnothing = A$ $(A \cup B) \cup C = A \cup (B \cup C)$ 若 $A \subseteq B$，则 $A \cup B = B$	$A \cup (\complement_U A) = U$ $A \cap (\complement_U A) = \varnothing$ $\complement_U(\complement_U A) = A$ $\complement_U \varnothing = U$，$\complement_U U = \varnothing$

【例题讲解】

例 1. 若集合 $A=\{x \mid x+2=0\}$，集合 $B=\{x \mid x^2-4=0\}$，则 $A \cap B=($　　$)$.

A. $\{-2\}$　　B. $\{2\}$　　C. $\{-2, 2\}$　　D. $\varnothing$

【答案】A

【解析】求得集合 $A=\{-2\}$，集合 $B=\{-2, 2\}$，$A \cap B$ 即取集合 A 和集合 B 相同元素，即 $\{-2\}$.

例 2. 若全集 $U=\{x\in \mathbf{Z} \mid 0<x<11\}$，集合 $A=\{1, 2, 3, 4\}$，$B=\{3, 4, 5, 6, 7\}$.

(1) 求 $\complement_U A\cap B$，$\complement_U(A\cup B)$.

(2) 若集合 $M\cup A=A$，求满足条件的集合 M 的个数.

【答案】(1) $\complement_U A\cap B=\{5, 6, 7\}$，$\complement_U(A\cup B)=\{8, 9, 10\}$；(2)16 个.

【解析】(1) 要注意运算顺序，$\complement_U A\cap B$ 应先求 $\complement_U A$，后求交集；$\complement_U(A\cup B)$ 应先求并集，再求补集. 因为 $U=\{1, 2, 3, 4, 5, 6, 7, 8, 9, 10\}$，$A=\{1, 2, 3, 4\}$，$B=\{3, 4, 5, 6, 7\}$，所以 $\complement_U A=\{5, 6, 7, 8, 9, 10\}$，所以 $\complement_U A\cap B=\{5, 6, 7\}$，$A\cup B=\{1, 2, 3, 4, 5, 6, 7\}$，$\complement_U(A\cup B)=\{8, 9, 10\}$.

(2) 由 $M\cup A=A$ 知 $M\subseteq A$，问题的实质是求集合 A 的子集的个数. 因为 $M\cup A=A$，所以 $M\subseteq A$，所以满足条件的集合 M 共有 $2^4=16$ 个.

例 3. 若集合 $M=\{x \mid 0\leqslant x<2\}$，集合 $N=\{x \mid -1<x<1\}$，则集合 $M\cap N=$ (　　).

A. $\{x \mid -1\leqslant x<2\}$　　B. $\{x \mid 0\leqslant x<1\}$

C. $\{x \mid 0\leqslant x\leqslant 1\}$　　D. $\{x \mid -1\leqslant x\leqslant 2\}$

【答案】B

【解析】因为集合 $M=\{x \mid 0\leqslant x<2\}$，集合 $N=\{x \mid -1<x<1\}$，所以 $M\cap N=\{x \mid 0\leqslant x<1\}$.

例 4. 已知全集 $U=\{a, b, c, d\}$，集合 $M=\{a, c\}$，则 $\complement_U M=$ (　　).

A. $\varnothing$　　B. $\{a, c\}$　　C. $\{b, d\}$　　D. $\{a, b, c, d\}$

【答案】C

【解析】因为全集 $U=\{a, b, c, d\}$，集合 $M=\{a, c\}$，所以 $\complement_U M=\{b, d\}$.

例 5. 设集合 $A=\{x \mid 2x-8<0\}$，集合 $B=\{x \mid 0<x<6\}$，全集 $U=\mathbf{R}$ 求：(1)$A\cap B$；(2) $\complement_U A\cup B$.

【答案】(1) $\{x \mid 0<x<4\}$；(2) $\{x \mid x>0\}$.

【解析】(1) 集合 $A=\{x \mid 2x-8<0\}=\{x \mid x<4\}$，$B=\{x \mid 0<x<6\}$，所以 $A\cap B=\{x \mid 0<x<4\}$.

(2) 因为全集 $U=\mathbf{R}$，所以 $\complement_U A=\{x \mid x\geqslant 4\}$，所以 $\complement_U A\cup B=\{x \mid x>0\}$.

【强化训练】

一、选择题

1. 已知集合 $A=\{1, 3, 5, 7, 9\}$，$B=\{0, 3, 6, 9, 12\}$，则 $A\cap B=$ (　　).

A. $\{3, 5\}$　　B. $\{3, 6\}$　　C. $\{3, 7\}$　　D. $\{3, 9\}$

2. 设集合 $A=\{x \mid 2\leqslant x<4\}$，$B=\{x \mid 3x-7\geqslant 8-2x\}$，则 $A\cup B=$ (　　).

A. $\{x \mid x\geqslant 3\}$　　B. $\{x \mid x\geqslant 2\}$　　C. $\{x \mid 2\leqslant x<3\}$　　D. $\{x \mid x\geqslant 4\}$

3. 集合 $A=\{0, 2, a\}$，$B=\{1, a^2\}$. 若 $A\cup B=\{0, 1, 2, 4, 16\}$，则 a 的值为(　　).

A. 0　　B. 1　　C. 2　　D. 4

4. 满足 $M \subseteq \{a_1, a_2, a_3, a_4\}$，且 $M \cap \{a_1, a_2, a_3\} = \{a_1, a_2\}$ 的集合 M 的个数是(　　).

A. 1个　　B. 2个　　C. 3个　　D. 4个

5. 已知全集 U= R，集合 $A=\{x \mid -2 \leqslant x \leqslant 3\}$，$B=\{x \mid x<-1$ 或 $x>4\}$，那么集合 $A \cap (\complement_U B)=$(　　).

A. $\{x \mid -2 \leqslant x < 4\}$

B. $\{x \mid x \leqslant 3$ 或 $x \geqslant 4\}$

C. $\{x \mid -2 \leqslant x < -1\}$

D. $\{x \mid -1 \leqslant x \leqslant 3\}$

6. 设全集 $U=\{1, 2, 3, 4, 5, 6, 7\}$，$P=\{1, 2, 3, 4, 5\}$，$Q=\{3, 4, 5, 6, 7\}$，则 $\complement_U Q \cap P=$(　　).

A. $\{1, 2\}$　　B. $\{3, 4, 5\}$　　C. $\{1, 2, 6, 7\}$　　D. $\{1, 2, 3, 4, 5\}$

7. 设 $A=\{x \mid -1 \leqslant x < 2\}$，$B=\{x \mid x \geqslant \frac{3}{2}\}$，则 $A \cup B=$(　　).

A. $\{x \mid x < -1\}$

B. $\{x \mid x < -1$ 或 $x > 2\}$

C. $\{x \mid x \geqslant -1\}$

D. $\{x \mid x < -1$ 或 $x \leqslant 2\}$

8. 如果 $M=\{x \mid x^2 - x = 0\}$，$N=\{x \mid x^2 + x = 0\}$，则 $M \cup N=$(　　).

A. 0　　B. $\{0\}$　　C. $\varnothing$　　D. $\{-1, 0, 1\}$

9. 设 $A=\{x \mid -2 < x < 2\}$，$B=\{x \mid x \geqslant 1\}$，则 $A \cup B=$(　　).

A. $\{x \mid 1 \leqslant x < 2\}$

B. $\{x \mid x < -2$ 或 $x > 2\}$

C. $\{x \mid x > -2\}$

D. $\{x \mid x < -2$ 或 $x \geqslant 1\}$

10. 如果 $M=\{x \mid |x| < 2\}$，$N=\{x \mid x < 3\}$，则 $A \cap B=$(　　).

A. $\{x \mid -2 < x < 2\}$

B. $\{x \mid -2 < x < 3\}$

C. $\{x \mid 2 < x < 3\}$

D. $\{x \mid x < 3\}$

11. 设集合 $M=\{x \mid -1 \leqslant x \leqslant 3\}$，$N=\{x \mid 2 \leqslant x \leqslant 4\}$，则 $M \cup N=$(　　).

A. $\{x \mid 2 \leqslant x \leqslant 3\}$

B. $\{x \mid 2 < x < 3\}$

C. $\{x \mid -1 < x < 4\}$

D. $\{x \mid -1 \leqslant x \leqslant 4\}$

12. 设集合 $A=\{1, 2, 3\}$，$B=\{2, 3, 4\}$，$C=\{3, 4, 5\}$，则 $A \cup (B \cap C)$ 的结果是(　　).

A. $\{1, 2\}$

B. $\{1, 2, 3, 4\}$

C. $\{1, 2, 3, 4, 5\}$

D. $\{1, 3, 5\}$

13. 设集合 $A=\{x \mid x^2 = x\}$，$B=\{x \mid \lg x \leqslant 0\}$，则 $A \cup B=$(　　).

A. $[0, 1]$　　B. $(0, 1]$　　C. $[0, 1)$　　D. $(-\infty, 1]$

14. 已知集合 $A=\{1, 2, 3\}$，$B=\{2, 3\}$，则(　　).

A. $A=B$　　B. $A \cap B=\varnothing$　　C. $A \subseteq B$　　D. $B \supseteq A$

15. 设集合 $A=\{1, 2, 3\}$，$B=\{2, 3, 4\}$，$C=\{3, 4, 5\}$，则 $A \cap (B \cup C)$ 的结果是(　　).

A. $\{2, 3, 4, 5\}$

B. $\{1, 2, 3\}$

C. $\{1, 2, 3, 4, 5\}$

D. $\{2, 3\}$

二、填空题

16. 已知集合 $A=\{x \mid x \leqslant 1\}$，$B=\{x \mid x \geqslant a\}$，且 $A \cup B=\mathbf{R}$，则实数 a 的取值范围是 ________.

17. 满足 $\{1, 3\} \cup A=\{1, 3, 5\}$ 的所有集合 A 的个数是 ________ 个.

18. 50 名学生参加甲、乙两项体育活动，每人至少参加了一项，参加甲项的学生有 30 名，参加乙项的学生有 25 名，则仅参加了一项活动的学生人数为 ________ 人.

19. 设集合 $M=\{0\}$，$N=\{0, 1\}$，$P=\{0, 1, 2\}$，则 $(M \cup N) \cap P=$ ________.

20. 设全集 $U=\{1, 2, 3, 4, 5\}$，$A=\{1, 2, 3\}$，则 $\complement_U A=$ ________.

三、解答题

21. 设集合 $A=\{x \mid x+3<1\}$，集合 $B=\{x \mid 2x-1<0\}$，求 $A \cap B$，$A \cup B$.

22. 设全集 $U=\mathbf{R}$，集合 $A=\{x \mid x \geqslant -2\}$，集合 $B=\{x \mid x<1\}$，求 $A \cap B$，$A \cup B$，$\complement_U A$，$\complement_U B$.

考点 3　充要条件

【知识点】

1. 定义

若 $p \Rightarrow q$，则称 p 是 q 的充分条件，q 是 p 的必要条件.

p 是 q 的充分不必要条件	$p \Rightarrow q$ 且 $p \nLeftarrow q$
p 是 q 的必要不充分条件	$p \nRightarrow q$ 且 $p \Leftarrow q$
p 是 q 的充要条件	$p \Leftrightarrow q$
p 是 q 的既不充分也不必要条件	$p \nLeftrightarrow q$

2. 量词

(1) 全称量词是指任意的，用符号"$\forall$"表示.

(2) 存在量词是指存在的，用符号"$\exists$"表示.

【例题讲解】

例 1. 设集合 $M=\{x \mid 0<x\leqslant 3\}$，集合 $N=\{x \mid 0<x\leqslant 2\}$，那么"$a\in M$ 是 $a\in N$"的(　　).

A. 充分不必要条件　　B. 必要不充分条件

C. 充要条件　　D. 既不充分也不必要条件

【答案】B

【解析】若集合 $M=\{x \mid 0<x\leqslant 3\}$ 成立，集合 $N=\{x \mid 0<x\leqslant 2\}$ 不一定成立. 例如：若 $2.5\in M$，但 $2.5\notin N$.

例 2. 已知集合 A，B，"$A\supseteq B$"是"$A=B$"的(　　).

A. 充分不必要条件　　B. 必要不充分条件

C. 充要条件　　D. 既不充分也不必要条件

【答案】B

【解析】$A\supseteq B \Leftarrow A=B$.

例 3. 设 $x\in \mathbf{R}$，则"$|x-2|<1$"是"$x^2+x-2>0$"的(　　).

A. 充分不必要条件　　B. 必要不充分条件

C. 充要条件　　D. 既不充分也不必要条件

【答案】A

【解析】由 $|x-2|<1$ 解得 $1<x<3$，

由 $x^2+x-2>0$ 解得 $x<-2$ 或 $x>1$，

所以“$|x-2|<1$”是“$x^2+x-2>0$ 的充分不必要条件.

例 4. “$x>1$”是“$\log_{\frac{1}{2}}(x+2)<0$”的(　　).

A. 充分不必要条件　　B. 必要不充分条件

C. 充要条件　　D. 既不充分也不必要条件

【答案】A

【解析】由 $\log_{\frac{1}{2}}(x+2)<0$ 得 $x+2>1$ 即 $x>-1$，因此选 B.

例 5. 已知 A、B、C 为三个集合，则“$A\subseteq B$”是“$A\subseteq(B\cup C)$”的(　　).

A. 充分条件　　B. 必要条件

C. 充要条件　　D. 既不充分也不必要条件

【答案】A

【解析】$B\subseteq(B\cup C)$ 始终成立，当 $A\subseteq B$ 时，$A\subseteq(B\cup C)$ 成立，所以“$A\subseteq B$ ”是“$A\subseteq(B\cup C)$”的充分条件.

但是，当 $B=\mathrm{N}$，$C=\mathbf{R}$，$A=\mathbf{Z}$时，$A\subseteq(B\cup C)$ 成立，但 $A\subseteq B$ 不成立，所以“$A\subseteq B$ ”不是“$A\subseteq(B\cup C)$”的必要条件.

【强化训练】

一、选择题

1. “$x<-2$”是“$x^2-4>0$”的(　　).

A. 充分条件　　B. 必要条件

C. 充要条件　　D. 既不充分也不必要条件

2. 在 $\triangle ABC$ 中，“$A>30°$”是“$\sin A>\frac{1}{2}$”的(　　).

A. 充分条件　　B. 必要条件

C. 充要条件　　D. 既不充分也不必要条件

3. “$(2x-1)x=0$”是“$x=0$”的(　　).

A. 充分条件　　B. 必要条件

C. 充要条件　　D. 既不充分也不必要条件

4. “$\alpha=\frac{\pi}{6}$”是“$\cos2\alpha=\frac{1}{2}$”的(　　).

A. 充分条件　　B. 必要条件

C. 充要条件　　D. 既不充分也不必要条件

5. “$x<2$”是“$x^2-2x<0$”的(　　).

A. 充分条件　　B. 必要条件

C. 充要条件　　D. 既不充分也不必要条件

6. 对于实数 a，b，c，“$a > b$”是“$ac^2 > bc^2$”的(　　).

A. 充分条件　　B. 必要条件

C. 充要条件　　D. 既不充分也不必要条件

7. “$|x| \leqslant 2$”是“$|x+1| \leqslant 1$”成立的(　　).

A. 充分条件　　B. 必要条件

C. 充要条件　　D. 既不充分也不必要条件

8. “$ac^2 > bc^2$”是“$a > b$”的(　　).

A. 充分条件　　B. 必要条件

C. 充要条件　　D. 既不充分也不必要条件

9. “$0 < x < 5$”是不等式“$|x-2| < 4$”成立的(　　).

A. 充分条件　　B. 必要条件

C. 充要条件　　D. 既不充分也不必要条件

10. “$|x-2| < 3$”是“$0 < x < 5$”的(　　).

A. 充分条件　　B. 必要条件

C. 充要条件　　D. 既不充分也不必要条件

11. “$2^a > 2^b$”是“$\ln a > \ln b$”的(　　).

A. 充分条件　　B. 必要条件

C. 充要条件　　D. 既不充分也不必要条件

12. “$x \neq 3$”是“$|x| \neq 3$”的(　　).

A. 充分条件　　B. 必要条件

C. 充要条件　　D. 既不充分也不必要条件

13. 在 $\triangle ABC$ 中，“$\angle A$ 为锐角”是“$\sin A > 0$”的(　　).

A. 充分条件　　B. 必要条件

C. 充要条件　　D. 既不充分也不必要条件

14. 在 $\triangle ABC$ 中，“$\angle A = 60°$”是“$\angle A$，$\angle B$，$\angle C$ 成等差数列”的(　　).

A. 充分条件　　B. 必要条件

C. 充要条件　　D. 既不充分也不必要条件

15. “两个角是对顶角”是“这两个角相等”的(　　).

A. 充分条件　　B. 必要条件

C. 充要条件　　D. 既不充分也不必要条件

二、填空题

16. 数列 $\{a_n\}$ 既是等差数列又是等比数列的充要条件为 ________.

17. 已知条件 p：$|x-1| > a$ 和条件 q：$2x^2-3x+1 > 0$，则使 p 是 q 的充分不必要条件的最小正整数 $a=$ ________.

18. “$x-1=0$”是“$x^2-1=0$”的 ________ 条件.

19. “$x^2=25$”的充要条件为 ________.

20. “四边相等”是“四边形是正方形”的 ________ 条件.

第2章 不等式

知识框架

不等式
不等式的基本性质
比较实数大小的方法
基本性质
区间
有限区间
无限区间
解不等式
一元二次不等式的解法
含绝对值的不等式的解法
不等式的应用

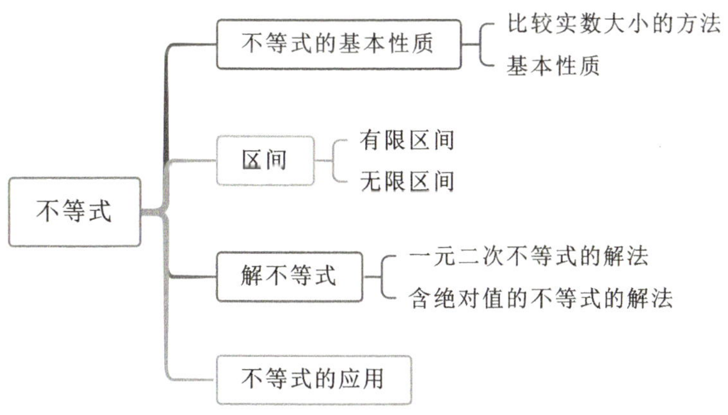

考点 1　不等式的基本性质

【知识点】

1. 比较两个实数大小的方法

对于两个任意的实数 a 和 b，有：

$a-b>0 \Leftrightarrow a>b$；

$a-b=0 \Leftrightarrow a=b$；

$a-b<0 \Leftrightarrow a<b$.

注：比较两个用代数式表示的实数的大小时，需要判断它们差的符号. 通常需要利用“正数之和为正数”“负数之和为负数”“同号相乘为正”“异号相乘为负” 等结论.

2. 不等式的性质

性质 1　如果 $a>b$，且 $b>c$，那么 $a>c$. ………… 传递性

性质 2　如果 $a>b$，那么 $a+c>b+c$. ………… 加法性质

性质 3　如果 $a>b$，$c>0$，那么 $ac>bc$；

如果 $a>b$，$c<0$，那么 $ac<bc$. ………… 乘法性质

3. 重要不等式

(1)$x^2 \geqslant 0$；$\sqrt{x} \geqslant 0$.

(2)$a^2+b^2 \geqslant 2ab(a, b \in \mathrm{R})$，当且仅当“$a=b$”时，“=”成立.

4. 均值定理

(1)$a+b \geqslant 2\sqrt{ab}(a, b \in \mathrm{R}^+)$，当且仅当“$a=b$”时，“=”成立.

(2)$ab \leqslant (\frac{a+b}{2})(a, b \in \mathrm{R}^+)$，当且仅当“$a=b$”时，“=”成立.

(3)$a+b+c \geqslant 3\sqrt[3]{abc}(a, b, c \in \mathrm{R}^+)$，当且仅当“$a=b=c$”时，“=”成立.

5. 区间

1) 有限区间

设 $a, b \in \mathrm{R}$，且 $a<b$，那么：

(1) 满足不等式 $a \leqslant x \leqslant b$ 的实数 x 的集合表示为 $[a, b]$，称为闭区间；

(2) 满足不等式 $a<x<b$ 的实数 x 的集合表示为 (a, b)，称为开区间；

(3) 满足不等式 $a \leqslant x<b$ 的实数 x 的集合表示为 $[a, b)$，称为左闭右开区间；

(4) 满足不等式 $a<x \leqslant b$ 的实数 x 的集合表示为 $(a, b]$，称为左开右闭区间.

其中(3)(4) 两类区间统称为半开半闭区间，实数 a 与 b 称为相应区间的端点.

集合表示	数轴表示	区间表示
$\{x \mid a \leqslant x \leqslant b\}$		$[a,b]$
$\{x \mid a<x<b\}$		(a,b)
$\{x \mid a \leqslant x<b\}$		$[a,b)$
$\{x \mid a<x \leqslant b\}$		$(a,b]$

2）无限区间

实数集R可以用区间表示为$(-\infty, +\infty)$．其中符号“∞”读作“无穷大”，“$+\infty$”读作“正无穷大”，“$-\infty$”读作“负无穷大”．

由此，集合$\{x \mid x \geqslant a\}$和$\{x \mid x \leqslant b\}$，以及$\{x \mid x > a\}$和$\{x \mid x < b\}$就可以用区间表示为$[a, +\infty)$、$(-\infty, b]$、$(a, +\infty)$和$(-\infty, b)$．

$[a, +\infty)$、$(-\infty, b]$、$(a, +\infty)$和$(-\infty, b)$都称为无穷区间．

集合表示	数轴表示	区间表示
$\{x \mid x<b\}$		$(-\infty, b)$
$\{x \mid x \leqslant b\}$		$(-\infty, b]$
$\{x \mid x>a\}$		$(a, +\infty)$
$\{x \mid x \geqslant a\}$		$[a, +\infty)$
R		$(-\infty, +\infty)$

【例题讲解】

例1．比较$\frac{5}{8}$与$\frac{2}{5}$的大小．

【解析】这是一道比较实数大小的题，用作差法解答．

因为$\frac{5}{8}-\frac{2}{5}=\frac{25}{40}-\frac{16}{40}=\frac{9}{40}>0$，所以$\frac{5}{8}>\frac{2}{5}$．

例2．a，b，$c \in$ R，且$a>b$，则下列不等式恒成立的是（　　）．

A．$ac^2>bc^2$　　B．$a^2>b^2$

C．$a-c>b-c$　　D．$\frac{1}{a}<\frac{1}{b}$

【答案】C

【解析】因为$c^2 \geqslant 0$，当$c^2=0$时，选项A不成立；

当$b<a<0$时，$a^2<b^2$，选项B不成立；

由不等式的加法法则，选项C成立；

当 $a>0>b$ 时，$\frac{1}{a}>\frac{1}{b}$ 成立，所以选项 D 不成立.

例 3. 求 $y=x+\frac{1}{x}$ 的值域.

【解析】当 $x>0$ 时，$y=x+\frac{1}{x}\geqslant 2\sqrt{x\cdot\frac{1}{x}}=2$；

当 $x<0$ 时，$y=x+\frac{1}{x}=-(x+\frac{1}{x})\leqslant -2\sqrt{x\cdot\frac{1}{x}}=-2$；

所以值域为$(-\infty,\ -2]\cup[2,\ +\infty)$.

例 4. 集合$\{x\mid x<2\}$用区间表示为(　　).

A. $[2,\ +\infty)$　　B. $[-\infty,\ 2)$　　C. $(-\infty,\ 2)$　　D. $(2,\ +\infty)$

【答案】C

【解析】因为$\{x\mid x<b\}$，用区间表示为$(-\infty,\ b)$.

例 5. 设全集为R，已知集合 $A=[-2,\ +\infty)$，$B=(-\infty,\ 3)$，求 $A\cup B$，$\complement_U B$.

【解析】集合 A 与集合 B 的数轴表示如下图所示 .

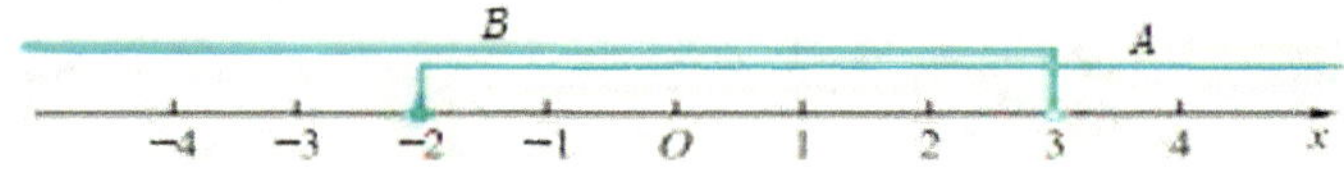

因此 $A\cup B=\mathbf{R}$， $\complement_U B=[3,\ +\infty)$，$A\cap\complement_U B=[3,\ +\infty)$.

【强化训练】

一、选择题

1. 若 $a>b$ 则不等式成立的是(　　).

A. $3a>2b$　　B. $\frac{1}{a}<\frac{1}{b}$　　C. $ac^2>bc^2$　　D. $a-b>0$

2. 如果 $a>b$，且 $ab>0$，那么正确的是(　　).

A. $\frac{1}{a}<\frac{1}{b}$　　B. $\frac{1}{a}>\frac{1}{b}$　　C. $a^2>b^2$　　D. $|a|>|b|$

3. “$a>0$ 且 $b<0$”是“$ab<0$”成立的(　　).

A. 充分不必要条件　　B. 必要不充分条件

C. 充要条件　　D. 既不充分也不必要条件

4. 已知 $a<b$. 若 $x\leqslant a$ 或 $x<b$，则 x 所在的区间是(　　).

A. $(a,\ b)$　　B. $[a,\ b)$

C. $(-\infty,\ a)\cup(b,\ +\infty)$　　D. $(-\infty,\ a]\cup(b,\ +\infty)$

5. 不等式 $2x-6\geqslant 0$ 的解集用区间表示为(　　).

A. $(3,\ +\infty)$　　B. $[3,\ +\infty)$　　C. $(-\infty,\ 3)$　　D. $(-\infty,\ 3]$

6. 已知 $A=(-\infty,\ 3)$，$B=(-1,\ +\infty)$，则 $A\cup B$ 等于(　　).

A. $(-1, 3)$　　B. $(3, +\infty)$　　C. $(-\infty, -1)$　　D. $(-\infty, +\infty)$

7. 若不等式 $|x|>0$ 恒成立，则实数 x 的取值范围是（　　）.

A. $\{x \mid x \neq 0\}$　　B. $\{x \mid x>0\}$

C. $\{x \mid x<0\}$　　D. $\{x \mid x \leqslant 0\}$

8. 函数 $y=x+\frac{1}{x-3}(x>3)$ 的值域为(　　).

A. $(-\infty, 5)$　　B. $[5, +\infty)$　　C. $(-\infty, 5]$　　D. $(5, +\infty)$

9. 当 $x>0$ 时，下列不等式正确的是(　　).

A. $x+\frac{4}{x} \leqslant 4$　　B. $x+\frac{4}{x} \geqslant 4$　　C. $x+\frac{4}{x} \leqslant 8$　　D. $x+\frac{4}{x} \geqslant 8$

10. 设 a，b 是任意实数，且 $a>b$，则下列式子正确的是(　　).

A. $a^2>b^2$　　B. $\frac{b}{a}<1$　　C. $\lg(a-b)>0$　　D. $2^a>2^b$

11. 下列命题正确的是(　　).

A. 若 $a^2>b^2$，则 $a>b$　　B. 若 $\frac{1}{a}>\frac{1}{b}$，则 $a<b$

C. 若 $ac>bc$，则 $a>b$　　D. 若 $\sqrt{a}<\sqrt{b}$，则 $a<b$

12. 设 $a=0.6^{0.6}$，$b=0.6^{1.5}$，$c=1.5^{0.6}$，则 a，b，c 的大小关系是(　　).

A. $a<b<c$　　B. $a<c<b$　　C. $b<a<c$　　D. $b<c<a$

13. 已知 $a>0$，$b>0$，则 $\frac{1}{a}+\frac{1}{b}+2\sqrt{ab}$ 的最小值是(　　).

A. 2　　B. $2\sqrt{2}$　　C. 4　　D. 5

14. 已知 $a>0$，$b>0$，$a+b=2$，则 $y=\frac{1}{a}+\frac{4}{b}$ 的最小值是(　　).

A. $\frac{7}{2}$　　B. 4　　C. $\frac{9}{2}$　　D. 5

15. 若 $0<a<1$，则 a，a^2，$\frac{1}{a}$ 的关系是(　　).

A. $a<a^2<\frac{1}{a}$　　B. $a<\frac{1}{a}<a^2$　　C. $a^2<a<\frac{1}{a}$　　D. $a^2<\frac{1}{a}<a$

二、填空题

16. 若 $a<-2a$，则 a ________ 0；若 $a>2a$，则 a ________ 0.

17. 比较大小：$\frac{7}{9}$ ________ $\frac{7}{11}$，$\frac{5}{8}$ ________ $\frac{8}{11}$，a^2 ________ 0.

18. 集合 $\{x \mid 1<x \leqslant 3\}$ 用区间表示为 ________，集合 $\{x \mid x \neq \frac{3}{5}\}$ 用区间表示为 ________.

三、解答题

19. 试比较 $2a^2-3a+6$ 与 a^2+a+1 的大小.

20. 已知 $A=[-2, 5)$，$B=(-\infty, 3)$。求：

(1) $\complement_U A$，$\complement_U B$；

(2) $\complement_U A \cup \complement_U B$；

(3) $\complement_U A \cap \complement_U B$.

考点 2　不等式的解法

【知识点】

1. 一元一次不等式的解法

求解一元一次不等式组，通常是利用不等式的性质，对不等式作去分母、去括号、移项、合并同类项等变形，从而得到不等式的解集.

2. 一元一次不等式组的解法

把两个一元一次不等式合起来，组成一个不等式组，不等式组中的各不等式解集的公共部分，就是这个不等式组的解.

3. 一元二次不等式的解法($x_1 < x_2$)

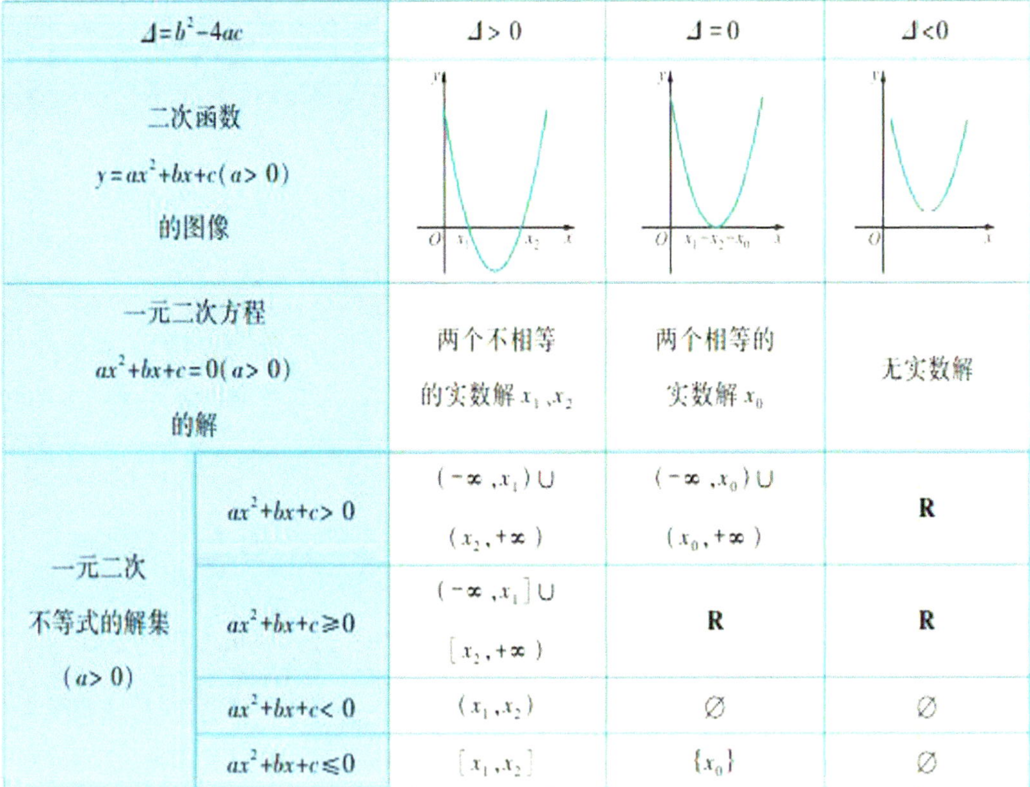

$\Delta=b^2-4ac$		$\Delta>0$	$\Delta=0$	$\Delta<0$
二次函数 $y=ax^2+bx+c(a>0)$ 的图像		y O x_1 x_2 x	y O $x_1=x_2=x_0$ x	y O x
一元二次方程 $ax^2+bx+c=0(a>0)$ 的解		两个不相等的实数解 x_1,x_2	两个相等的实数解 x_0	无实数解
一元二次不等式的解集 $(a>0)$	$ax^2+bx+c>0$	$(-\infty,x_1)\cup(x_2,+\infty)$	$(-\infty,x_0)\cup(x_0,+\infty)$	**R**
	$ax^2+bx+c\geqslant0$	$(-\infty,x_1]\cup[x_2,+\infty)$	**R**	**R**
	$ax^2+bx+c<0$	(x_1,x_2)	$\varnothing$	$\varnothing$
	$ax^2+bx+c\leqslant0$	$[x_1,x_2]$	$\{x_0\}$	$\varnothing$

4. 含绝对值不等式

当 $a>0$ 时，含有绝对值的不等式的解集如表所示 .

不等式	数轴表示	区间表示
$\|x\|\leqslant a$	$-a$ O a x	$[-a,a]$
$\|x\|<a$	$-a$ O a x	$(-a,a)$
$\|x\|\geqslant a$	$-a$ O a x	$(-\infty,-a]\cup[a,+\infty)$
$\|x\|>a$	$-a$ O a x	$(-\infty,-a)\cup(a,+\infty)$

5. 分式不等式的解法

(1) $\dfrac{f(x)}{g(x)}>0\Leftrightarrow f(x)\cdot g(x)>0$　　(2) $\dfrac{f(x)}{g(x)}<0\Leftrightarrow f(x)\cdot g(x)<0$

【例题讲解】

例 1. 一元一次不等式 $3x+9>0$ 的解集是(　　).

A. $\{x \mid x \geqslant 3\}$　　B. $\{x \mid x \geqslant -3\}$　　C. $\{x \mid x > -3\}$　　D. $\{x \mid x < -3\}$

【答案】C

【解析】$3x+9>0$ 移项得 $3x>-9$，系数化为 1 得 $x>-3$.

例 2. 解不等式组 $\begin{cases} x+2 \leqslant 0 \\ x-3<0 \end{cases}$ 的解集是(　　).

A. $\{x \mid x \leqslant -2\}$　　B. $\{x \mid x \leqslant 3\}$　　C. $\{x \mid x \leqslant -2\} \cup \{x \mid x \leqslant 3\}$　　D. $\varnothing$

【答案】A

【解析】解不等式 $x+2 \leqslant 0$ 得 $x \leqslant -2$，解不等式 $x-3<0$ 得 $x<3$，$x+2 \leqslant 0$ 与 $x-3<0$ 解集的交集为 $x \leqslant -2$，故选 A.

例 3. 一元二次不等式 $x^2-x-6<0$ 的解集是(　　).

A. $[-2, 3)$　　B. $(-2, 3)$

C. $(-\infty, -2) \cup (3, +\infty)$　　D. $(-\infty, -2] \cup [3, +\infty)$

【答案】B

【解析】因为不等式的二次项系数 $1>0$，对应方程 $x^2-x-6=0$ 的解为 $x_1=-2$，$x_2=3$. 所以不等式 $x^2-x-6<0$ 的解集为$(-2, 3)$.

例 4. 不等式 $|2x-4|>6$ 的解集为 ________ .

【答案】$(-\infty, -1) \cup (5, +\infty)$

【解析】由原不等式 $|2x-4|>6$ 可得 $2x-4>6$ 或 $2x-4<-6$.

由 $2x-4>6$ 解得 $x>5$. 解集为$(5, +\infty)$.

由 $2x-4<-6$ 解得 $x<-1$. 解集为$(-\infty, -1)$.

所以，原不等式 $|2x-4|>6$ 的解集为 $(-\infty, -1) \cup (5, +\infty)$.

例 5. 不等式 $|2x-3| \leqslant 1$ 的解集为 ________ .

【答案】$[1, 2]$

【解析】由原不等式 $|2x-3| \leqslant 1$ 可得 $-1 \leqslant 2x-3 \leqslant 1$.

由 $-1 \leqslant 2x-3 \leqslant 1$ 得 $1 \leqslant x \leqslant 2$.

所以原不等式 $|2x-3| \leqslant 1$ 的解集为$[1, 2]$.

【强化训练】

一、选择题

1. 不等式 $2x-6 \geqslant 0$ 的解集用区间表示为(　　).

A. $(3, +\infty)$　　B. $[3, +\infty)$　　C. $(-\infty, 3)$　　D. $(-\infty, 3]$

2. 不等式 $5x+1 \geqslant x-3$ 的解集是(　　).

A. $(-\infty, -1)$　　B. $(-1, +\infty)$　　C. $(-\infty, -1]$　　D. $[-1, +\infty)$

3. 不等式 $|1-x|<5$ 的解集是(　　).

A. $(-6, 4)$　　B. $(-4, 6)$

C. $(-\infty, -6)\cup(4, +\infty)$　　D. $(-\infty, -4)\cup(6, +\infty)$

4. 一元二次方程 $x^2-6x+11=0$ 的根的个数是(　　).

A. 0 个　　B. 1 个　　C. 2 个　　D. 3 个

5. 不等式 $|x|+1>2$ 的解集是(　　).

A. $(-2, 2)$　　B. $(-1, 1)$

C. $(-\infty, -1)\cup(1, +\infty)$　　D. $(-\infty, -2)\cup(2, +\infty)$

6. 不等式 $x^2-x-2>0$ 的解集为(　　).

A. $(-1, 2)$　　B. $(-\infty, -1)\cup(2, +\infty)$

C. $(-1, 2]$　　D. $[-1, 2)$

7. 不等式 $x^2+4x+3\leqslant 0$ 的解集为(　　).

A. $(-3, -1)$　　B. $(-\infty, -3)\cup(-1, +\infty)$

C. $[-3, -1]$　　D. $(-\infty, -3)\cup[-1, +\infty)$

8. 不等式 $2x^2+15x+7\leqslant 0$ 的解集为(　　).

A. $(-7, -\frac{1}{2})$　　B. $(-\infty, -7)\cup(-\frac{1}{2}, +\infty)$

C. $[-7, -\frac{1}{2}]$　　D. $(-\infty, -7)\cup[-\frac{1}{2}, +\infty)$

9. 若一元二次不等式 $mx^2+nx+8\leqslant 0$ 的解集为$[3, 4]$，则 $m+n=$(　　).

A. -4　　B. $\frac{16}{3}$　　C. 4　　D. $-\frac{16}{3}$

10. 不等式$\frac{x-2}{x-1}>0$ 的解集为(　　).

A. $\{x \mid x<1\}$　　B. $\{x \mid 1<x<2\}$

C. $\{x \mid x<1\}$ 或 $\{x \mid x>2\}$　　D. $\{x \mid x>2\}$

11. 不等式$\frac{x-1}{x}\geqslant 2$ 的解集为(　　).

A. $\{x \mid -1\leqslant x<0\}$　　B. $\{x \mid x\geqslant -1\}$

C. $\{x \mid x\leqslant -1\}$　　D. $\{x \mid x\leqslant -1$ 或 $x>0\}$

12. 不等式$\frac{x-2}{x+1}\leqslant 0$ 的解集为(　　).

A. $(-\infty, -1)\cup(1, 2]$　　B. $(-1, 2]$

C. $(-\infty, -1)\cup(2, +\infty)$　　D. $(1, 2]$

13. $|x-1|\leqslant 1$ 是 $x=3$ 的(　　).

A. 充分条件　　B. 必要条件

C. 充要条件　　D. 非充分也非必要条件

14. 不等式$(|x|+2)(1-x^2)\leqslant 0$的解集为(　　).

A. $(-\infty, -1)\cup(1, +\infty]$　　B. $(-\infty, -1]\cup[1, +\infty]$

C. $(-1, 1)$　　D. $[-1, 1]$

15. 不等式$x^2-6x+8\geqslant 0$的解集为(　　).

A. $[2, 4]$　　B. $(-\infty, -4]\cup[-2, +\infty)$

C. $[-4, -2]$　　D. $(-\infty, 2]\cup[4, +\infty)$

二、填空题

16. 不等式$|2x-7|\leqslant 5$的解集用区间表示为________.

17. 一元二次不等式$(x-a)(x-b)>0$的解集为$\{x \mid x<2$或$x>4\}$，则$ab=$________.

18. 已知一元二次不等式$ax^2+8x+3\geqslant 0$的解集为$[-\frac{1}{3}, b]$，则a，b的值分别为________.

19. 不等式组$\begin{cases}4x+3\geqslant 0\\5x+1<3\end{cases}$的解集是________.

20. 不等式$\frac{x-1}{x+2}>1$的解集为________.

考点 3　不等式的简单应用

【知识点】

1. 解不等式的实际应用问题

解不等式的实际应用问题时，一般分为以下步骤进行：

(1) 理解题意，设变量，并理解变量的实际意义；

(2) 构造定值，利用基本不等式求最值；

(3) 检验等号成立的条件是否满足题意；

(4) 结论.

2. 主要用到的公式

(1)$a+b \geqslant \sqrt{2ab}$ (a，$b \in \mathbf{R}^{+}$)，当且仅当“$a=b$”时，“=”成立.

(2)$ab \leqslant (\frac{a+b}{2})$($a$，$b \in \mathbf{R}^{+}$)，当且仅当“$a=b$”时，“=”成立.

【例题讲解】

例 1. 甲从一个鱼摊上买了三条鱼，平均每条 a 元，又从另一个鱼摊上买了两条鱼，平均每条 b 元，后来他又以每条$\frac{a+b}{2}$元的价格把鱼全部卖给了乙，结果发现赔了钱，原因是(　　).

A. $a>b$　　B. $a<b$　　C. $a=b$　　D. 与 a 和 b 的大小无关

【答案】A

【解析】分别表示出两次买鱼的钱和卖鱼的钱，根据“赔了钱”列不等式，推导出 a 与的关系。

两次买鱼的钱为 $3a+2b$，卖鱼的钱为$\frac{5a+5b}{2}$.

根据题意，得 $3a+2b>\frac{5a+5b}{2}$，解得 $a>b$. 所以选 A.

例 2. 要制作一个容积为 $4\mathrm{m}^3$，高为 1m 的无盖长方体容器，已知该容器的底面造价是每平方米 20 元，侧面造价是每平方米 10 元，求该容器的最低总造价.

【解析】设该长方体容器底面的长和宽分别为 a m，b m，成本为 y 元，由于长方体容器的容积为 $4\mathrm{m}^3$，高为 1m，所以底面面积 $s=ab=4$，$y=20s+10[2(a+b)]=80+20(a+b)$. 由基本不等式可得 $y=20(a+b)+80 \geqslant 20\times 2\sqrt{ab}+80=160$(元). 当且仅当 $a=b=2$ 时等号成立，因此，该容器的最低总造价为 160 元.

例 3. 用一段长为 8cm 的铁丝围成一个矩形模型，则这个模型的最大面积为(　　).

A. 9cm^2　　B. 16cm^2　　C. 4cm^2　　D. 5cm^2

【答案】C

【解析】设矩形模型的长和宽分别为 x，y，则 $x>0$，$y>0$.

由题意可得 $2(x+y)=8$，所以 $x+y=4$，所以矩形菜园的面积 $S=xy\leqslant\frac{(x+y)^2}{4}=\frac{16}{4}=4$，当且仅当 $x=y=2$ 时取等号，所以当矩形菜园的长和宽都为 2cm 时，面积最大，为 4cm^2.

例 4. 如下图所示，矩形 $ABCD$ 的边 AB 靠在墙 PQ 上，另外三边是由篱笆围成的. 若该矩形的面积为 4，则围成矩形 $ABCD$ 所需要篱笆的(　　).

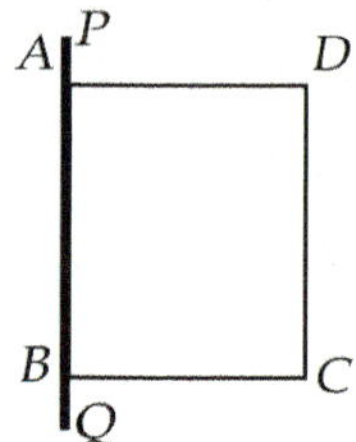

A. 最小长度为 8

B. 最小长度为 $4\sqrt{2}$

C. 最大长度为 8

D. 最大长度为 $4\sqrt{2}$

【答案】B

【解析】设 $BC=a$，$CD=b$，因为矩形的面积为 4，所以 $ab=4$，所以围成矩形 $ABCD$ 所需要的篱笆长度为 $2a+b=2a+\frac{4}{a}\geqslant2\sqrt{2a\cdot\frac{4}{a}}=4\sqrt{2}$，当且仅当 $2a=\frac{4}{a}$，即 $a=\sqrt{2}$ 时，等号成立.

例 5. 经观测，某公路段在某时段内的车流量 y(千辆/h) 与汽车的平均速度 v(km/h) 之间有函数关系：$y=\frac{900v}{v^2+5v+1000}(v>0)$. 在该时段内，当汽车的平均速度 v 为多少时车流量 y 最大？

【解析】$y=\frac{900v}{v^2+5v+1000}=\frac{900}{v+\frac{1000}{v}+5}$.

$\because v+\frac{1000}{v}\geqslant2\sqrt{v\cdot\frac{1000}{v}}=20\sqrt{10}$

$\therefore y=\frac{900}{v+5+\frac{1000}{v}}\leqslant\frac{900}{20\sqrt{10}+5}=\frac{180}{4\sqrt{10}+1}$

当且仅当 $v=\frac{1000}{v}$，即 $v=10\sqrt{10}\,\mathrm{km/h}$ 时，等号成立.

所以当汽车的平均速度 $v=10\sqrt{10}\,\mathrm{km/h}$ 时，车流量 y 最大.

【强化训练】

一、解答题

1. 小明的爸爸要在家用围栏做一个面积为 $16\mathrm{m}^2$ 的矩形游乐园，当这个矩形的边长为多少时，所用围栏最省，并求所需围栏的长度.

2. 港珠澳大桥通车后，经常往来于珠港澳三地的刘先生采用自驾出行，由于燃油的价格有升也有降，现刘先生有两种加油方案，第一种方案：每次均加 30L 的燃油；第二种方案：每次加 200 元的燃油。哪个方案更划算？

3. 汽车上坡时的速度为 a，原路返回时的速度为 b，且 $0<a<b$，试比较汽车全程的平均速度与 a，b 的平均值的大小.

4. 某出版社，如果以每本 2.50 元的价格发行一种图书，可发行 80000 本。如果一本书的定价每升高 0.1 元，发行量就减少 2000 本，那么要使收入不低于 200000 元，这种书的最高定价应当是多少？

5. 某工人共加工 300 个零件。在加工 100 个零件后，改进了操作方法，每天多加工 15 个，用了不到 20 天的时间就完成了任务。问改进操作方法前，每天至少要加工多少个零件？

6. 某幼儿园把一筐橘子分给若干个小朋友，若每人 3 个，那么还剩 59 个，若每人 5 个，那么最后一个小朋友分到橘子，但不足 4 个，试求这筐橘子共有多少个？

7. 一个三角形三边长分别是 3cm，$(1-2a)$cm，8cm，求 a 的取值范围 .

8. 有人问一位老师，他所教的班有多少名学生，老师说：“现在班中有一半的学生正在做数学作业，四分之一的学生正在做语文作业，七分之一的学生正在做英语作业，还剩不足6位学生正在操场踢足球。”试问这个班共有多少名学生？

9. 某博物馆的门票每张10元，一次购买30张到99张门票按8折优惠，一次购买100张以上(含100张)按7折优惠. 甲班有56名学生，乙班有54名学生.

(1) 若两个班学生一起前往参观博物馆，购买门票最少共需花费多少？

(2) 当两个班实际前往该博物馆参观的总人数多于30人且不足100人时，至少要多少人，才能使得按7折优惠购买100张门票比实际人数按8折优惠购买门票更便宜？

10. 用长32m的篱笆围成一个矩形养鸡场，设围成的矩形一边长为 x m，面积为 $y\text{m}^2$.

(1) 求 y 关于 x 的函数关系式.

(2) 当 x 为何值时，围成的养鸡场面积为 60m^2？

(3) 能否围成面积为 70m^2 的养鸡场？如果能，请求出其边长；如果不能，请说明理由.

第3章　函　　数

知识框架

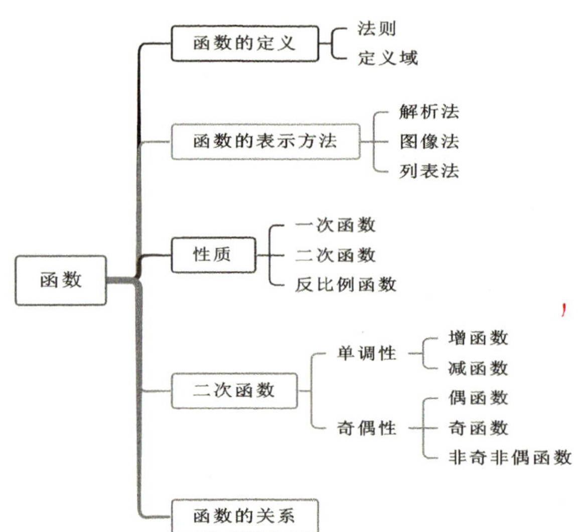

考纲要求

1. 理解函数的定义及符号；2. 了解函数的三种表示方法和分段函数.

3. 理解函数的单调性和奇偶性，能判断一些简单函数的奇偶性和单调性.

4. 掌握二次函数的图像和性质及其简单应用.

考点 1　函数的定义

【知识点】

1. 函数的概念

设集合 A、B 为非空数集，对于确定的对应法则 f 下，在集合 A 中取定任意一个数 x，在集合 B 中都有唯一确定的数 $f(x)$ 与之相对应，则称 f：$A \to B$ 为集合 A 到集合 B 的一个函数. 记作：$y=f(x)$，$x \in A$. x 叫作自变量，y 叫作函数值，集合 A 叫作函数的**定义域**，所有函数值组成的集合叫作**值域**.

注意：函数的三要素

◆ 定义域 A；

◆ 值域 $\{f(x) \mid x \in A\}$；

◆ 对应法则 f.

2. 函数的表示方法

表示两个变量之间的函数关系的方法有解析法、列表法和图像法.

◆ 解析法：用解析式来表示函数的方法.

◆ 列表法：用表格来表示两个变量之间函数关系的方法.

◆ 图像法：在平面上用图像来表示两个变量之间函数关系的方法.

3. 函数关系的建立

两个函数相同的充要条件是它们的定义域和对应法则完全相同. 但表示自变量和函数值的符号可以不同.

【例题讲解】

例 1. 判断下列函数是否为同一个函数，并说明理由.（相同函数的判断）

(1) $f(x)=x+1$ 与 $g(t)=t+1$；(2) $f(x)=x$ 与 $g(x)=\dfrac{x^2}{x}$.

【解析】(1) 虽然函数 $f(x)=x+1$ 与函数 $g(t)=t+1$ 中表示自变量的字母不同，但它们的定义域和对应法则都是相同的，所以它们表示的是同一个函数.

(2) 因为函数 $f(x)=x$ 的定义域为 $\mathbf{R}$，函数 $g(x)=\dfrac{x^2}{x}$ 的定义域为 $\{x \mid x \neq 0\}$，它们的定义域不同，因此它们表示的不是同一个函数.

例 2. 求下列函数的定义域：

(1)$f(x)=\frac{1}{x+2}$；(2)$f(x)=\sqrt{x-3}$；(3)$f(x)=\frac{\sqrt{x-2}}{x-3}$.

【解析】(1) 要使函数 $f(x)=\frac{1}{x+2}$ 有意义，必须 $x+2\neq 0$，即 $x\neq -2$.

所以定义域为$(-\infty, -2)\cup(-2, +\infty)$.

(2) 要使函数 $f(x)=\sqrt{x-3}$ 有意义，必须 $x-3\geqslant 0$，即 $x\geqslant 3$.

所以定义域为$[3, +\infty)$.

(3) 要使 $f(x)=\frac{\sqrt{x-2}}{x-3}$ 函数有意义，同时满足两个条件，即$\begin{cases}x-3\neq 0\\x-2\geqslant 0\end{cases}$.

所以定义域是$\{x \mid x\geqslant 2 且 x\neq 3\}$.

例 3. 求函数 $f(x)=\frac{x+2}{2x-1}$，求 $f(-1)$，$f(0)$，$f(1)$ 的值.

【解析】将函数 $f(x)=\frac{x+2}{2x-1}$ 中的 x 分别替换成 -1，0，1，则有

$$f(-1)=\frac{-1+2}{2\times(-1)-1}=-\frac{1}{3}$$

$$f(0)=\frac{0+2}{2\times 0-1}=-2$$

$$f(1)=\frac{1+2}{2\times 1-1}=3.$$

例 4. 设函数 $f(x)=2x^2-5$，求 $f(0)$，$f(a)$，$f(-x)$.

【解析】将函数 $f(x)=2x^2-5$ 中的数 x 分别替换成 0，a，$-x$，则有

$f(0)=2\times 0^2-5=-5$；

$f(a)=2\times a^2-5=2a^2-5$；

$f(-x)=2(-x)^2-5=2x^2-5$.

【强化训练】

一、选择题

1. 下列各组中的两个函数，表示同一个函数的是(　　).

A. $y=\frac{x^2}{x}$ 与 $y=x$　　B. $y=\frac{x}{x^2}$ 与 $y=\frac{1}{x}$

C. $y=|x|$ 与 $y=x$　　D. $y=(\sqrt{x})^2$ 与 $y=|x|$

2. 函数的三要素是(　　).

A. 值域和对应法则　　B. 定义域、值域和对应法则

C. 定义域和值域　　D. 以上都不对

3. 符号 $y=f(x)$ 是(　　)的数学表示.

A. y 是 x 的函数　　B. x 是 y 的函数

C. 没有关系　　D. 自变量是 y

4. 函数 $f(x)=-2x+1$，$x\in[1, 2)$ 的值域是(　　).

A. $[-1, -3)$　　B. $[-3, -1]$　　C. $(-3, -1]$　　D. R

5. 函数 $y=\sqrt{x+1}-\dfrac{1}{x}$ 的定义域为(　　).

A. $[1, +\infty)$　　B. $(-1, \infty)$

C. $[-1, +\infty)$　　D. $[-1, 0)\cup(0, +\infty)$

6. $y=\dfrac{1}{\sqrt{x-2}}$ 的定义域为(　　).

A. $[2, +\infty)$　　B. $(2, +\infty)$

C. $[-2, +\infty)$　　D. $[-2, 0)\cup(0, +\infty)$

7. 若 $f(x)=2x-1$，则 $f(1)$ 的值是(　　).

A. 1　　B. 3　　C. 5　　D. 7

8. 已知函数 $f(x)=1+\dfrac{x^2}{1+x^2}$，则 $f(2)=$(　　).

A. $\dfrac{7}{5}$　　B. $\dfrac{9}{5}$　　C. $\dfrac{6}{5}$　　D. $\dfrac{8}{5}$

9. 若 $f(x)=\begin{cases}1(-1\leqslant x<10)\\ -9(x<-1)\end{cases}$，则 $f(0)=$(　　).

A. 0　　B. 1　　C. 10　　D. -9

10. 若 $f(x)=2-3x$，则 $f(-1)$ 的值是(　　).

A. 1　　B. 7　　C. 5　　D. -3

11. 函数 $f(x)=-2x+1$，$x\in[1, 2)$ 的值域是(　　).

A. $[-1, -3)$　　B. $[-3, -1]$　　C. $(-3, -1]$　　D. R

12. 函数 $y=\sqrt{x^2-5x+4}$ 的定义域为(　　).

A. $(1, 4)$　　B. $(-\infty, 1)\cup(4, +\infty)$

C. $[1, 4]$　　D. $(-\infty, 1]\cup[4, +\infty)$

13. 下列函数中，定义域为R的函数是(　　).

A. $y=\sqrt{x}$　　B. $y=\dfrac{1}{x-3}$　　C. $y=x^2-2x-1$　　D. $y=\dfrac{1}{x^2}+1$

14. 下列不是函数表示方法的是(　　).

A. 解析式法　　B. 图像法　　C. 列表法　　D. 图标法

15. 在函数 $y=2x-1$ 图像上的点是(　　).

A. $(1, 1)$　　B. $(1, -3)$　　C. $(0, 3)$　　D. $(2, 1)$

二、填空题

16. 若 $f(x)=2x-2$，则 $f(1)$ 的值是 ________ .

17. 已知函数 $f(x)=1+\dfrac{x^2}{1+x^2}$，则 $f(2)=$ ________ .

18. $y=\dfrac{1}{\sqrt{x+2}}$ 的定义域为 ________ .

19. $y=x^2+5x$ 与 $s=t(t+5)$(选填“是”“否”) ________ 为同一个函数.

20. $f(x)=\dfrac{x^2-4}{x+2}$ 与 $g(x)=x-2$(选填“是”“否”) ________ 为同一个函数.

三、解答题

21. 设函数 $f(x)=x^2-2x$，$x\in\mathbf{R}$. 求 $f(2)$，$f(-2)$，$f(a)$，$f(-a)$.

22. 设函数 $f(x)=\dfrac{1-x}{1+x}$，求 $f(-\dfrac{1}{3})$.

考点2　函数的性质

【知识点】

1. 函数的四条性质

(1) 如果对于区间 I 上的任意两点 x_1，x_2，当 $x_1 < x_2$ 时，都有 $f(x_1) < f(x_2)$，那么称函数 $y = f(x)$ 在区间 I 上是**增函数**，区间 I 称为函数 $y = f(x)$ 的**增区间**. 如下图所示.

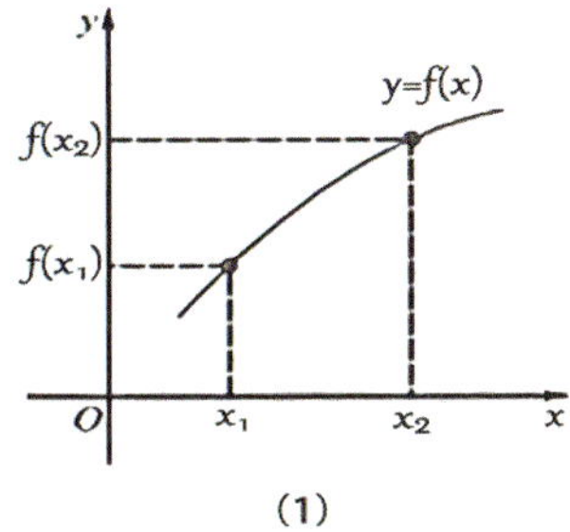

(1)

(2) 如果对于区间 I 上的任意两点 x_1，x_2，当 $x_1 < x_2$ 时，都有 $f(x_1) > f(x_2)$，那么称函数 $y = f(x)$ 在区间 I 上是**减函数**，区间 I 称为函数 $y = f(x)$ 的**减区间**. 如下图所示.

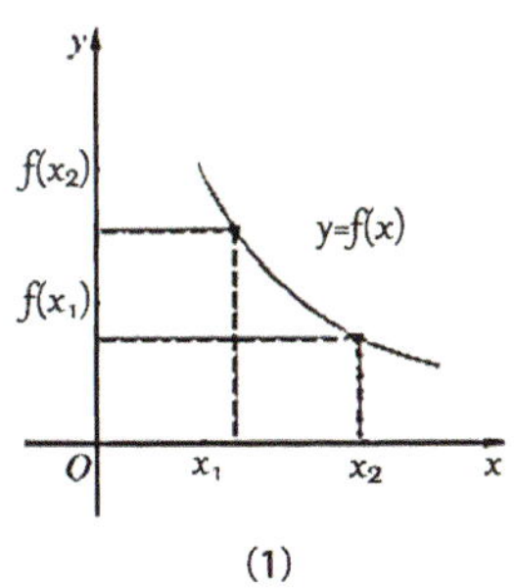

(1)

(3) 设函数 $y = f(x)$ 的定义域为数集 D，若对于任意的 $x \in D$，都有 $-x \in D$，且 $f(-x) = f(x)$，则称 $y = f(x)$ 是**偶函数**. 偶函数的图像关于 y 轴对称.

(4) 设函数 $y = f(-x)$ 的定义域为数集 D，若对于任意的 $x \in D$，都有 $-x \in D$，且 $f(-x) = -f(x)$，则称 $y = f(x)$ 是**奇函数**. 奇函数的图像关于原点中心对称.

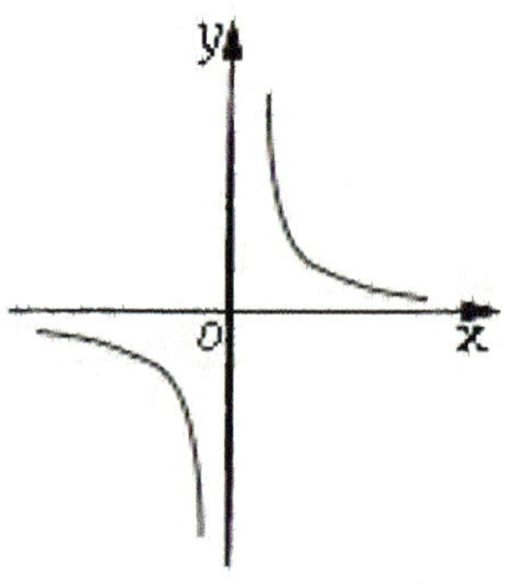

2. 函数奇偶性的判断

(1) $f(-x)=f(x)$，图像关于 y 轴对称的函数为偶函数.

(2) $f(-x)=-f(x)$，图像关于原点对称的函数为奇函数.

(3) 不具有奇偶性的函数叫做非奇非偶函数.

(4) 如果一个函数是奇函数或偶函数，那么，就称此函数具有奇偶性.

【例题讲解】

例 1. 根据函数在R上的图像，如图所示，写出其单调区间.

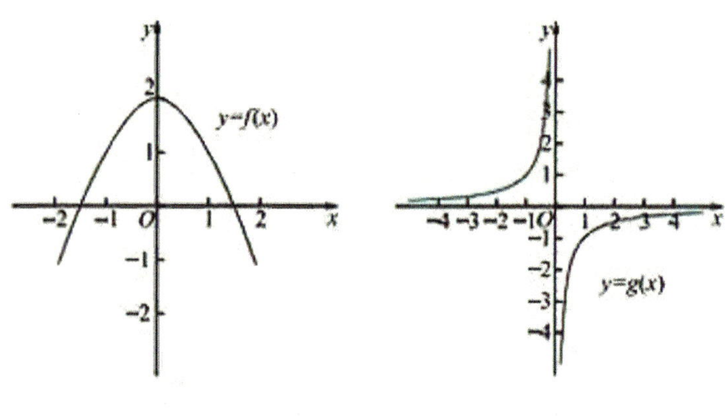

(1)　　　　(2)

【解析】(1) 由函数图像(1)可知，函数 $y=f(x)$ 的定义域为R，增区间为 $(-\infty, 0]$，减区间为 $[0, +\infty)$.

(2) 由函数图像(2)可知，函数 $y=g(x)$ 的定义域为 $(-\infty, 0)\cup(0, +\infty)$，增区间为 $(-\infty, 0)$ 和 $(0, +\infty)$.

例 2. 讨论函数 $f(x)=2x+1$ 在 $(-\infty, +\infty)$ 上的单调性.

【解析】任取 $x_1, x_2\in(-\infty, +\infty)$ 且 $x_1<x_2$，

$f(x_1)-f(x_2)=(2x_1+1)-(2x_2+1)=2x_1-2x_2=2(x_1-x_2)$，

因为 $x_1-x_2<0$，所以 $f(x_1)-f(x_2)<0$，即

$f(x_1)<f(x_2)$.

所以函数 $f(x)=2x+1$ 在 $(-\infty, +\infty)$ 上是增函数.

例 3. 证明函数 $f(x)=\frac{1}{x}+1$ 在区间$(-\infty, 0)$上是减函数.

证明：任取x_1，$x_2\in(-\infty, 0)$且$x_1<x_2$.

因为 $f(x_1)-f(x_2)=(\frac{1}{x_1}+1)-(\frac{1}{x_2}+1)=\frac{1}{x_1}-\frac{1}{x_2}=\frac{x_2-x_1}{x_1x_2}$,

因为$x_2-x_1>0$，$x_1x_2>0$,

所以 $f(x_1)-f(x_2)>0$,

即 $f(x_1)>f(x_2)$.

所以函数 $f(x)=\frac{1}{x}+1$ 在区间$(-\infty, 0)$上是减函数.

例 4. 讨论下列函数的奇偶性：

(1)$f(x)=x^3$；(2)$f(x)=x^2+x^4$；(3)$f(x)=x+1$；(4)$f(x)=\sqrt{x}$.

【解析】(1) 函数 $f(x)=x^3$ 的定义域为R，对于任意的 $x\in$ R，都有 $-x\in$ R，且 $f(-x)=(-x)^3=-x^3=-f(x)$，所以 $f(x)=x^3$ 是奇函数.

【解析】(2) 函数 $f(x)=x^2+x^4$ 的定义域为 R，对于任意的$x\in$ R，都有$-x\in$ R，且 $f(-x)=(-x)^2+(-x)^4=x^2+x^4=f(x)$，所以 $f(x)=x^2+x^4$ 是偶函数.

【解析】(3) 函数 $f(x)=x+1$ 的定义域为 R，对于任意的 $x\in$ R，都有 $-x\in$ R，且 $f(-x)=-x+1\neq-f(x)$，$f(-x)=-x+1\neq f(x)$，所以 $f(x)=x+1$ 既不是奇函数也不是偶函数.

(4) 函数 $f(x)=\sqrt{x}$ 的定义域为$[0, +\infty)$，对于$1\in[0, +\infty)$，而$-1\notin[0, +\infty)$，所以函数 $f(x)=\sqrt{x}$ 既不是奇函数也不是偶函数.

【强化训练】

一、选择题

1. 函数 $y=x$，$x\in(-\infty, +\infty)$是(　　).

A. 增函数　　B. 减函数　　C. 先增后减函数　　D. 先减后增函数

2. 下列函数中，$x\in$ R，当 x 增大时，y 的值减小的函数是(　　).

A. $y=\frac{1}{3}x-1$　　B. $y=-3x+4$　　C. $y=-6x^2$　　D. $y=2x^2-5$

3. 函数 $f(x)=x^2$，$x\in[-3, 2]$是(　　).

A. 奇函数　　B. 偶函数

C. 既是奇函数又是偶函数　　D. 既不是奇函数也不是偶函数

4. 函数 $f(x)=-\frac{1}{x}(x\neq0)$(　　).

A. 是增函数　　B. 是减函数

C. 在$(0, +\infty)$上是增函数　　D. 是正比例函数

5. 若函数 $f(x)=2x+m$ 是奇函数，则实数 m 等于(　　).

A. -1　　B. 0　　C. 1　　D. 2

6. 下列函数中，为偶函数的是(　　).

A. $y=(x+1)^2$　　B. $y=x+2$　　C. $y=|x|$　　D. $y=x-x^2$

7. 已知偶函数 $f(x)$ 在$[-7, -3]$上单调递增，则 $f(4)$ 与 $f(6)$ 的大小关系是(　　).

A. $f(4)=f(6)$　　B. $f(4)>f(6)$

C. $f(4)<f(6)$　　D. 无法判断

8. 函数 $y=-x^2$ 的单调减区间是(　　).

A. $(-\infty, 0)$　　B. $[0, +\infty)$　　C. $(-\infty, +\infty)$　　D. $[-1, +\infty)$

9. 函数 $y=-x^2$ 的单调增区间是(　　).

A. $(-\infty, 0]$　　B. $[0, +\infty)$　　C. $(-\infty, +\infty)$　　D. $[-1, +\infty)$

10. 若奇函数在$(-\infty, 0)$上是减函数，则 $f(\pi)$ 与 $f(3)$ 的大小关系是(　　).

A. $f(\pi)>f(3)$　　B. $f(\pi)=f(3)$

C. $f(\pi)<f(3)$　　D. 不能确定

11. 下列函数是偶函数的是(　　).

A. $f(x)=\dfrac{1}{1-x^2}$　　B. $f(x)=2x-1$

C. $f(x)=\sqrt[3]{x}$　　D. $f(x)=x^2$，$x\in(-1, 1]$

12. 若函数 $y=f(x)$ 是偶函数，且 $f(-a)=2$，则 $f(a)=$(　　).

A. 6　　B. -6　　C. 2　　D. -2

13. 下列函数是奇函数的是(　　).

A. $y=x^2+1$　　B. $y=6x+1$

C. $y=\dfrac{1}{x}-x^3+x^5$　　D. $y=\dfrac{1}{x+1}$

14. $f(x)=-\dfrac{1}{x}$，$x\in[-1, 2]$，此函数是(　　).

A. 奇函数　　B. 偶函数　　C. 减函数　　D. 非奇非偶函数

15. 偶函数的图像是轴对称图形，它的对称轴是(　　).

A. x 轴　　B. y 轴　　C. 直线 $y=x$　　D. 直线 $y=-x$

二、填空题(选填“增”或“减”)

16. 函数 $y=x+1$，在$(-\infty, +\infty)$上是__________函数.

17. 函数 $y=-2x$，在$(-\infty, +\infty)$上是__________函数.

18. 函数 $y=\dfrac{2}{x}$，在$(-\infty, 0)$上是__________函数.

19. 函数 $y=-\dfrac{5}{x}$，在$(0, +\infty)$上是__________函数.

20. 函数 $y=x^2$，在$(0, +\infty)$上是 ________ 函数.

三、解答题

21. 函数 $f(x)=-x-2$ 在区间$(-\infty, +\infty)$上是什么函数?

22. 函数 $f(x)=2x^2+1$ 在区间$(-\infty, 0)$上是什么函数?

考点3　一次函数、反比例函数与二次函数

【知识点】

1. 一次函数

$y=kx+b(k\neq0)$ 是一次函数，其图像为直线，如下图所示.

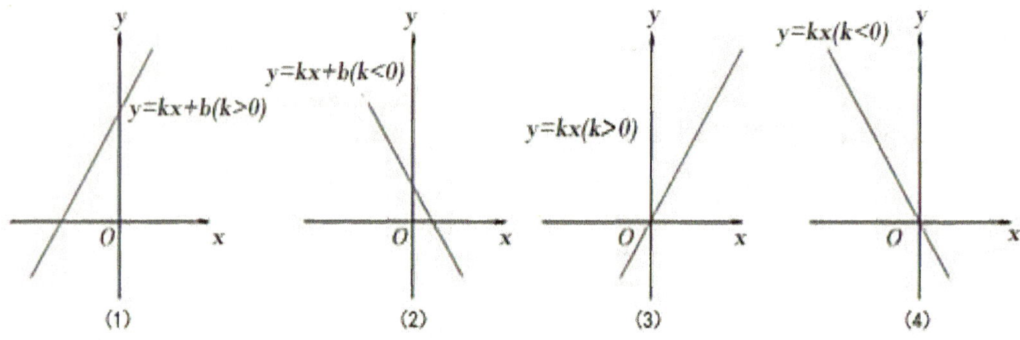

由一次函数 $y=kx+b(k\neq0)$ 的解析式和图像不难发现，其定义域和值域均为R，并有如下性质：

(1) 当 $k>0$ 时，在R上是增函数，如图(1) 所示；当 $k<0$ 时，在R上是减函数，如图(2) 所示.

(2) 当 $b=0$ 时，如图(3)、(4) 所示.

一次函数 $y=kx(k\neq0)$ 是奇函数，其图像关于原点中心对称.

2. 反比例函数

$y=\dfrac{k}{x}(k\neq0)$ 是反比例函数，其图像如图(5)、(6) 所示.

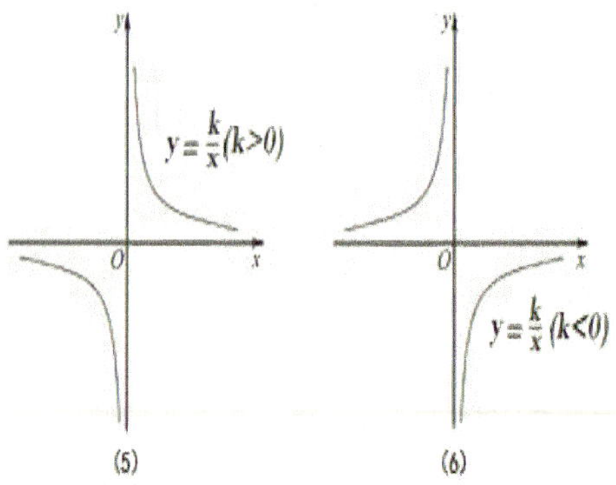

由反比例函数 $y=\frac{k}{x}(k\neq 0)$ 的解析式和图像可知，其定义域和值域均为 $(-\infty, 0)\cup(0, +\infty)$，并有如下性质：

(1) 当 $k>0$ 时，函数图像在第一、第三象限，在 $(-\infty, 0)$ 和 $(0, +\infty)$ 上都是减函数；

当 $k<0$ 时，函数图像在第二、第四象限，在 $(-\infty, 0)$ 和 $(0, +\infty)$ 上都是增函数.

(2) 函数是奇函数，图像关于原点中心对称.

3. 二次函数

$y=ax^2+bx+c(a\neq 0)$ 是二次函数，其图像是抛物线，顶点坐标为 $\left(-\frac{b}{2a}, \frac{4ac-b^2}{4a}\right)$，对称轴方程为 $x=-\frac{b}{2a}$.

(1) 一般地，当 $a>0$ 时，二次函数 $y=ax^2+bx+c$ 的图像是一条开口向上的抛物线，定义域为 R，值域为 $\left[\frac{4ac-b^2}{4a}, +\infty\right)$. 并有如下性质：

① 在 $\left(-\infty, -\frac{b}{2a}\right]$ 上是减函数，在 $\left[-\frac{b}{2a}, +\infty\right)$ 是增函数；

② 当 $b=0$ 时为偶函数.

$y=ax^2+bx+c(a\neq 0)$ 是二次函数，其图像是抛物线，顶点坐标为 $\left(-\frac{b}{2a}, \frac{4ac-b^2}{4a}\right)$，对称轴方程为 $x=-\frac{b}{2a}$.

(2) 一般地，当 $a<0$ 时，二次函数 $y=ax^2+bx+c$ 的图像是一条开口向下的抛物线，定义域为 R，值域为 $\left(-\infty, \frac{4ac-b^2}{4a}\right]$. 并有如下性质：

① 在 $\left(-\infty, -\frac{b}{2a}\right]$ 上是增函数，在 $\left[-\frac{b}{2a}, +\infty\right)$ 上是减函数；

② 当 $b=0$ 时为偶函数.

【例题讲解】

例 1. 设函数 $y=(3m+4)x+b$ 在 R 上是减函数，求 m 的取值范围.

【解析】由函数 $y=(3m+4)x+b$ 在 R 上是减函数，可得 $3m+4<0$，即 $m<-\frac{4}{3}$，所以 m 的取值范围为 $\left(-\frac{4}{3}, +\infty\right)$.

例 2. 设反比例函数 $y=\frac{k}{x}(k\neq 0)$ 的图像经过点 $(-3, -2)$，问函数图像是否一定经过点 $(3, 2)$.

【解析】因为反比例函数 $y=\dfrac{k}{x}(k\neq 0)$ 是奇函数，它的图像关于原点 O 对称. 而点 $(-3,\ -2)$ 关于原点 O 对称的点是 $(3,\ 2)$，所以函数图像一定经过点 $(3,\ 2)$.

例 3. 一次函数 $y=(2m+1)x+b$ 在R上是增函数，其图像与反比例函数 $y=\dfrac{m^2}{x}$ 的图像交于点(1，4)，求这个一次函数与反比例函数.

【解析】由一次函数 $y=(2m+1)x+b$ 在 R上是增函数，可得 $2m+1>0$，所以 $m>-\dfrac{1}{2}$；因为两个函数的图像交于点(1，4)，将该点坐标代入反比例函数，得 $4=\dfrac{m^2}{1}$，所以，$m\pm 2$. 由于 $m>-\dfrac{1}{2}$，所以 $m=-2$ 不合题意，舍去，故 $m=2$.

所以一次函数为 $y=5x+b$，将点(1，4) 代入得 $4=5\times 1+b$，即 $b=-1$.

所以这个一次函数为 $y=5x-1$，反比例函数为 $y=\dfrac{4}{x}$.

例 4. (1) 作出二次函数 $y=x^2-2x-3$ 的图像，并讨论其单调性；(2) 描点连线.

图像过点(−1，0)，(0，−3)，(1，−4)，(2，−3)，(3，0)，光滑曲线依次连接以上各点，画出函数 $y=x^2-2x-3$ 的图像，如下图所示.

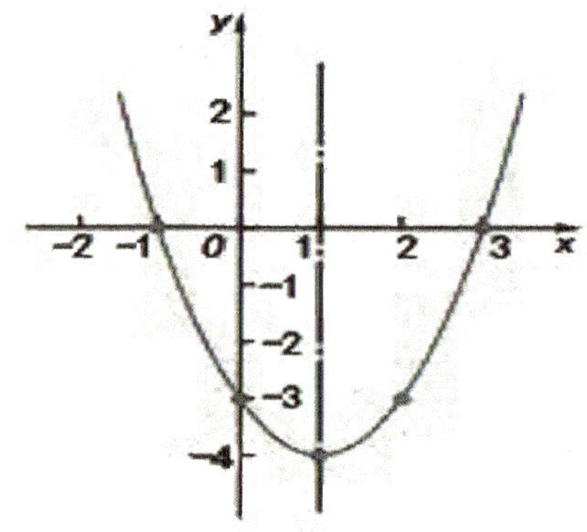

由上图可知，二次函数 $y=x^2-2x-3$ 的图像是开口向上的抛物线，定义域为 R，值域为 $[-4,\ +\infty)$.

函数在 $(-\infty,\ 1]$ 上是减函数，函数在 $[1,\ +\infty)$ 上是增函数.

【强化训练】

一、选择题

1. 下列函数中，是一次函数的是(　　).

A. $y=x^2$　　B. $y=\sqrt{x}$　　C. $y=\dfrac{1}{2}-x$　　D. $y=\dfrac{1}{x}+1$

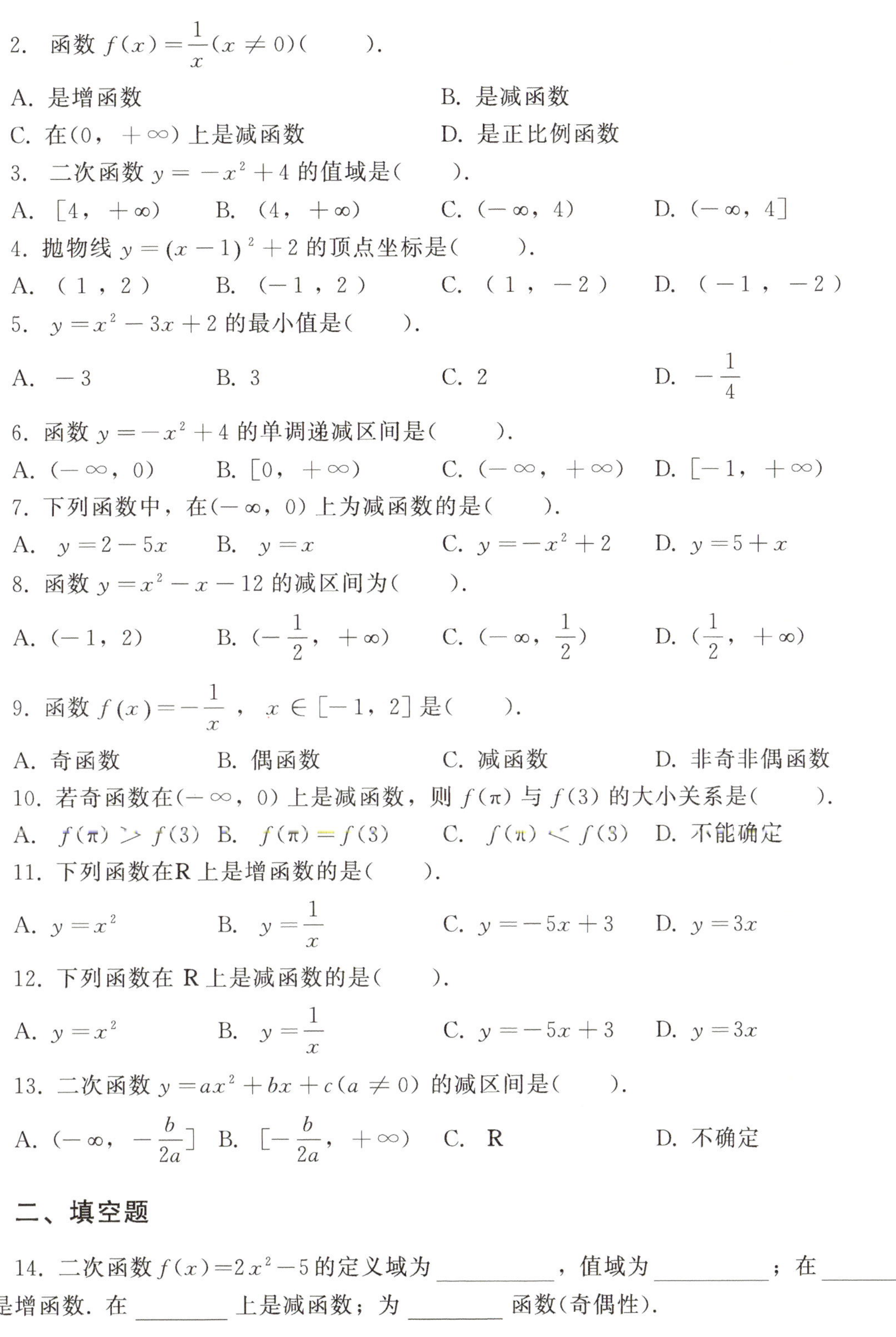

2. 函数 $f(x)=\frac{1}{x}(x\neq 0)$(　　).

A. 是增函数　　B. 是减函数

C. 在$(0,+\infty)$上是减函数　　D. 是正比例函数

3. 二次函数 $y=-x^2+4$ 的值域是(　　).

A. $[4,+\infty)$　　B. $(4,+\infty)$　　C. $(-\infty,4)$　　D. $(-\infty,4]$

4. 抛物线 $y=(x-1)^2+2$ 的顶点坐标是(　　).

A. $(1,2)$　　B. $(-1,2)$　　C. $(1,-2)$　　D. $(-1,-2)$

5. $y=x^2-3x+2$ 的最小值是(　　).

A. -3　　B. 3　　C. 2　　D. $-\frac{1}{4}$

6. 函数 $y=-x^2+4$ 的单调递减区间是(　　).

A. $(-\infty,0)$　　B. $[0,+\infty)$　　C. $(-\infty,+\infty)$　　D. $[-1,+\infty)$

7. 下列函数中，在$(-\infty,0)$上为减函数的是(　　).

A. $y=2-5x$　　B. $y=x$　　C. $y=-x^2+2$　　D. $y=5+x$

8. 函数 $y=x^2-x-12$ 的减区间为(　　).

A. $(-1,2)$　　B. $(-\frac{1}{2},+\infty)$　　C. $(-\infty,\frac{1}{2})$　　D. $(\frac{1}{2},+\infty)$

9. 函数 $f(x)=-\frac{1}{x}$，$x\in[-1,2]$是(　　).

A. 奇函数　　B. 偶函数　　C. 减函数　　D. 非奇非偶函数

10. 若奇函数在$(-\infty,0)$上是减函数，则 $f(\pi)$ 与 $f(3)$ 的大小关系是(　　).

A. $f(\pi)>f(3)$　　B. $f(\pi)=f(3)$　　C. $f(\pi)<f(3)$　　D. 不能确定

11. 下列函数在R上是增函数的是(　　).

A. $y=x^2$　　B. $y=\frac{1}{x}$　　C. $y=-5x+3$　　D. $y=3x$

12. 下列函数在R上是减函数的是(　　).

A. $y=x^2$　　B. $y=\frac{1}{x}$　　C. $y=-5x+3$　　D. $y=3x$

13. 二次函数 $y=ax^2+bx+c(a\neq 0)$ 的减区间是(　　).

A. $(-\infty,-\frac{b}{2a}]$　　B. $[-\frac{b}{2a},+\infty)$　　C. R　　D. 不确定

二、填空题

14. 二次函数 $f(x)=2x^2-5$ 的定义域为________，值域为________；在________上是增函数. 在________上是减函数；为________函数(奇偶性).

三、解答题

15. 设点 $A(1, m)$ 在函数 $y=2x$ 的图像上，求点 A 关于 y 轴对称点的坐标.

16. 设函数 $f(x)=x^2+bx-2$ 是 R 上的偶函数，求实数 b.

第4章 指数函数与对数函数

知识框架

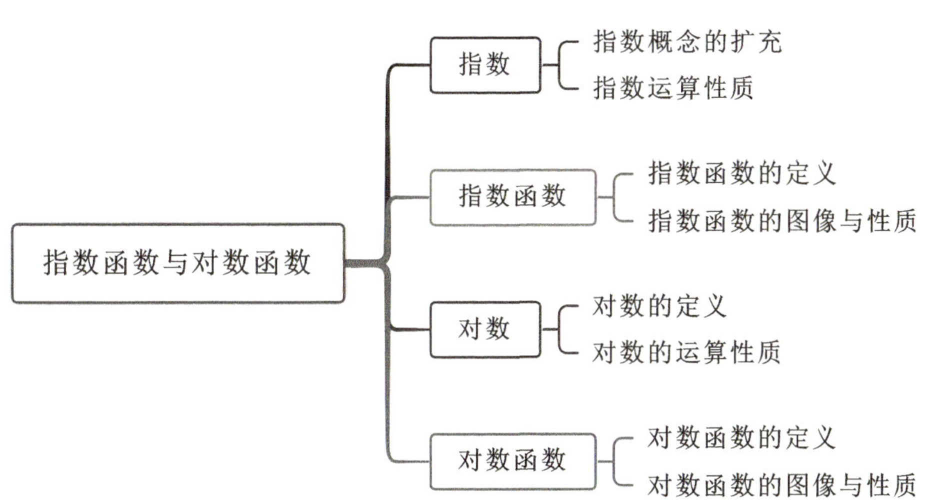

考点 1　指数与指数函数

【知识点】

一、考点要求

1. 指数幂的运算(掌握)；

2. 指数函数图像及其性质(掌握)；

3. 指数函数的综合应用(掌握).

二、考点梳理

1. 根式

(1) 根式的概念

如果$b^n=a\,(n\in \mathrm{N}^*,\ n>1)$，那么 b 叫作 a 的 n 次方根.

① 当 n 为偶数时，正数 a 的 n 次方根有两个，分别用$\sqrt[n]{a}$ 和 $-\sqrt[n]{a}$ 表示(它们互为相反数)，实数 a 的 n 次方根没有意义.

② 当 n 为奇数时，实数 a 的 n 次方根只有一个，用$\sqrt[n]{a}$ 表示.

③0 的 n 次方根为 0.

(2) 两个重要公式

① $\sqrt[n]{a^n}=\begin{cases} a & n\text{ 为奇数} \\ |a|=\begin{cases} a\,(a\geqslant 0), \\ -a\,(a<0), \end{cases} & n\text{ 为偶数} \end{cases}$.

② $(\sqrt[n]{a})^n=a$ (注意 a 必须使$\sqrt[n]{a}$ 有意义).

2. 幂的有关概念

(1) 正整数指数幂：$a^n=a\cdot a\cdots$(读作 a 的 n 次幂，规定$a^1=a$)；

(2) 负整数指数幂：$a^{-n}=\dfrac{1}{a^n}(a\neq 0)$；

(3) 正分数指数幂：$a^{\frac{m}{n}}=\sqrt[n]{a^m}\,(m,\ n\in \mathrm{N}^*,\ n>1)$；

(4) 负分数指数幂：$a^{-\frac{m}{n}}=\dfrac{1}{a^{\frac{m}{n}}}=\dfrac{1}{\sqrt[n]{a^m}}(a\neq 0,\ m,\ n\in \mathrm{N}^*,\ n>1)$；

(5)0 的正分数指数幂等于 0，0 的负分数指数幂没有意义.

注：分数指数幂与根式可以互化，通常利用分数指数幂进行根式的运算.

3. 实数指数幂的运算性质

$a>0$，$b>0$ 且 p，$q\in \mathbf{R}$.

(1) $a^{p}\cdot a^{q}=a^{p+q}$；

(2) $(a^{p})^{q}=a^{pq}$；

(3) $(ab)^{p}=a^{p}b^{p}$.

4. 指数函数的概念

一般地，形如 $y=a^{x}(a>0$ 且 $a\neq 0)$ 的函数称为指数函数，其中常数 a 称为指数函数的底数，指数 x 为自变量，函数的定义域为 R.

5. 指数函数的图像与性质

$y=a^{x}$	$a>1$	$0<a<1$
图像		
定义域	R	
值域	$(0,+\infty)$	
性质	图像过定点(0，1)	
	当 $x>0$ 时，$y>1$； 当 $x<0$ 时，$0<y<1$	当 $x>0$ 时，$0<y<1$； 当 $x<0$ 时，$y>1$
	在 $(-\infty,+\infty)$ 上是增函数	在 $(-\infty,+\infty)$ 上是减函数

6. 思维提升

(1) 是指数函数(1) $y=a^{x}$，(2) $y=b^{x}$，(3) $y=c^{x}$，(4) $y=d^{x}$ 的图像如下图所示，则 a，b，c，d 与 1 之间的大小关系为 $c>d>1>a>b>0$.

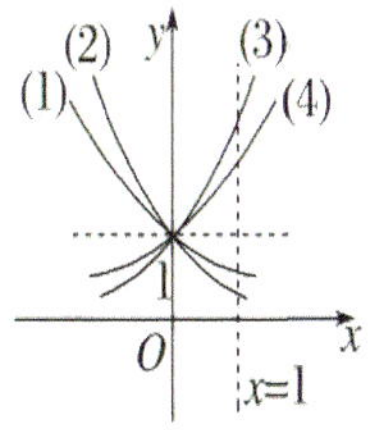

(2) 结合指数函数 $y=a^{x}(a>0$ 且 $a\neq 0)$ 的图像和性质说明 $a^{x}>1(a>0$ 且 $a\neq 1)$ 的解集是否与 a 的取值有关.

提示：当 $a>1$ 时，$a^{x}>1$ 的解集为 $\{x\mid x>0\}$；当 $0<a<1$ 时，$a^{x}>1$ 的解集为 $\{x\mid x<0\}$.

【例题讲解】

题型一：根式与指数幂的运算

例 1. $\left(\sqrt[3]{\sqrt[6]{a^{9}}}\right)^{4}=$ __________

【解析】$\left(\sqrt[3]{\sqrt[6]{a^{9}}}\right)^{4}=a^{9\times\frac{1}{6}\times\frac{1}{3}\times 4}=a^{2}$.

变式训练 1

化简：$\left(\sqrt[3]{(-5)^2}\right)^{\frac{3}{4}}$.

题型二：实数指数幂的运算

例 2. 计算$\left(2\dfrac{1}{4}\right)^{0.5}+(0.1)^{-2}-(2\sqrt{2})^{-\frac{2}{3}}-\left(\dfrac{1}{2}\right)^{-3}+(\sqrt{2}+1)^{0}$.

【解析】原式$=\left(\dfrac{9}{4}\right)^{\frac{1}{2}}+\left(\dfrac{1}{10}\right)^{-2}-(2\sqrt{2})^{-\frac{2}{3}}-\left(\dfrac{1}{2}\right)^{-3}+1$

$$=\left[\left(\frac{3}{2}\right)^{2}\right]^{\frac{1}{2}}+10^{2}-(2\sqrt{2})^{-\frac{2}{3}}-\left(\frac{1}{2}\right)^{-3}+1$$

$$=\frac{3}{2}+100-\frac{1}{2}-8+1$$

$$=94.$$

技巧点拨：进行实数指数幂运算时，若底数是带分数，则将带分数转化为假分数；若底数为小数，则将小数化成分数；若底数为根式，则将底数化成实数指数幂的形式，然后再利用幂的运算性质求解.

变式训练 2

计算：$(-18)^{0}+\left(\dfrac{3}{2}\right)^{-2}\times\sqrt[3]{27}\times\dfrac{3}{8}$.

题型三：利用指数函数的单调性比较大小

例 3. 比较下列各组中两个数的大小.

(1) 0.7^{-2} 与$0.7^{-1.3}$；

(2) $4^{\frac{1}{2}}$ 与$4^{\frac{1}{3}}$.

【解析】(1) 设 $f(x)=0.7^{x}$，因为 $0<0.7<1$，所以函数 $f(x)=0.7^{x}$ 是减函数. 因为 $-2<-1.3$，所以$0.7^{-2}>0.7^{-1.3}$.

(2) 设 $f(x)=4^{x}$，因为 $4>1$，所以函数 $f(x)=4^{x}$ 是增函数. 因为$\dfrac{1}{2}>\dfrac{1}{3}$，所以 $4^{\frac{1}{2}}>4^{\frac{1}{3}}$.

变式训练 3

比较下列各组中两个数的大小.

(1) $\left(\dfrac{1}{2}\right)^{3}$ 与 1；

(2) $5^{0.6}$ 与0.6^{5}.

题型四：求函数的定义域

例 4. 求函数 $y=\sqrt{8-2^{x}}$.

【解析】要使 $y=\sqrt{8-2^{x}}$ 有意义，需令 $8-2^{x}\geqslant 0$，即$2^{x}\leqslant 2^{3}$，因为指数函数 $f(x)=2^{x}$ 在R 上是增函数，所以 $x\leqslant 3$，故函数的定义域是$(-\infty, 3]$.

技巧点拨：求解析式中含有指数幂的函数的定义域时，首先转化为求含有指数幂的不等式；然后变形使它们底数相同；最后利用指数函数的单调性求出定义域，实际上它的主要过程就是解含有指数幂的不等式.

题型五：指数函数图形及应用

例 5. 函数 $y=a^{|x|}(a>1)$ 的图像是(　　).

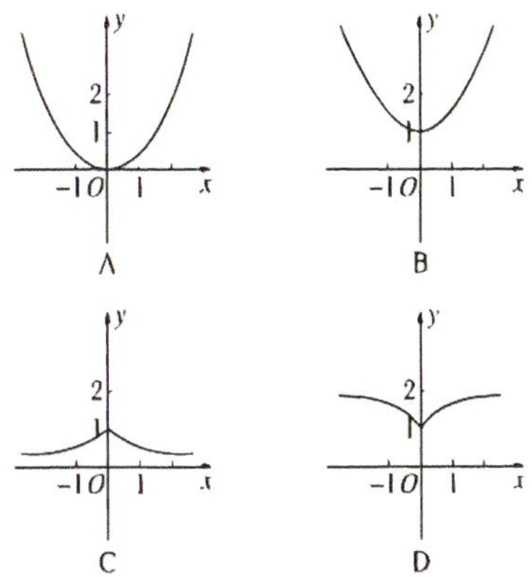

【解析】函数 $y=a^{|x|}(a>1)$ 是偶函数，当 $x\geqslant 0$ 时，$y=a^{x}$，又已知 $a>1$，故选 B.

变式训练 4

函数 $y=e^{1-x^2}$ 的图像大致是(　　).

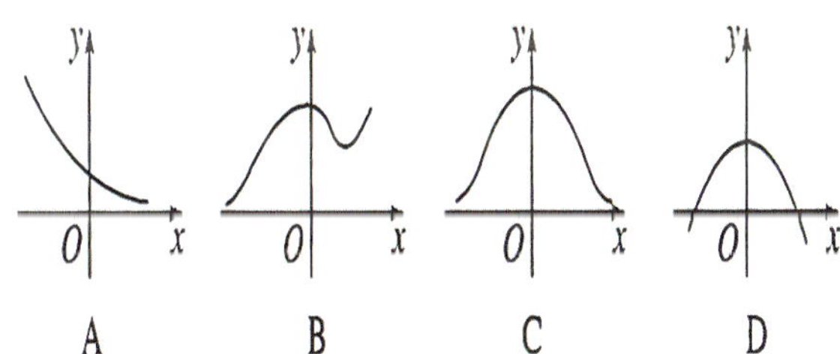

【强化训练】

一、选择题

1. 下列运算结果中，正确的是(　　).

A. $a^2a^3=a^5$　　B. $(-a^2)^3=(-a^3)^2$

C. $(\sqrt{a}-1)^0=1$　　D. $(-a^2)^3=a^6$

2. $4^{\frac{2}{5}}=$(　　).

A. 25　　B. $\sqrt[5]{16}$　　C. $\sqrt{4^{\frac{1}{5}}}$　　D. $\sqrt[5]{4}$

3. 已知 $a>0$，则$a^{-\frac{2}{3}}=$(　　).

A. $\sqrt[3]{a}$　　B. $\dfrac{1}{\sqrt[3]{a^2}}$　　C. $\dfrac{1}{\sqrt{a^3}}$　　D. $-\sqrt[3]{a^3}$

4. $(m^{\frac{1}{2}})^4+(-1)^0=($ $)$.

A. $m-1$ B. m^2-1 C. m^2+1 D. m^2

5. 若 $a=2^{-3}$，$b=2^{\frac{1}{2}}$，$c=(\frac{1}{2})^2$，则 a，b，c 的大小关系是( ).

A. $a<b<c$ B. $a<c<b$ C. $b<a<c$ D. $c<b<a$

6. 以下各点在指数函数 $f(x)=(\frac{1}{5})^x$ 的图像上的是( ).

A. (0，0) B. (1，1) C. (−1，−5) D. (0，1)

7. “指数函数 $y=a^x$ 在R上为减函数”是“$a=\frac{1}{2}$”的( ).

A. 充要条件

B. 充分不必要条件

C. 必要不充分条件

D. 既不是充分条件也不是必要条件

8. 若 $a<b<0$，则下列不等式成立的是( ).

A. $3^a<3^b$

B. $\frac{1}{a}<\frac{1}{b}$

C. $3^{-a}>4^{-a}$

D. $(\frac{1}{4})^a<(\frac{1}{4})^b$

9. 已知函数 $f(x)=a^{x+1}-\frac{1}{4}(a>0$ 且 $a\neq 1)$ 的图像过定点(m,n)，则 $m+n=($ $)$.

A. $\frac{1}{4}$

B. $\frac{3}{4}$

C. $-\frac{3}{4}$

D. $-\frac{1}{4}$

10. 在同一坐标系中，函数 $y=3^x$ 与 $y=3^{-x}$ 的图像关于( )对称.

A. x 轴

B. y 轴

C. 直线 $y=x$

D. 直线 $y=-x$

11. 函数 $y=a^{2x-2}+2(a>0$ 且 $a\neq 1)$ 的图像恒过定点( ).

A. (1，2) B. (1，3) C. (2，1) D. (3，1)

12. 关于函数 $y=(\frac{1}{2})^{x^2-2x-3}$，下列说法正确的是( ).

A. 定义域为$(-\infty,-1)\cup(3,+\infty)$

B. $[1,+\infty)$为递减区间

C. 是奇函数

D. 值域为$[16,+\infty)$

二、填空题

13. 若指数函数 $y=a^x$ 的图像经过点(1，3)，则实数 $a=$________.

14. 计算：$3^{-2}\times 81^{\frac{3}{4}}=$________.

15. 若指数函数 $f(x)$ 过点$(2,\frac{1}{4})$，则 $f(3)=$________.

16. 计算：$2^3\cdot 6^{-2}+(-50)^{\circ}+(9^{-2}\cdot 3^3)^2=$________.

17. 若实数 x，y 满足 $x+2y-2=0$，则 3^x+9^y 的最小值是________.

三、解答题

18. 已知函数 $f(x)=\begin{cases}-(\frac{1}{2})^x, & a\leqslant x<0\\ -x^2+2x, & 0\leqslant x\leqslant 4\end{cases}$.

(1) 若 $f(1)+f(a)=-7$，求实数 a 的值；

(2) 若 $f(x)$ 值域是 $[-8,1]$，求实数 a 的取值范围.

19. 已知函数 $f(x)=b\cdot a^x$(其中 a，b 为常量，且 $a>0$，$a\neq 1$) 的图像经过点 $A(1,6)$，$B(3,24)$.

(1) 求 $f(x)$ 的表达式；

(2) 若不等式$(\frac{1}{a})^x+(\frac{1}{b})^x-m\geqslant 0$ 在$(-\infty,1]$上恒成立，求实数 m 的取值范围.

考点 2　对数与对数函数

【知识点】

一、考点要求

1. 对数运算(掌握)；
2. 对数函数图像及其性质(掌握)；
3. 对数函数的综合应用(应用).

二、考点梳理

1. 对数的概念

一般地，如果 $a^x=N(a>0$，且 $a\neq 1)$，那么数 x 叫作以 a 为底 N 的对数；记作 $x=\log a^{N}$，其中 a 叫作对数的底数，N 叫作真数.

2. 对数的性质

①$\log a^{1}=0$，$\log a^{a}=1(a>0$，且 $a\neq 1)$；

②$a^{\log_a N}=N(a>0$，$a\neq 1$，且 $N>0)$；

③ 负数和零没有对数.

3. 对数的运算法则

如果 $a>0$，且 $a\neq 1$，$M>0$，$N>0$，那么：

① 积：$\log_a(MN)=\log_a M+\log_a N$；

② 商：$\log_a \frac{M}{N}=\log_a M-\log_a N$；

③ 幂：$\log_a M^n=n\log_a M(n\in \mathrm{R})$；

④ 换底公式：$\log_a b=\frac{\log_c b}{\log_c a}(a>0$，且 $a\neq 1$；$c>0$，且 $c\neq 1$；$b>0)$；

⑤ $\log_a b=\frac{1}{\log_b a}$.

推广：$\log_{a^n} M=\frac{1}{n}\log_a M$；$\log_{N^a} M^b=\frac{b}{a}\log_N M$；$\log_a b\cdot\log_b a=1$.

4. 对数函数的图像与性质

$y=\log_a x$	$a>1$	$0<a<1$
图像		
定义域	$(0,+\infty)$	
值域	R	
性质	过定点(1，0)，即 $x=1$ 时，$y=0$	
	当 $x>1$ 时，$y>0$； 当 $0<x<1$ 时，$y<0$	当 $x>1$ 时，$y<0$； 当 $0<x<1$ 时，$y>0$
	在$(0,+\infty)$上是增函数	在$(0,+\infty)$上是减函数

5. 思维提升

(1) 根据对数换底公式：说出 $\log_a b$，$\log_b a$ 的关系；化简$\log_{a^m} b^n$.

提示：① $\log_a b \cdot \log_b a = 1$；② $\log_{a^m} b^n = b^n \log_a{}^m$.

(2) 如下图所示，给出 4 个对数函数的图像，比较 a，b，c，d 与 1 的大小关系.

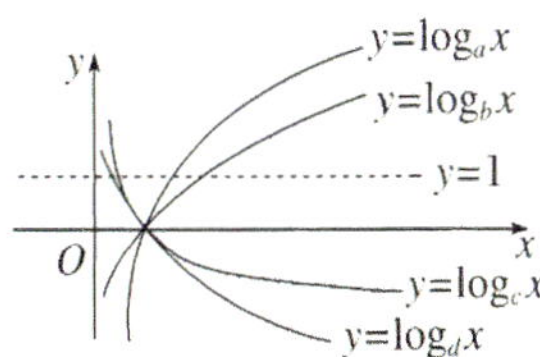

提示：$0 < c < d < 1 < a < b$.

【例题讲解】

题型一：指数式与对数式的关系

例 1. 将下列指数式写成对数式、对数式写成指数式.

(1) $3^4 = 81$；(2) $0.5^3 = 0.125$；(3) $\log_{0.1} 10 = -1$；(4) $\log_3 81 = 4$

【解析】(1) 由$3^4 = 81$，得$\log_3 81 = 4$；

(2) 由 $0.5^3 = 0.125$，得$\log_{0.5} 0.125 = 3$；

(3) 由$\log_{0.1} 10 = -1$，得$0.1^{-1} = 10$；

(4) 由$\log_3 81 = 4$，得$3^4 = 81$.

变式训练 1

将下列指数式写成对数式、对数式写成指数式.

(1) $0.2^3 = 0.008$；(2) $5^x = 18$；(3) $\log_{81} 27 = \frac{3}{4}$；(4) $\log_5 \frac{1}{625} = -4$.

题型二：对数计算

例 2. (1)$\log_8 4 + \log_8 2$；(2)$\log_5 10 - \log_5 2$；(3)$\log_2 (4^7 \times 2^5)$

【解析】(1)$\log_8 4 + \log_8 2 = \log_8 8 = 1$；

(2)$\log_5 10 - \log_5 2 = \log_5 5 = 1$ ；

(3) $\log_2 (4^7 \times 2^5) = \log_2 2^{19} = 19$.

变式训练 2

计算下列各式的值：

(1) $\frac{1}{2}\lg \frac{32}{49} - \frac{4}{3}\lg\sqrt{8} + \lg\sqrt{245}$；

(2)$\lg 5^2 + \frac{2}{3}\lg 8 + \lg 5 \cdot \lg 20 + (\lg 2)^2$；

(3) $\frac{\lg\sqrt{2}+\lg 3-\lg\sqrt{10}}{\lg 1.8}$.

题型三：利用对数函数的单调性比较大小

例 3. 比较$\log_2 1.4$与$\log_2 1.1$的大小.

【解析】因为底数 $2>1$，所以对数函数$y=\log_2 x$ 在$(0,+\infty)$上是增函数；因为 $1.4>1.1$，所以$\log_2 1.4>\log_2 1.1$.

变式训练 3

比较$\log_2 0.8$与$\log_{0.3} 0.7$的大小.

例 4. 若 $a=\log_2\frac{2}{5}$，$b=0.4^3$，$c=\ln 3$，则 a，b，c 的大小关系是(　　).

A. $a<c<b$　　B. $a<b<c$　　C. $c<b<a$　　D. $b<c<a$

【答案】B

【解析】因为 $a=\log_2\frac{2}{5}<\log_2 1=0$，故 $a<0$；$0<b=0.4^3<1$；$c=\ln 3>\ln e=1$，故 $c>1$，所以 $a<b<c$，故选 B.

变式训练 4

设 $a=\log_3 e$，$b=e^{1.5}$，$c=\log_{\frac{1}{3}}\frac{1}{4}$，则(　　).

A. $b<a<c$　　B. $c<a<b$

C. $c<b<a$　　D. $a<c<b$

题型四：对数函数图像及应用

例 5. 函数 $f(x)=\lg(|x|-1)$ 的大致图像是(　　).

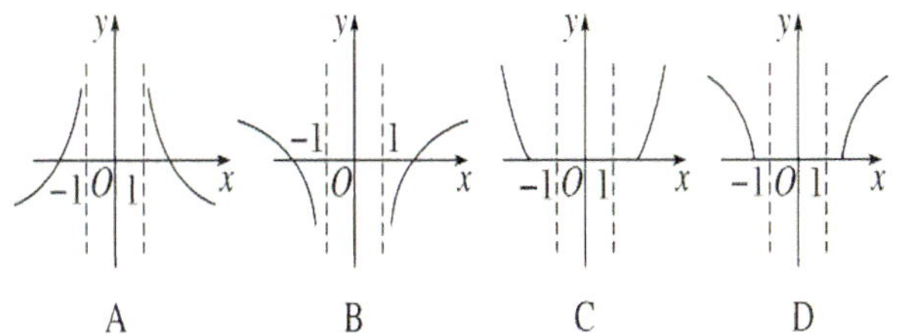

【答案】B

【解析】由函数值域为R，可以排除C、D选项，当$x>1$时，$f(x)=\lg(x-1)$在$(1,+\infty)$上单调递增，排除A选项，故选B选项.

变式训练5

函数$y=\log_a(x+c)$（a，c为常数，其中$a>0$，$a\neq1$）的图像如图所示，则下列结论成立的是__________.

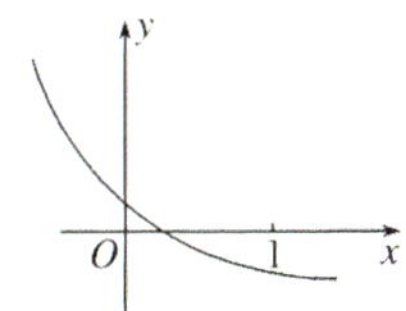

①$a>1$　　②$0<c<1$

③$0<a<1$　　④$c>1$

题型五：对数函数的性质及应用

例6. 求函数$y=\log_5(x-3)$的定义域.

【解析】要使$\log_5(x-3)$有意义，需令$x-3>0$，即$x>3$，所以函数的定义域为$(3,+\infty)$.

变式训练6

求函数$y=\lg(x^2+2x)$的定义域.

【强化训练】

一、选择题

1. 下列函数在$(-\infty,+\infty)$上是增函数的是（　　）.

A. $y=-2x$　　B. $y=\log_2 x$

C. $y=2^x$　　D. $y=2x^2+2$

2. 函数$f(x)=\log_2\dfrac{1}{3x-1}$的定义域是（　　）.

A. $(0,\dfrac{1}{3})$　　B. $(\dfrac{1}{3},+\infty)$　　C. $(\dfrac{2}{3},+\infty)$　　D. $(11,+\infty)$

3. 集合 $A=\{x\,|\,2\lg x<1\}$，$B=\{x\,|\,x^2-9\leqslant 0\}$，则 $A\cap B=$(　　).

A. $[-3,3]$　　B. $(0,\sqrt{10}]$

C. $(0,3]$　　D. $[-3,\sqrt{10})$

4. 将指数式 $m^x=n(m>0$ 且 $m\neq 1)$ 写成对数形式应当是(　　).

A. $x=\lg_m n$　　B. $x=\log_m n$

C. $m=\log_n x$　　D. $n=\log_m x$

5. $\sqrt{(3-\pi)^2}+(-27)^{\frac{1}{3}}+\lg 2+\lg 5$ 的结果是(　　).

A. $\pi-5$　　B. $3-\pi$　　C. $1-\pi$　　D. π

6. 若 $m>n$，则下列不等式正确的是(　　).

A. $\dfrac{1}{m}<\dfrac{1}{n}$　　B. $2^m>2^n$　　C. $\log_2|m|>\log_2|n|$　　D. $m^2>n^2$

7. 已知$\log_2 a=3$，则 $a^2=$(　　).

A. 9　　B. 36　　C. 64　　D. 81

8. 已知函数 $f(x)=\begin{cases}3^x(x\leqslant 0)\\ \log_2 x(x>0)\end{cases}$，那么 $f(f(\dfrac{1}{2}))=$(　　).

A. 3　　B. $\dfrac{1}{3}$　　C. -3　　D. $-\dfrac{1}{3}$

9. 下列函数中，在$(0,+\infty)$上为增函数的是(　　).

A. $y=x^2-2x$ B.1 $y=\dfrac{3}{x}$　　C. $y=\dfrac{1}{3^x}$　　D. $y=\ln x$

10. 已知 $\lg 2=m$，$10^n=3$，则$10^{m+2n}=$(　　).

A. 8　　B. 11　　C. 12　　D. 18

二、填空题

11. 计算：$\dfrac{\lg\sqrt{27}+\lg 8-\lg\sqrt{1000}}{\lg 1.2}=$__________.

12. 已知函数 $f(x)=\begin{cases}\log_2 x, & x>0\\ f(x+2), & x\leqslant 0\end{cases}$，则 $f(f(-1))=$__________.

13. 已知函数 $f(x)=1+\log_{\frac{1}{2}}x$，则 $f(2)=$__________.

14. 函数 $f(x)=\sqrt{\log_2(x+1)}-\dfrac{x}{2}$ 的定义域为__________.

15. 不等式$\log_{\frac{1}{2}}(x^2-x-2)>\log_{\frac{1}{2}}(2x-2)$的解集是__________.

16. 已知对数函数 $y=(a^2-1)\log_a x$，则当 $y<1$ 时 x 的取值范围是__________.

三、解答题

17. 求值：$8^{-\frac{1}{3}}+\log_3\frac{1}{27}+\frac{(1-\log_6 3)^2+\log_6 2\cdot\log_6 18}{\log_6 4}$.

28. 设函数 $f(x)=\log_a(1+x)+\log_a(3-x)(a>0$ 且 $a\neq 1)$，且 $f(1)=2$.

(1) 求实数 a 的值及 $f(x)$ 的定义域；

(2) 求 $f(x)$ 在区间 $\left[0,\ \frac{3}{2}\right]$ 上的最大值.

考点 3　指数函数与对数函数的应用

【知识点】

1. 能自建确定性函数模型解决实际问题(掌握)；
2. 建立拟合函数模型的步骤(了解).

【例题讲解】

题型一：建立函数模型解决实际问题

例 1. 某地规划对一片面积为 a 的沙漠进行治理，每年治理面积占上一年底沙漠面积的百分比均为 $x(0<x<1)$. 当治理面积达到这片沙漠面积的一半时，正好用了 10 年时间.

(1) 求 x 的值；

(2) 若今年初这片沙漠面积为原沙漠面积的$\frac{\sqrt{2}}{2}$，按照规划至少还需多少年，使剩余沙漠面积至多为原沙漠面积的$\frac{1}{4}$？

【解析】(1) 由于每年治理面积占上一年底沙漠面积的百分比均为 $x(0<x<1)$，

则 $a(1-x)^{10}=\frac{1}{2}a$，即 $(1-x)^{10}=\frac{1}{2}$，

解得 $x=1-\left(\frac{1}{2}\right)^{\frac{1}{10}}$.

(2) 设从今年开始，还需治理 n 年，

则 n 年后剩余面积为 $\frac{\sqrt{2}}{2}a(1-x)^n$，

令 $a(1-x)^n\leqslant a$，即 $(1-x)^n\leqslant\frac{\sqrt{2}}{4}$，

$\left(\frac{1}{2}\right)^{\frac{n}{10}}\leqslant\left(\frac{1}{2}\right)^{\frac{3}{2}}$，$\frac{n}{10}\geqslant\frac{3}{2}$，解得 $n\geqslant 15$.

故至少还需治理 15 年.

【反思感悟】与实际应用相结合的题型也是高考命题的方向，这类问题的特点是通过现实生活的事例考查书本知识，解决这类问题的关键是耐心读题、仔细理解题意，只有吃透题意，才能将实际问题转化为数学模型进行解答.

变式训练 1

某化工厂生产一种溶液的成品，生产过程的最后工序是过滤溶液中的杂质，过滤初期溶液含杂质为 2%，每经过一次过滤均可使溶液杂质含量减少一半，记过滤次数为 $x(x\in\mathbf{N}^*)$ 时溶液杂质含量为 y.

(1) 分别求出 1 次过滤、2 次过滤以后的溶液杂质含量 y_1，y_2 的值；

(2) 写出 y 与 x 的函数关系式(要求写出定义域)；

(3) 按市场要求，出厂成品杂质含量不能超过 0.02%，问至少经过几次过滤才能使产品达到市场要求？(参考数据：$\lg 2\approx 0.301$)

题型二：实际问题中的函数模型选择问题

例 2. 近年来，我国积极参与国际组织，承担国际责任，为国家进步、社会发展、个人成才带来了更多机遇，因此，面临职业选择时，越来越多的青年人选择通过创业、创新的方式实现人生价值. 其中，某位大学生带领其团队自主创业，通过直播带货的方式售卖特色农产品，下面为三年来农产品销售量的统计表：

年份	2018	2019	2020
销售量 / 万斤	41	55	83

结合国家支持大学生创业政策和农产品市场需求情况，该大学生提出了 2021 年销售 115 万斤特色农产品的目标，经过创业团队所有队员的共同努力，2021 年实际销售 123 万斤，超额完成预定目标.

(1) 将 2018 年，2019 年，2020 年，2021 年分别定义为第 1 年、第 2 年、第 3 年、第 4 年，现有两个函数模型：二次函数模型为 $f(x)=ax^2+bx+(a\neq 0)$；幂函数模型为 $g(x)=kx^3+mx+n(k\neq 0)$. 请你通过计算分析确定：选用哪个函数模型能更好地反映该创业团队农产品的年销售量 y 与第 x 年的关系.

(2) 依照目前的形势分析，你能否预测出该创业团队在 2022 年度的农产品销售量？

【解析】(1) 若选择二次函数模型，依题意，将前三年数据分别代入 $f(x)=ax^2+bx+c(a\neq 0)$.

解得 $\begin{cases} f(1)=41, \\ f(2)=55, \\ f(3)=83, \end{cases}$ 即 $\begin{cases} a+b+c=41, \\ 4a+2b+c=55, \\ 9a+3b+c=83, \end{cases}$ 解得 $\begin{cases} a=7, \\ b=-7, \\ c=41. \end{cases}$

所以 $f(x)=7x^2-7x+41$.

将 $x=4$ 代入 $f(x)$，得 $f(4)=7\times 4^2-7\times 4+41=125$，

所以此与 2021 年实际销售量的误差为 $125-123=2$(万斤).

若选择幂函数模型，依题意，将前三年数据分别代入 $g(x)=kx^3+mx+n(k\neq 0)$，

解得 $\begin{cases} f(1)=41, \\ f(2)=55, \\ f(3)=83, \end{cases}$ 即 $\begin{cases} k+m+n=41, \\ 8k+2m+n=55, \\ 27k+3m+n=83, \end{cases}$ 解得 $\begin{cases} k=\dfrac{7}{6}, \\ m=\dfrac{35}{6}, \\ c=34. \end{cases}$

所以 $g(x)=x^3+x+34$.

将 $x=4$ 代入 $g(x)$，得 $g(4)=\dfrac{7}{6}\times 4^3+\dfrac{35}{6}\times 4+34=132$，

所以此与 2021 年实际销售量的误差为 $132-123=9$(万斤).

显然 $2<9$，

因此，选用二次函数模型 $f(x)=7x^2-7x+41$ 能更好地反映该创业团队农产品的年销售量 y 与第 x 年的关系.

(2) 依据(1)，选用二次函数模型 $f(x)=7x^2-7x+41$ 进行预测，得 $f(5)=7\times 5^2-7\times 5+41=181$(万斤).

即预测该创业团队在 2022 年的农产品销售量为 181 万斤.

【反思感悟】建立拟合函数与预测的基本步骤如下.

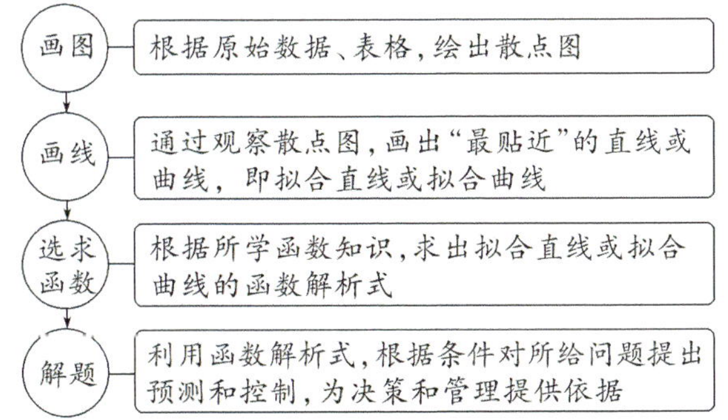

变式训练 2

北京时间 2021 年 10 月 16 日 0 时 23 分，搭载神舟十三号载人飞船的长征二号 F 遥十三运载火箭，在酒泉卫星发射中心精准发射，约 582 秒后，飞船与火箭成功分离，进入预定轨道，发射取得圆满成功，这是我国载人航天工程立项实施以来的第 21 次飞行任务，也是空间站阶段的第 2 次载人飞行任务. 航天工程对人们的生活产生方方面面的影响，有关部门对某航模专卖店的商品销售情况进行调查发现：该商品在过去的一个月内(以 30 天计) 的日销售价格 $P(x)$(元) 与时间 x(天) 的函数关系近似满足 $P(x)=2+\dfrac{k}{\sqrt{x-1}}$(常数 $k>0$). 该商品的日销售量 $Q(x)$(百个) 与时间 x(天) 的部分数据见下表：

x(天)	5	10	17	26
$Q(x)$(百个)	4	5	6	7

已知第 10 天该商品的日销售收入为 3500 元.

(1) 求实数 k 的值；

(2) 给出以下三种函数模型：①$Q(x)=px+q$，②$Q(x)=a\,|x-18|+b$，③$Q(x)=m\sqrt{x-1}+n$. 请你依据上表中的数据，从以上三种函数模型中，选择你认为最合适的一种函数模型，来描述该商品的日销售量 $Q(x)$ 与时间 x 的关系，说明你选择的理由，并借助你选择的模型，预估该商品的日销售收入 $f(x)$($1\leqslant x\leqslant 30$，$x\in\mathbf{N}^*$)(元) 在哪一天达到最低.

【强化训练】

一、选择题

1. 某种植物生长发育的数量 y 与时间 x 的关系见下表：

x	1	2	3	…
y	1	3	8	…

则下面的函数关系式中，拟合效果最好的是(　　).

A. $y=2x-1$　　　　B. $y=x^2-1$

C. $y=2^x-1$　　　　D. $y=1.5x^2-2.5x+2$

2. 若镭经过 100 年后剩留原来质量的 95.76%，设质量为 1 的镭经过 x 年后剩留量为 y，则 x，y 的函数关系是(　　).

A. $y=0.9576^{\frac{x}{100}}$　　　　B. $y=0.9576^{100x}$

C. $y=2^x-1$　　　　D. $y=1-0.0424^{\frac{x}{100}}$

3. 衣柜里的樟脑丸，随着时间会挥发而体积缩小，刚放进的新丸体积为 a，经过 t 天后体积 V 与天数 t 的关系式为 $V=a\cdot e^{-kt}$. 已知新丸经过 50 天后，体积变为 a. 若一个新丸体积变为 a，则需经过的天数为(　　)天.

A. 125　　B. 100　　C. 75　　D. 50

4. 某种产品今年的产量是 a，如果保持 5% 的年增长率，那么经过 x 年($x\in N^*$)后，该产品的产量 y 满足(　　).

A. $y=a(1+5\%x)$　　　　B. $y=a+5\%$

C. $y=a(1+5\%)^{x-1}$　　　　D. $y=a(1+5\%)^x$

5. 中国茶文化博大精深. 茶水的口感与茶叶类型和水的温度有关. 经验表明，某种绿茶用 85℃ 的水泡制，再等到茶水温度降至 60℃ 时饮用，可以产生最佳口感. 为分析泡制一杯最佳口感茶水所需的时间，某研究人员每隔 1min 测量一次茶水的温度，根据所得数据做出如图所示的散点图. 观察散点图的分布情况，下列哪个函数模型可以近似地刻画茶水温度 y 随时间 x 变化的规律？(　　).

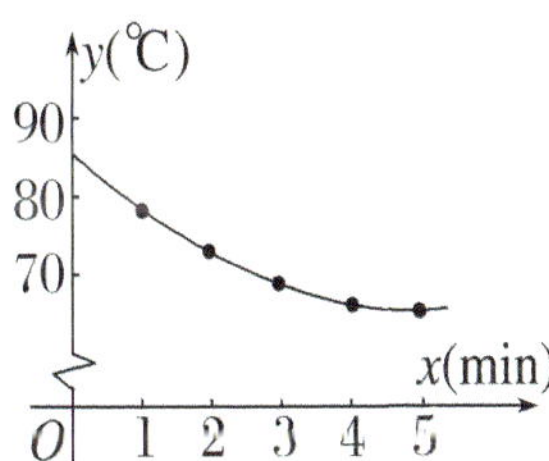

A. $y=mx^2+n(m>0)$

B. $y=mx+n(m>0)$

C. $y=ma^x+n(m>0，a>0，a\neq 1)$

D. $y=m\log_a x+n(m>0，a>0，a\neq 1)$

6. 某大型超市为了满足顾客对商品的购物需求，对超市的商品种类做了一定的调整，结果调整初期利润增长迅速，随着时间的推移，增长速度越来越慢，如果建立恰当的函数模型来反映该超市调整后利润 y 与售出商品的数量 x 的关系，则可选用(　　).

A. 一次函数　　　　B. 二次函数

C. 指数型函数　　　　D. 对数型函数

7. “道高一尺，魔高一丈”出自《西游记》第五十回，用来比喻取得一定成就后遇到的障碍会更大或正义终将战胜邪恶，若用下列函数中的一个来表示这句话的含义，则最合适的是(注：1 丈 =10 尺)(　　).

A. $y=10x$，$x>0$　　　　B. $y=x$，$x>0$

C. $y=x+10$，$x>0$　　　　D. $y=x+9$，$x>0$

8. 某公司 2022 年一整年的奖金有如下四种方案可供员工选择(奖金均在年底一次性发放).

方案 1：奖金 10 万元；

方案 2：前半年的半年奖金 4.5 万元，后半年的半年奖金为前半年的半年奖金的 1.2 倍；

方案 3：第一个季度奖金 2 万元，以后每一个季度的奖金均在上一季度的基础上增加 5000 元；

方案 4：第 n 个月的奖金＝基本奖金 7000 元＋$200n$ 元.

如果你是该公司员工，你选择的奖金方案是(　　).

A. 方案 1　　B. 方案 2

C. 方案 3　　D. 方案 4

二、填空题

9. 一个模具厂一年中 12 月的产量是 1 月产量的 m 倍，那么该模具厂这一年中产量的月平均增长率是__________.

10. 通过市场调查可知某商品每件的市场价 y(单位：元) 与上市时间 x(单位：天) 的数据如下：

上市时间 x 天	4	10	36
市场价 y 元	90	51	90

根据上表数据，当 $a\neq 0$ 时，下列函数：①$y=ax+k$；②$y=ax^2+bx+c$；③$y=a\log_m x$ 中能恰当地描述该商品的市场价 y 与上市时间 x 的变化关系的是________(只需写出序号即可).

11. 据某校环保小组调查，某区垃圾量的年增长率为 b，2015 年产生的垃圾量为 a 吨，由此预测该区 2022 年的垃圾量应为________吨.

三、解答题

12. 某城市现有人口总数为 100 万人，如果年自然增长率为 1.2%，试解答下面的问题：

(1) 写出该城市人口数 y(万人) 与年份 x(年) 的函数关系式；

(2) 计算 10 年以后该城市人口总数(精确到 0.1 万人)；

(3) 计算多少年以后该城市人口将达到 120 万人(精确到 1 年).

13. 按复利计算利息的一种储蓄，本金为 a 元，每期利率为 r，设本利和为 y，存期为 x，写出本利和 y 随存期x 变化的函数关系式. 如果存入本金1000元，每期利率为2.25%，试计算 5 期后本利和是多少？（注：“复利”，即把前一期的利息和本金加在一起算作本金，再计算下一期利息）

14. 一片森林面积为 a，计划每年砍伐一批木材，每年砍伐的百分比相等，则砍伐到面积一半时，所用时间是 T 年，为保护生态环境，森林面积至少要保留原面积的$\frac{1}{4}$，已知到今年为止，森林剩余面积为原来的$\frac{\sqrt{2}}{2}$.

（1）到今年为止，该森林已砍伐了多少年？

（2）今后最多还能砍伐多少年？

第5章　三角函数

知识框架

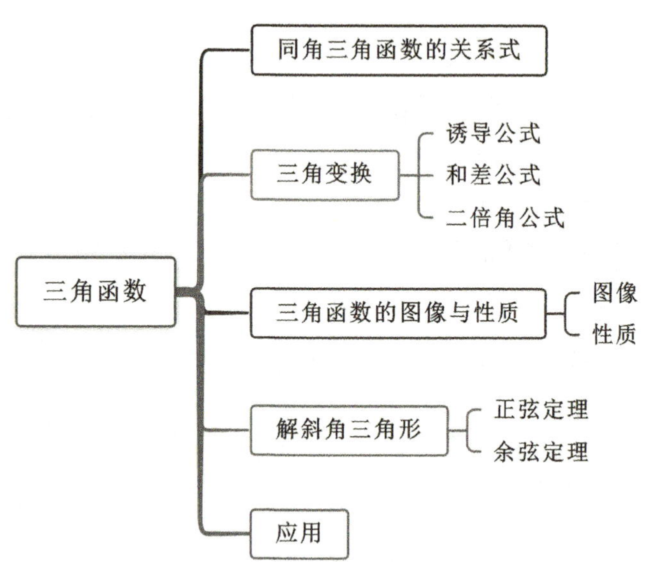

考点 1　三角函数的定义

【知识点】

一、考点要求

1. 象限角、界限角及终边相同的角(掌握)；

2. 弧度制与角度制换算(掌握)；

3. 弧长公式及扇形面积公式(应用).

二、考点梳理

1. 任意角

一条射线由原来的位置 OA，绕着它的端点 O，按逆时针(或顺时针) 方向旋转到另一位置 OB 就形成角 α. 旋转开始位置的射线 OA 叫作角 α 的**始边**，终止位置的射线 OB 叫作角 α 的**终边**，端点 O 叫作角 α 的**顶点**.

规定：按逆时针方向旋转所形成的角叫作**正角**，按顺时针方向旋转所形成的角叫作**负角**. 当射线没有作任何旋转时，也认为形成了一个角，这个角叫作**零角**.

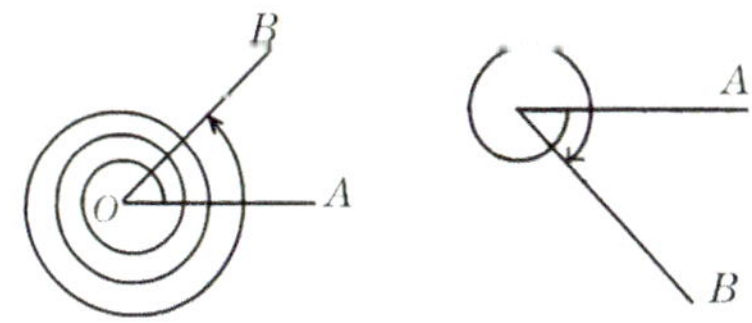

2. 象限角

数学中经常在平面直角坐标系中研究角. 将角的顶点与坐标原点重合，角的始边在 x 轴的正半轴，此时，角的终边在第几象限，就把这个角叫作**第几象限的角**(或者说这个角在第几象限).

(1)α 是第一象限角，可表示为$\left\{\alpha \,\middle|\, 2k\pi < \alpha < 2k\pi + \dfrac{\pi}{2},\ k \in \mathbf{Z}\right\}$；

(2)α 是第二象限角，可表示为$\left\{\alpha \,\middle|\, 2k\pi + \dfrac{\pi}{2} < \alpha < 2k\pi + \pi,\ k \in \mathbf{Z}\right\}$；

(3)α 是第三象限角，可表示为$\left\{\alpha \,\middle|\, 2k\pi + \pi < \alpha < 2k\pi + \dfrac{3\pi}{2},\ k \in \mathbf{Z}\right\}$；

(4)α 是第四象限角，可表示为$\left\{\alpha \,\middle|\, 2k\pi + \dfrac{3\pi}{2} < \alpha < 2k\pi + 2\pi,\ k \in \mathbf{Z}\right\}$.

3. 界限角

终边在坐标轴上的角叫作**界限角**，例如，0°、90°、180°、270°、360°、−90°、−270°角等都是界限角.

(1) 终边在 x 轴上角的集合是$\{\alpha \mid \alpha = k \cdot 180°, k \in \mathbf{Z}\}$；

(2) 终边在 y 轴上角的集合是$\{\alpha \mid \alpha = k \cdot 180° + 90°, k \in \mathbf{Z}\}$；

(3) 终边在坐标轴上角的集合是$\{\alpha \mid \alpha = k \cdot 90°, k \in \mathbf{Z}\}$.

4. 终边相同的角

一般与角 α 终边相同的角(包括角 α 在内)，都可以表示为 $\alpha + k \cdot 360°(k \in \mathbf{Z})$ 的形式.

与角 α 终边相同的角有多个，它们所组成的集合为 $S = \{\beta \mid \beta = \alpha + k \cdot 360°, k \in \mathbf{Z}\}$.

5. 弧度制

将等于半径长的圆弧所对的圆心角叫作**1 弧度的角**，记作 1 弧度或 1rad. 以弧度为单位来度量角的单位制叫作**弧度制**.

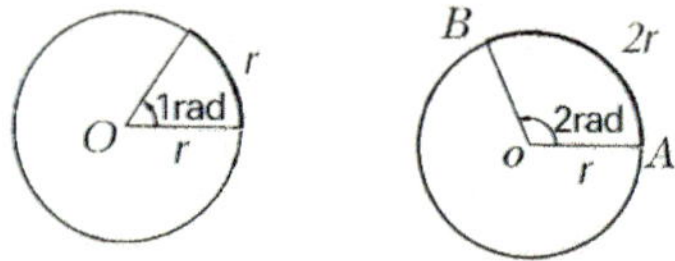

若圆的半径为 r，圆心角 $\angle AOB$ 所对的圆弧长为 $2r$，那么 $\angle AOB$ 的大小就是 $\frac{2r}{r}\text{rad} = 2\text{rad}$.

规定：正角的弧度数为正数，负角的弧度数为负数，零角的弧度数为零.

弧度制与角度制换算：

$$1° = \frac{\pi}{180}(\text{rad}) \approx 0.01745\text{rad}$$

$$1\text{rad} = \left(\frac{180}{\pi}\right)° \approx 57.3° \approx 57°18'$$

说明：

(1) 用弧度制表示角的大小时，在不至于产生误解的情况下，通常可以省略单位“弧度”或“rad”的书写. 例如，1rad，2rad，$\frac{\pi}{2}$rad，可以分别写作 1，2，$\frac{\pi}{2}$.

(2) 采用弧度制以后，每一个角都对应唯一的一个实数；反之，每一个实数都对应唯一的一个角. 于是，在角的集合与实数集之间，建立起了一一对应的关系.

(3) 常用特殊角的弧度数.

0°	30°	45°	60°	90°	120°	135°	150°	180°	270°	360°
0	$\frac{\pi}{6}$	$\frac{\pi}{4}$	$\frac{\pi}{3}$	$\frac{\pi}{2}$	$\frac{2\pi}{3}$	$\frac{3\pi}{4}$	$\frac{5\pi}{6}$	π	$\frac{3\pi}{2}$	2π

6. 弧度的相关公式

(1) 角 α 的弧度数的绝对值等于弧长除以半径 $|\alpha|=\frac{l}{r}$.

(2) 扇形的弧长和面积公式.

扇形的弧长公式：$l=|\alpha|r$ 或 $l=\frac{n\pi r}{180}$.

扇形的面积公式：$S=\frac{1}{2}lr=\frac{1}{2}|\alpha|r^2$ 或 $S=\frac{n\pi r^2}{360}$.

7. 任意角的三角函数定义

设角 α 为平面直角坐标系中的任意一个角(顶点与原点重合、始边与 x 轴的非负半轴重合)，在其终边上任取一点 $P(x，y)$(点 P 与原点 O 不重合). 设点 P 到原点 O 的距离为 r，即 $r=\sqrt{x^2+y^2}$，则

$\frac{y}{r}$ 称为角 α 的正弦，记作 $\sin\alpha$，即 $\sin\alpha=\frac{y}{r}$；

$\frac{x}{r}$ 称为角 α 的余弦，记作 $\cos\alpha$，即 $\cos\alpha=\frac{x}{r}$；

$\frac{y}{x}$ 称为角 α 的正切，记作 $\tan\alpha$，即 $\tan\alpha=\frac{y}{x}$.

依照上述定义，对于每一个确定的角 α，都分别有唯一确定的余弦值、正弦值、正切值与之对应，所以这三个对应关系都是以角 α 为自变量的函数，分别叫作角 α 的正弦函数、余弦函数和正切函数.

8. 三角函数求值

根据三角函数定义，可得计算三角函数值的步骤.

第一步，画角：在直角坐标系中，作角等于 α.

第二步，找点：在角 α 的终边上任找一点 P，使 $|OP|=1$，并量出该点的纵坐标和横坐标.

(1) 三角函数在各象限的符号如图所示

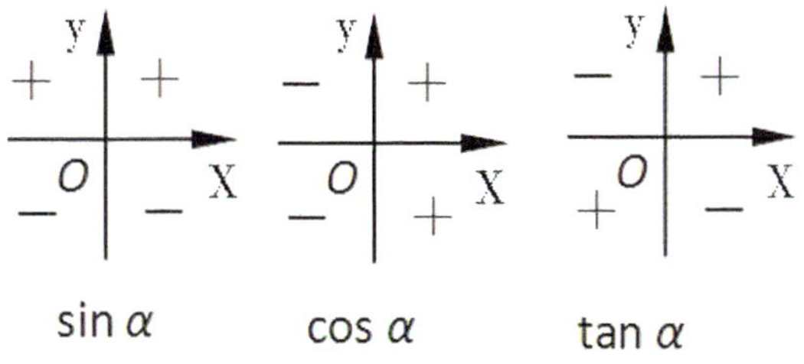

sin α　　cos α　　tan α

(2) 特殊的三角函数值.

α	0	$\frac{\pi}{6}$	$\frac{\pi}{4}$	$\frac{\pi}{3}$	$\frac{\pi}{2}$	π	$\frac{3\pi}{2}$
$\sin\alpha$	0	$\frac{1}{2}$	$\frac{\sqrt{2}}{2}$	$\frac{\sqrt{3}}{2}$	1	0	-1
$\cos\alpha$	1	$\frac{\sqrt{3}}{2}$	$\frac{\sqrt{2}}{2}$	$\frac{1}{2}$	0	-1	0
$\tan\alpha$	0	$\frac{\sqrt{3}}{3}$	1	$\sqrt{3}$	不存在	0	不存在

9. 单位圆与三角函数线

如图所示，以原点为圆心，半径为 1 的圆称为**单位圆**.

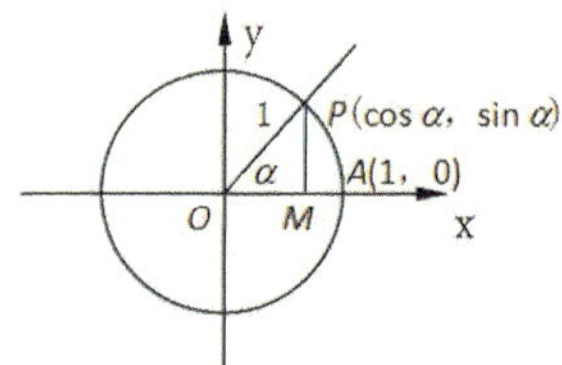

设角 α 的终边与单位圆的交点为 $P(x, y)$，过点 P 作 PM 垂直于 x 轴，则 $\sin\alpha=y$，$\cos\alpha=x$，即 $P(\cos\alpha, \sin\alpha)$. $\cos\alpha=x=OM$；$\sin\alpha=y=MP$.

于是我们把规定了方向的线段 OM，MP 分别称作角 α 的**余弦线**、**正弦线**.

10. 正弦函数、余弦函数和正切函数的定义域如表所示

三角函数	定义域
$\sin\alpha$	**R**
$\cos\alpha$	**R**
$\tan\alpha$	$\{\alpha \mid \alpha\neq k\pi+\frac{\pi}{2}, k\in \mathbf{Z}\}$

【例题讲解】

题型一：任意角的概念

例 1. 以下命题正确的是(　　).

A. 终边重合的两个角相等

B. 小于 90° 的角都是锐角

C. 第二象限的角是钝角

D. 锐角是第一象限的角

【答案】D

【解析】对于 A，例如 30° 和 390° 终边相同，但两个角不相等，故 A 错误；对于 B，如 $0°<90°$，但 0° 不是锐角，故 B 错误；对于 C，如 $-210°$ 是第二象限角，但 $-210°$ 不是钝角，故 C 错误；因为锐角为大于 0° 小于 90° 的角，所以锐角在第一象限，故 D 正确.

故选：D.

变式训练 1.

已知 $\alpha=\frac{\pi}{5}$，若将角 α 终边绕原点顺时针旋转 π 后得到的角是第几象限角？(　　)

A. 一　　B. 二　　C. 三　　D. 四

题型二：终边相同的角

例 2. 已知 $\alpha=30°$，则下列四个角中与角 α 终边相同的是(　　).

A. 390°　　B. 210°　　C. 150°　　D. 330°

【答案】A

例 3. 下列与 $\frac{9\pi}{4}$ 的终边相同的角的集合中正确的是(　　).

A. $\{\alpha \mid \alpha=2k\pi+45°,\ k\in \mathbf{Z}\}$　　B. $\left\{\alpha \middle| \alpha=k\cdot 360°+\frac{9}{4}\pi,\ k\in \mathbf{Z}\right\}$

C. $\{\alpha \mid \alpha=k\cdot 360°-315°,\ k\in \mathbf{Z}\}$　　D. $\left\{\alpha \middle| \alpha=k\pi+\frac{5\pi}{4}k\in \mathbf{Z}\right\}$

【答案】C

【解析】$\frac{9\pi}{4}$rad$=405°=720°-315°$，故与其终边相同的角的集合为$\{\alpha \mid \alpha=\frac{9\pi}{4}+2k\pi,\ k\in \mathbf{Z}\}$或$\{\alpha \mid \alpha=-315°+k\cdot 360°,\ k\in \mathbf{Z}\}$，角度制和弧度制不能混用，只有 C 符合题意，故选：C.

变式训练 2.

与 $-75°$ 终边相同的角的集合是(　　).

A. $\{\beta \mid \beta=-75°+k\cdot 360°,\ k\in \mathbf{Z}\}$

B. $\{\beta \mid \beta=75°+k\cdot 360°,\ k\in \mathbf{Z}\}$

C. $\{\beta \mid \beta=180°+k\cdot 360°,\ k\in \mathbf{Z}\}$

D. $\{\beta \mid \beta=k\cdot(-75°)+360°,\ k\in \mathbf{Z}\}$

题型三：角度制与弧度制互化

例 4. 750° 化成弧度为(　　).

A. $\frac{25\pi}{6}$　　B. $\frac{14\pi}{3}$　　C. $\frac{11\pi}{2}$　　D. $\frac{17\pi}{3}$

【答案】A

【解析】根据角度制转化弧度制公式得 $750°\times\frac{\pi}{180°}=\frac{25}{6}\pi$. 故选：A.

例 5. 将下列角度化为弧度，弧度转化为角度.

(1)780°　　(2) $-1560°$　　(3)67.5°

(4) $-\frac{10}{3}\pi$　　(5) $\frac{\pi}{12}$　　(6) $\frac{7\pi}{4}$

【解析】(1)$780°-\frac{780}{180}\times\pi$ 弧度 $-\frac{13\pi}{3}$ 弧度；

(2) $-1560^{\circ}=-\frac{1560}{180}\times\pi$ 弧度 $=-\frac{26}{3}\pi$ 弧度；

(3) $67.5^{\circ}=\frac{67.5}{180}\pi$ 弧度 $=\frac{3\pi}{8}$ 弧度.

(4) $-\frac{10}{3}\pi$ 弧度 $=-\frac{10}{3}\times 180^{\circ}=-600^{\circ}$；

(5) $\frac{\pi}{12}$ 弧度 $=\frac{180^{\circ}}{12}=15^{\circ}$；

(6) $\frac{7\pi}{4}$ 弧度 $=\frac{7}{4}\times 180^{\circ}=315^{\circ}$.

题型四：弧长公式与扇形面积公式

例 6. 一条弦的长等于半径，这条弦所对的圆心角等于(　　).

A. $\frac{\pi}{4}$　　B. $\frac{\pi}{3}$　　C. $\frac{\pi}{2}$　　D. 1

【答案】B

【解析】根据题意：作出如下图形，$AB=OA=OB=r$. 则 $\triangle OAB$ 为等边三角形，故 $\angle BOA=\frac{\pi}{3}$. 故选 B.

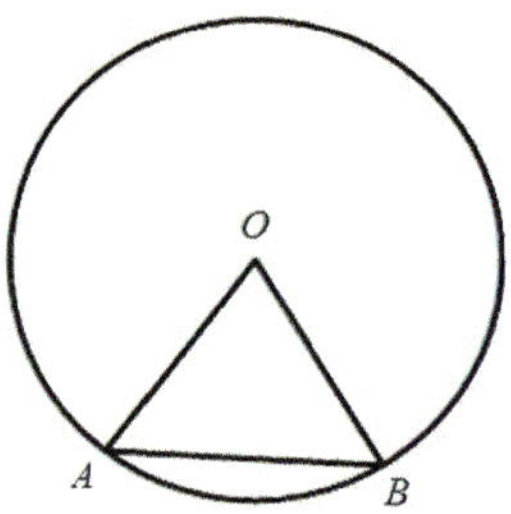

变式训练 3.

一个扇形所在圆的半径为 6，该扇形的周长为 16.

(1) 求该扇形圆心角的弧度数；

(2) 求该扇形的面积.

题型五：利用三角函数的定义求三角函数值

例 7. 已知角 α 的终边经过点 $A(-5, m)$，且 $\sin\alpha=\frac{12}{13}$，则 $\tan\alpha$ 的值为（　　）.

A. $-\frac{5}{13}$　　B. $\frac{5}{13}$　　C. $\frac{12}{5}$　　D. $-\frac{12}{5}$

【答案】D

【解析】因为 $\sin\alpha=\frac{m}{\sqrt{25+m^2}}=\frac{12}{13}$，所以 $m=12$，因此 $\tan\alpha=\frac{12}{-5}=-\frac{12}{5}$，故选 D.

变式训练 4.

已知角 α终边上一点 P(2，-3)，求 $\sin\alpha\cdot\cos\alpha\cdot\tan\alpha$ 的值.

变式训练 5.

已知角 θ 的终边经过点 $M(m, 3-m)$，且 $\tan\theta=\frac{1}{2}$，则 $m=$（　　）.

A. $\frac{1}{2}$　　B. 1　　C. 2　　D. $\frac{5}{2}$

题型六：三角函数象限符号的判断

例 8. 设 $\sin\alpha>0$ 且 $\tan\alpha<0$，则 α 是（　　）.

A. 第一象限角　　B. 第三象限角

C. 第一、二象限角　　D. 第一、三象限角

【答案】B

【解析】因为 $\sin\alpha>0$，所以 α 是第一象限角或第二象限角或终边在 y 轴正半轴上的角.又因为 $\tan\alpha<0$，所以 α 是第二象限角或第四象限角.

题型七：根据特殊三角函数值求值运算

例 9. 计算：$\cos\frac{\pi}{3}-\sin^2\frac{\pi}{4}+\frac{\sqrt{3}}{3}\tan\frac{\pi}{3}\sin\frac{3\pi}{2}+\cos\pi=$________.

【答案】-2

【解析】$\cos\frac{\pi}{3}-\sin^2\frac{\pi}{4}+\frac{\sqrt{3}}{3}\tan\frac{\pi}{3}\sin\frac{3\pi}{2}+\cos\pi=\frac{1}{2}-\left(\frac{\sqrt{2}}{2}\right)^2+\frac{\sqrt{3}}{3}\times\sqrt{3}\times(-1)-1=-2$.

变式训练 6.

分别根据下列条件求函数 $f(x)=\sin\left(x+\frac{\pi}{4}\right)+2\sin\left(x-\frac{\pi}{4}\right)-4\cos 2x+3\sin\left(x+\frac{3\pi}{4}\right)$ 的值：

(1) $x=\frac{\pi}{4}$；(2) $x=\frac{3\pi}{4}$.

【强化训练】

一、选择题

1. 150° 化为弧度是(　　).

A. $\frac{4\pi}{3}$　B. $\frac{5\pi}{3}$　C. $\frac{2\pi}{3}$　D. $\frac{5\pi}{6}$

2. 在 0° ～ 360° 范围内，与 −2020° 终边相同的角是(　　).

A. 132°　B. 140°　C. 222°　D. 322°

3. 2024° 的终边在(　　).

A. 第一象限　B. 第二象限　C. 第三象限　D. 第四象限

4. 若扇形的面积为$\frac{3\pi}{8}$，半径为 2，则扇形的圆心角为(　　).

A. $\frac{3\pi}{2}$　B. $\frac{3\pi}{4}$　C. $\frac{3\pi}{8}$　D. $\frac{3\pi}{16}$

5. 在平面直角坐标系中，角 θ 的顶点与原点重合，角 θ 的始边与 x 轴的非负半轴重合，角 θ 的终边经过点 $P(-3，4)$，则 $\cos\theta=$(　　).

A. $-\frac{3}{5}$　B. $\frac{4}{5}$　C. $\frac{3}{25}$　D. $\frac{4}{25}$

6. 已知角 α 的终边经过点$(-4，3)$，则 $\cos\alpha=$(　　).

A. $\frac{4}{5}$　B. $\frac{3}{5}$　C. $-\frac{3}{5}$　D. $-\frac{4}{5}$

7. 若 $\sin\alpha<0$，$\cos\alpha<0$，则角 α 是(　　)角.

A. 第一象限　B. 第二象限　C. 第三象限　D. 第四象限

8. 在平面直角坐标系中，若角 θ 的终边经过点 $A\left(-\sin\frac{\pi}{4}，\cos 60°\right)$，则 $\tan\theta$ 的值为(　　).

A. $-\frac{\sqrt{2}}{2}$　B. $\frac{\sqrt{2}}{2}$　C. $\sqrt{2}$　D. $-\sqrt{2}$

9. 计算 $\sin\frac{\pi}{3}\cos\frac{\pi}{3}=$(　　).

A. $-\frac{\sqrt{3}}{4}$　B. $\frac{1}{4}$　C. $\frac{\sqrt{3}}{4}$　D. $\frac{1}{2}$

10. 已知 $\cos x=a-1$，则实数 a 的取值范围是(　　).

A. $[0，2]$　B. $(0，2)$　C. $(-1，1)$　D. $[-1，1]$

二、填空题

11. 终边与坐标轴重合的角的集合为__________(弧度制表示).

12. 已知角 $\alpha(0<\alpha<2\pi)$ 的终边与角 $-\frac{17}{4}\pi$ 重合，则 $\alpha=$__________.

13. 在 0° 到 360° 范围内，与 405° 终边相同的角为__________.

14. 若角 α 的终边经过点 $P(-4a, 3a)$，其中 $a<0$，那么 $\sin\alpha+2\cos\alpha=$__________.

15. 已知角 θ 的终边经过点 $(2a+1, a-2)$，且 $\cos\theta=\frac{3}{5}$，则实数的 a 值是__________.

三、解答题

16. 已知角 α 的集合为 $M=\{\alpha \mid \alpha=30^\circ+k\cdot 90^\circ, k\in \mathbf{Z}\}$，回答下列问题：

(1) 集合 M 中有几类终边不相同的角？

(2) 集合 M 中大于 -360° 且小于 360° 的角有哪几个？

(3) 求集合 M 中的第二象限角 β.

17. 设 α 为第四象限角，其终边上的一个点是 $P(x, -\sqrt{5})$，且 $\cos\alpha=\frac{\sqrt{2}}{4}x$，求 $\sin\alpha$ 和 $\tan\alpha$.

18. 已知顶点在原点，始边与 x 轴非负半轴重合的角 α 的终边上有一点 $P(-\sqrt{3}, m)$，且 $\sin\alpha=\frac{\sqrt{2}}{4}m\ (m\neq 0)$，求 m 的值，并求 $\cos\alpha$ 与 $\tan\alpha$ 的值.

19. 化简下列各式：

(1) $\sin\frac{7\pi}{2}+\cos\frac{5\pi}{2}+\cos(-5\pi)+\tan\frac{\pi}{4}$；

(2) $a^2\sin 810^\circ-b^2\cos 900^\circ+2ab\tan 1125^\circ$.

20. 已知 θ 终边上一点 $P(x, 3)(x \neq 0)$，且 $\cos\theta = \frac{\sqrt{10}}{10}x$，求 $\sin\theta$，$\tan\theta$.

考点 2　同角三角函数的基本关系式及诱导公式

【知识点】

一、考点要求

1. 同角三角函数的关系式(掌握)；

2. “1” 的代换(掌握)；

3. 同角三角函数关系的应用(掌握)；

4. 正余弦、正切诱导公式(掌握)；

5. 利用诱导公式化简求值(掌握).

二、考点梳理

1. 同角三角函数的基本关系式

$\tan\alpha = \frac{y}{x} = \frac{\sin\alpha}{\cos\alpha}$　　　　$\sin^2\alpha + \cos^2\alpha = r^2 = 1$

2. 三角函数的诱导公式

公式一：

$\sin(\alpha + k \cdot 2\pi) = \sin\alpha$；

$\cos(\alpha + k \cdot 2\pi) = \cos\alpha$；

$\tan(\alpha + k \cdot 2\pi) = \tan\alpha$.

公式二：

$\sin(-\alpha) = -\sin\alpha$；

$\cos(-\alpha) = \cos\alpha$；

$\tan(-\alpha)=-\tan\alpha$.

公式三：

$\sin(\alpha\pm\pi)=-\sin\alpha$；

$\cos(\alpha\pm\pi)=-\cos\alpha$；

$\tan(\alpha\pm\pi)=\tan\alpha$；

$\sin(\pi-\alpha)=\sin\alpha$；

$\cos(\pi-\alpha)=-\cos\alpha$；

$\tan(\pi-\alpha)=-\tan\alpha$.

公式四：

$\sin(\frac{\pi}{2}-\alpha)=\cos\alpha$，$\cos(\frac{\pi}{2}-\alpha)=\sin\alpha$.

公式五：

$\sin(\frac{\pi}{2}+\alpha)=\cos\alpha$，$\cos(\frac{\pi}{2}+\alpha)=-\sin\alpha$.

注：公式四与公式五中角的联系是$\frac{\pi}{2}+\alpha=\pi-(\frac{\pi}{2}-\alpha)$.

公式六：

$\sin(\frac{3\pi}{2}+\alpha)=-\cos\alpha$，$\cos(\frac{3\pi}{2}+\alpha)=\sin\alpha$.

公式七：

$\sin(\frac{3\pi}{2}-\alpha)=-\cos\alpha$，$\cos(\frac{3\pi}{2}-\alpha)=-\sin\alpha$.

3. 诱导公式的记忆

口诀："奇变偶不变，符号看象限".

含义：意思是说$k\cdot 90°\pm\alpha$（k为整数）的三角函数值：当k为奇数时，正弦变余弦，余弦变正弦；当k为偶数时，函数名不变，然后α的三角函数值前面加上把角α看成锐角的原函数值的符号.

【例题讲解】

题型一：同角三角函数基本关系

例 1. 已知α是第一象限角，$\sin\alpha=\frac{12}{13}$，则$\cos\alpha=$（　　）.

A. $-\frac{5}{13}$　　B. $\frac{5}{13}$　　C. $-\frac{12}{5}$　　D. $\frac{12}{5}$

【答案】B

【解析】因为α是第一象限角，$\sin\alpha=\frac{12}{13}$，由平方关系得$\cos=\sqrt{1-\sin^2\alpha}=\frac{5}{13}$，故选 B.

变式训练 1.

已知 $\cos\alpha=-\frac{1}{3}$，$\alpha\in\left(\pi,\frac{3\pi}{2}\right)$，则 $\sin\alpha$ 的值为(　　).

A. $\frac{2}{3}$　　B. $-\frac{2}{3}$　　C. $\frac{2\sqrt{2}}{3}$　　D. $-\frac{2\sqrt{2}}{3}$

变式训练 2.

已知 $\alpha\in\left(-\frac{\pi}{2},\frac{\pi}{2}\right)$，且 $3\cos2\alpha+8\sin\alpha+5=0$，则 $\cos\alpha$ 的值为(　　).

A. $\frac{\sqrt{5}}{3}$　　B. $\frac{2}{3}$　　C. $\frac{1}{3}$　　D. $\frac{\sqrt{5}}{9}$

题型二：利用平方关系求参数

例 2. 已知 $\sin\alpha+\cos\alpha=\sin\alpha\cos\alpha=m$，则 m 的值为(　　).

A. $1+\sqrt{2}$　　B. $1-\sqrt{2}$　　C. $1\pm\sqrt{2}$　　D. 不存在

【答案】B

【解析】$(\sin\alpha+\cos\alpha)^2=\sin^2\alpha+\cos^2\alpha+2\sin\alpha\cos\alpha=1+2\sin\alpha\cos\alpha$，由 $\sin\alpha+\cos\alpha=\sin\alpha\cos\alpha=m$，则 $m^2=1+2m$，解得 $m=1\pm\sqrt{2}$，由三角函数的值域可知，$\sin\alpha+\cos\alpha=1+\sqrt{2}$ 不成立，故 $m=1-\sqrt{2}$. 故选 B.

变式训练 3.

已知 $\sin\alpha$，$\cos\alpha$ 是方程 $3x^2-2x+a=0$ 的两个根，则实数 a 的值为(　　).

A. $\frac{5}{6}$　　B. $\frac{5}{18}$　　C. $-\frac{5}{6}$　　D. $-\frac{5}{18}$

题型三：$\sin\alpha\pm\cos\alpha$ 与 $\sin\alpha\cdot\cos\alpha$ 的关系

例 3. 已知 α 为第二象限角，$\sin\alpha+\cos\alpha=-\frac{1}{2}$，则 $\sin\alpha-\cos\alpha=$(　　).

A. $\frac{\sqrt{3}}{2}$　　B. $-\frac{\sqrt{3}}{2}$　　C. $\frac{\sqrt{7}}{2}$　　D. $-\frac{\sqrt{7}}{2}$

【答案】C

【解析】因为 α 是第二象限角，所以 $\cos\alpha<0$，$\sin\alpha>0$，又 $\sin\alpha+\cos\alpha=-\frac{1}{2}$，所以 $(\sin\alpha+\cos\alpha)^2=\frac{1}{4}$，即 $\sin^2\alpha+2\sin\alpha\cos\alpha+\cos^2\alpha=\frac{1}{4}$，得 $2\sin\alpha\cos\alpha=-\frac{3}{4}$，所以 $\sin\alpha-\cos\alpha=\sqrt{(\sin\alpha-\cos\alpha)^2}=\sqrt{1-2\sin\alpha\cos\alpha}=\sqrt{1+\frac{3}{4}}=\frac{\sqrt{7}}{2}$. 故选 C.

题型四：商数关系

例 4. 已知 α 为第二象限角，$\sin\alpha=\frac{5}{13}$，则 $\frac{\tan\alpha-1}{1+\tan\alpha}=$(　　).

A. $\frac{17}{7}$　　B. $\frac{7}{17}$　　C. $-\frac{17}{7}$　　D. $-\frac{7}{17}$

【答案】C

【解析】因为 α 为第二象限角，且 $\sin\alpha=\frac{5}{13}$，所以 $\cos\alpha=-\sqrt{1-\sin^2\alpha}=-\frac{12}{13}$，

则 $\tan\alpha=\frac{\sin\alpha}{\cos\alpha}=-\frac{5}{12}$，所以$\frac{\tan\alpha-1}{1+\tan\alpha}=\frac{-\frac{5}{12}-1}{1-\frac{5}{12}}=-\frac{17}{7}$，故选 C.

变式训练 4.

已知角 α 的终边过点 $P(3,\ 2\cos\alpha)$，则 $\cos\alpha=$(　　).

A. $\frac{\sqrt{3}}{2}$　　B. $-\frac{\sqrt{3}}{2}$　　C. $\pm\frac{\sqrt{3}}{2}$　　D. $\frac{1}{2}$

题型五：正余弦齐次式计算

例 5. 已知 $\tan\alpha=3$，则 $\sin\alpha\cos\alpha=$(　　).

A. $\frac{\sqrt{10}}{10}$　　B. $\frac{3}{10}$　　C. $\frac{3\sqrt{10}}{10}$　　D. $\pm\frac{3}{10}$

【答案】B

【解析】化为关于 $\sin\alpha$，$\cos\alpha$ 的二次齐次式，然后弦化切代入计算.

解析：$\tan\alpha=3$，则 $\sin\alpha\cos\alpha=\frac{\sin\alpha\cos\alpha}{\sin^2\alpha+\cos^2\alpha}=\frac{\tan\alpha}{\tan^2\alpha+1}=\frac{3}{3^2+1}=\frac{3}{10}$，故选 B.

变式训练 5.

若 $\sin\alpha-3\cos\alpha=0$，则$\frac{1}{2\sin\alpha\cos\alpha-\cos^2\alpha}=$(　　).

A. 1　　B. 2　　C. 3　　D. 4

题型六：同角三角函数的证明

例 6. 求证：

(1) $\left(1-\frac{\cos\alpha}{\sin\alpha}+\frac{1}{\sin\alpha}\right)\left(1-\tan\alpha+\frac{1}{\cos\alpha}\right)=2$；

(2) $\sin\alpha(1+\tan\alpha)+\cos\alpha\left(1+\frac{1}{\tan\alpha}\right)=\frac{1}{\sin\alpha}+\frac{1}{\cos\alpha}$.

证明：(1) $\left(1-\frac{\cos\alpha}{\sin\alpha}+\frac{1}{\sin\alpha}\right)\left(1-\tan\alpha+\frac{1}{\cos\alpha}\right)$

$=\left(1-\frac{\cos\alpha}{\sin\alpha}+\frac{1}{\sin\alpha}\right)\left(1-\frac{\sin\alpha}{\cos\alpha}+\frac{1}{\cos\alpha}\right)$

$=\frac{\sin\alpha-\cos\alpha+1}{\sin\alpha}\cdot\frac{\cos\alpha-\sin\alpha+1}{\cos\alpha}=\frac{1-(\sin\alpha-\cos\alpha)^2}{\sin\alpha\cdot\cos\alpha}$

$=\frac{1-1+2\sin\alpha\cdot\cos\alpha}{\sin\alpha\cdot\cos\alpha}$

$=2$. 所以原式成立.

(2) $\sin\alpha(1+\tan\alpha)+\cos\alpha\left(1+\frac{1}{\tan\alpha}\right)$

$=\sin\alpha\left(1+\frac{\sin\alpha}{\cos\alpha}\right)+\cos\alpha\left(1+\frac{\cos\alpha}{\sin\alpha}\right)$

$$=\sin\alpha+\frac{\sin^2\alpha}{\cos\alpha}+\cos\alpha+\frac{\cos^2\alpha}{\sin\alpha}$$

$$=\sin\alpha+\cos\alpha+\frac{1-\cos^2\alpha}{\cos\alpha}+\frac{1-\sin^2\alpha}{\sin\alpha}$$

$$=\sin\alpha+\cos\alpha+\frac{1}{\cos\alpha}-\cos\alpha+\frac{1}{\sin\alpha}-\sin\alpha$$

$=\frac{1}{\sin\alpha}+\frac{1}{\cos\alpha}$. 所以原式成立.

变式训练 6.

求证：

(1) $\frac{1-2\sin x\cos x}{\cos^2 x-\sin^2 x}=\frac{1-\tan x}{1+\tan x}$；

(2) $\tan^2\alpha-\sin^2\alpha=\tan^2\alpha\cdot\sin^2\alpha$.

题型七：利用诱导公式求值

方法点拨：利用诱导公式求任意角三角函数值的步骤.

(1)“负化正”：利用公式一或公式三来转化.

(2)“大化小”：利用公式一将角化为 0° 到 360° 的角.

(3)“小化锐”：利用公式二或公式四将大于 90° 的角转化为锐角.

(4)“锐求值”：得到锐角的三角函数后求值.

例 7. $\sin(-330°)=$(　　).

A. $\frac{1}{2}$　　B. $\frac{\sqrt{3}}{2}$　　C. $-\frac{1}{2}$　　D. $-\frac{\sqrt{3}}{2}$

【答案】A

【解析】$\sin(-330°)=\sin(-360°+30°)=\sin30°=\dfrac{1}{2}$，故选 A.

变式训练 7.

$\cos\left(\dfrac{7\pi}{4}\right)=$（　　）.

A. 0　　B. $-\dfrac{1}{2}$　　C. $\dfrac{\sqrt{2}}{2}$　　D. 1

变式训练 8.

若角 θ 的终边经过点 $(-2，3)$，则 $\sin(\pi+\theta)=$（　　）.

A. $-\dfrac{3\sqrt{13}}{13}$　　B. $-\dfrac{2\sqrt{13}}{13}$　　C. $\dfrac{2\sqrt{13}}{13}$　　D. $\dfrac{3\sqrt{13}}{13}$

题型八：利用诱导公式化简

方法点拨：

(1) 利用诱导公式，将任意角的三角函数转化为锐角三角函数.

(2) 切化弦：一般需要将表达式中的正切函数转化为正余弦函数.

(3) 注意“1”的代换：$1=\sin^2\alpha+\cos^2\alpha=\tan\dfrac{\pi}{4}$.

例 8. 化简：$\dfrac{\sin(\pi+\alpha)}{\tan(\pi-\alpha)}\cdot\dfrac{\cos\left(\dfrac{3\pi}{2}-\alpha\right)}{\tan\left(\dfrac{3\pi}{2}+\alpha\right)}\cdot\dfrac{\cos(2\pi-\alpha)}{\sin(-\alpha)}=$________.

【答案】$-\sin\alpha\cos\alpha$

【解析】$\dfrac{\sin(\pi+\alpha)}{\tan(\pi-\alpha)}\cdot\dfrac{\cos(\dfrac{3\pi}{2}-\alpha)}{\tan(\dfrac{3\pi}{2}+\alpha)}\cdot\dfrac{\cos(2\pi-\alpha)}{\sin(-\alpha)}$

$$=\frac{-\sin\alpha}{-\tan\alpha}\cdot\frac{-\sin\alpha}{\dfrac{\sin(\dfrac{3\pi}{2}+\alpha)}{\cos(\dfrac{3\pi}{2}+\alpha)}}\cdot\frac{\cos\alpha}{-\sin\alpha}$$

$$=\frac{-\sin\alpha}{-\tan\alpha}\cdot\frac{-\sin\alpha}{\dfrac{-\cos\alpha}{\sin\alpha}}\cdot\frac{\cos\alpha}{-\sin\alpha}=\frac{-\sin\alpha}{-\dfrac{\sin\alpha}{\cos\alpha}}\cdot\frac{-\sin\alpha}{\dfrac{-\cos\alpha}{\sin\alpha}}\cdot\frac{\cos\alpha}{-\sin\alpha}$$

$=-\sin\alpha\cos\alpha$.

变式训练 9.

计算：$\dfrac{\cos(\theta+\pi)\cdot\sin^2(\theta+3\pi)}{\tan(\theta+4\pi)\cdot\tan(\theta-\pi)\cdot\cos^2(-\pi-\theta)}=$________.

变式训练 10.

已知 α 为第二象限角，$\sin\left(\frac{\pi}{2}-\alpha\right)=-\frac{4}{5}$.

(1) 求 $\sin\alpha$ 的值；

(2) 若 $f(\alpha)=\frac{\cos\left(\frac{\pi}{2}-\alpha\right)\tan(-\pi+\alpha)\cos(2\pi-\alpha)}{-\tan(-19\pi-\alpha)\sin(5\pi-\alpha)\sin(\pi+\alpha)}$，求 $f(\alpha)$ 的值.

题型九：另类诱导公式

方法点拨：常见的互余有 $\frac{\pi}{3}-\alpha$ 与 $\frac{\pi}{6}+\alpha$，$\frac{\pi}{3}+\alpha$ 与 $\frac{\pi}{6}-\alpha$，$\frac{\pi}{4}+\alpha$ 与 $\frac{\pi}{4}-\alpha$ 等.

常见的互补关系有 $\frac{\pi}{3}+\alpha$ 与 $\frac{2\pi}{3}-\alpha$，$\frac{\pi}{3}+\alpha$ 与 $\frac{2\pi}{3}-\alpha$，$\frac{\pi}{4}+\alpha$ 与 $\frac{3\pi}{4}-\alpha$ 等.

例 9. 已知 $\cos\left(\frac{\pi}{3}-\alpha\right)=\frac{1}{3}$，则 $\sin\left(\frac{\pi}{6}+\alpha\right)+\cos\left(\frac{2\pi}{3}+\alpha\right)=$__________.

【答案】0

【解析】$\sin\left(\frac{\pi}{6}+\alpha\right)+\cos\left(\frac{2\pi}{3}+\alpha\right)=\sin\left[\frac{\pi}{2}-\left(\frac{\pi}{3}-\alpha\right)\right]+\cos\left[\pi-\left(\frac{\pi}{3}-\alpha\right)\right]$

$=\cos\left(\frac{\pi}{3}-\alpha\right)-\cos\left(\frac{\pi}{3}-\alpha\right)=0$. 故答案为 0.

题型十：利用诱导公式证明等式

例 10. (1) 求证：$\frac{\tan(2\pi-\alpha)\sin(-2\pi-\alpha)\cos(6\pi-\alpha)}{\sin(\alpha+\frac{3\pi}{2})\cos(\alpha+\frac{3\pi}{2})}=-\tan\alpha$；

(2) 设 $\tan(\alpha+\frac{8\pi}{7})=m$，求证：$\frac{\sin(\frac{15\pi}{7}+\alpha)+3\cos(\alpha-\frac{13\pi}{7})}{\sin(\frac{20\pi}{7}-\alpha)-\cos(\alpha+\frac{22\pi}{7})}=\frac{m+3}{m+1}$.

【解析】(1) 左边 $=\frac{\tan(-\alpha)\sin(-\alpha)\cos(-\alpha)}{\sin[2\pi-(\frac{\pi}{2}-\alpha)]\cos[2\pi-(\frac{\pi}{2}-\alpha)]}$

$=\frac{(-\tan\alpha)(-\sin\alpha)\cos\alpha}{\sin[-(\frac{\pi}{2}-\alpha)]\cos[-(\frac{\pi}{2}-\alpha)]}$

$$=\frac{\sin^2\alpha}{-\sin(\frac{\pi}{2}-\alpha)\cos(\frac{\pi}{2}-\alpha)}$$

$=\frac{\sin^2\alpha}{-\cos\alpha\sin\alpha}=-\frac{\sin\alpha}{\cos\alpha}=-\tan\alpha=$右边，所以原等式成立.

(2) 方法一：左边$=\frac{\sin[\pi+(\frac{8\pi}{7}+\alpha)]+3\cos[(\alpha+\frac{8\pi}{7})-3\pi]}{\sin[4\pi-(\alpha+\frac{8\pi}{7})]-\cos[2\pi+(\alpha+\frac{8\pi}{7})]}$

$$=\frac{-\sin(\frac{8\pi}{7}+\alpha)-3\cos(\alpha+\frac{8\pi}{7})}{-\sin(\alpha+\frac{8\pi}{7})-\cos(\alpha+\frac{8\pi}{7})}$$

$=\frac{\tan(\alpha+\frac{8\pi}{7})+3}{\tan(\alpha+\frac{8\pi}{7})+1}=\frac{m+3}{m+1}=$右边，所以原等式成立.

方法二：由 $\tan(\alpha+\frac{8\pi}{7})=m$，得 $\tan(\alpha+\frac{\pi}{7})=m$，

所以，等式左边$=\frac{\sin[2\pi+(\frac{\pi}{7}+\alpha)]+3\cos[(\alpha+\frac{\pi}{7})-2\pi]}{\sin[2\pi+\pi-(\alpha+\frac{\pi}{7})]-\cos[2\pi+\pi+(\alpha+\frac{\pi}{7})]}$

$=\frac{\sin(\frac{\pi}{7}+\alpha)+3\cos(\alpha+\frac{\pi}{7})}{\sin(\alpha+\frac{\pi}{7})+\cos(\alpha+\frac{\pi}{7})}=\frac{\tan(\alpha+\frac{\pi}{7})+3}{\tan(\alpha+\frac{\pi}{7})+1}=\frac{m+3}{m+1}=$右边，等式成立.

变式训练 11.

已知角 α 的终边在第三象限，$\cos(74^\circ+\alpha)=\frac{3}{5}$.

证明：$\tan(\alpha-106^\circ)=-\frac{4}{3}$.

题型十一：诱导公式应用

例 11. 已知 $\alpha\in(0,\pi)$，$\sin\alpha+2\cos\alpha=-1$.

(1) 求 $\tan\alpha$ 的值；

(2) 若角 β 的终边与角 α 关于 x 轴对称，求$\frac{\sin(\pi-\beta)-2\sin\left(\frac{3\pi}{2}-\beta\right)}{2\cos\left(\frac{\pi}{2}+\beta\right)+\cos(5\pi+\beta)}$的值.

【答案】(1) $-\frac{3}{4}$；(2) $-\frac{11}{10}$.

【解析】(1) 因为 $\alpha \in (0, \pi)$，所以 $\sin\alpha > 0$，由 $\sin\alpha + 2\cos\alpha = -1$，得 $(1+2\cos\alpha)^2 = \sin^2\alpha$，得 $1+4\cos\alpha+4\cos^2\alpha = 1-\cos^2\alpha$，得 $5\cos^2\alpha+4\cos\alpha=0$，得 $\cos\alpha=0$ 或 $\cos\alpha=-\frac{4}{5}$；当 $\cos\alpha=0$ 时，由 $\sin\alpha+2\cos\alpha=-1$，得 $\sin\alpha=-1$，不符合题意；当 $\cos\alpha=-\frac{4}{5}$ 时，由 $\sin\alpha+2\cos\alpha=-1$，得 $\sin\alpha=\frac{3}{5}$，所以 $\tan\alpha=\frac{\sin\alpha}{\cos\alpha}=\frac{\frac{3}{5}}{-\frac{4}{5}}=-\frac{3}{4}$.

(2) 若角 β 的终边与角 α 关于 x 轴对称，则 $\alpha+\beta=2k\pi$，$k\in\mathbf{Z}$，即 $\beta=2k\pi-\alpha$，$k\in\mathbf{Z}$，

所以 $\sin\beta=\sin(2k\pi-\alpha)=\sin(-\alpha)=-\sin\alpha$，$k\in\mathbf{Z}$，$\cos\beta=\cos(2k\pi-\alpha)=\cos(-\alpha)=\cos\alpha$，$k\in\mathbf{Z}$，

$$\frac{\sin(\pi-\beta)-2\sin\left(\frac{3\pi}{2}-\beta\right)}{2\cos\left(\frac{\pi}{2}+\beta\right)+\cos(5\pi+\beta)}=\frac{\sin\beta-2\sin\left(\pi+\frac{\pi}{2}-\beta\right)}{-2\sin\beta+\cos(4\pi+\pi+\beta)}$$

$$=\frac{\sin\beta+2\sin\left(\frac{\pi}{2}-\beta\right)}{-2\sin\beta+\cos(\pi+\beta)}=\frac{\sin\beta+2\cos\beta}{-2\sin\beta-\cos\beta}=\frac{-\sin\alpha+2\cos\alpha}{2\sin\alpha-\cos\alpha}$$

$$=\frac{-\tan\alpha+2}{2\tan\alpha-1}=\frac{\frac{3}{4}+2}{-\frac{6}{4}-1}=-\frac{11}{10}.$$

变式训练 12.

在平面直角坐标系 xOy 中，角 α 的始边为 x 轴的非负半轴，终边在第二象限且与单位圆交于点 P，点 P 的纵坐标为 $\frac{4}{5}$.

(1) 求 $\sin\alpha+\cos\alpha$ 和 $\tan\alpha$ 的值；

(2) 若将射线 OP 绕点 O 逆时针旋转 $\frac{\pi}{2}$，得到角 β，求 $\frac{\sin(\beta+3\pi)\tan(\pi+\alpha)}{\cos(\pi-\beta)+\sin\left(\alpha+\frac{\pi}{2}\right)}$ 的值.

【强化训练】

一、选择题

1. 已知 α 是第二象限角，$\cos\alpha=\frac{3}{5}$，则 $\sin\alpha=$(　　).

A. $\frac{4}{5}$　　B. $-\frac{3}{4}$　　C. $\frac{3}{4}$　　D. $-\frac{4}{5}$

2. 已知 $\cos\alpha=-\frac{3}{5}$，且 $\alpha\in(-\pi,0)$，则 $\tan\alpha=$(　　).

A. $-\frac{4}{3}$　　B. $\frac{4}{3}$　　C. $-\frac{3}{4}$　　D. $\frac{3}{4}$

3. 已知 $\sin\alpha-\cos\alpha=\frac{1}{5}$，且 α 为第三象限，则 $\cos\alpha=$(　　).

A. $\frac{3}{5}$　　B. $\frac{4}{5}$　　C. $-\frac{3}{5}$　　D. $-\frac{4}{5}$

4. 化简 $\sin^2\alpha+\cos^4\alpha+\sin^2\alpha\cos^2\alpha$ 的结果是(　　).

A. $\frac{1}{4}$　　B. $-\frac{3}{5}$　　C. 1　　D. $\frac{2}{5}$

5. 已知 $\tan\alpha=-2$，则 $\sin\alpha\cos\alpha=$(　　).

A. $\frac{3}{5}$　　B. $-\frac{3}{5}$　　C. $-\frac{2}{5}$　　D. $\frac{2}{5}$

6. 已知角 α 的终边经过点$(-5,12)$，则$\sin^2\alpha-\cos^2\alpha=$(　　).

A. $\frac{114}{169}$　　B. $-\frac{114}{169}$　　C. $\frac{119}{169}$　　D. $-\frac{119}{169}$

7. 已知 $\sin(\pi+\theta)=-\frac{3}{5}$，且 θ 为第二象限角，则 $\cos\theta=$(　　).

A. $-\frac{4}{5}$　　B. $-\frac{1}{5}$　　C. $\frac{1}{5}$　　D. $\frac{4}{5}$

8. 若 $\tan\alpha=-\frac{3}{4}$，且 α 是第二象限角，则 $\sin(\alpha+2\pi)=$(　　).

A. $-\frac{4}{5}$　　B. $\frac{4}{5}$　　C. $-\frac{3}{5}$　　D. $\frac{3}{5}$

9. 若角 α 的终边经过点$(2,-1)$，则 $\tan(\alpha-\pi)=$(　　).

A. $\frac{2\sqrt{5}}{5}$　　B. $\frac{1}{2}$　　C. $-\frac{\sqrt{5}}{5}$　　D. $-\frac{1}{2}$

10. 若 $\cos(\pi-\alpha)=-\frac{\sqrt{3}}{2}$，且角 α 的终边经过点 $P(x,-2)$，则 x 的值是(　　).

A. $-2\sqrt{3}$　　B. $2\sqrt{3}$　　C. $2\sqrt{3}$ 或 $-2\sqrt{3}$　　D. $\frac{2\sqrt{3}}{3}$

二、填空题

11. 已知 $\sin\alpha=\frac{\sqrt{2}}{2}$，且 α 是第二象限角，则 $\tan\alpha=$__________.

12. 若$\frac{\sin\alpha+\cos\alpha}{\sin\alpha-\cos\alpha}=\frac{1}{2}$，则 $\tan\alpha=$__________ .

13. 已知 $\sin\alpha-\cos\alpha=\frac{1}{3}$，且$\frac{\pi}{4}<\alpha<\frac{\pi}{2}$，则 $\sin\alpha+\cos\alpha=$__________.

14. 已知 $\tan\alpha=3$，则$\frac{1+2\sin\alpha\cos\alpha}{\sin^2\alpha-\cos^2\alpha}=$__________.

15. 已知角 α 的终边经过点$(3m，4m)(m<0)$，则 $\cos(\frac{\pi}{2}+\theta)=$__________.

16. 若 $\sin(2\pi-\alpha)=-\frac{12}{13}$，则 $\sin\alpha=$__________ .

17. 函数 $y=a^{x+3}+1(a>0$ 且 $a\neq1)$ 的图像恒过定点 A，且点 A 在角 θ 的终边上，则 $\sin(\pi-\theta)+2\sin(\frac{\pi}{2}-\theta)=$__________.

三、解答题

18. 已知 $\cos\alpha=-\frac{8}{17}$，求 $\sin\alpha$，$\tan\alpha$ 的值.

19. (1) 化简：$\tan\alpha\sqrt{\frac{1}{\sin^2 a}-1}$(其中 α 为第二象限角)；

(2) 求证：$\frac{\sin a}{1-\cos a}\cdot\frac{\cos a\cdot\tan a}{1+\cos a}=1$.

20. 求$\dfrac{\sin\dfrac{19\pi}{6}\cos(-\dfrac{23\pi}{3})}{\sin\dfrac{9\pi}{2}\tan\dfrac{25\pi}{4}-\cos(-\dfrac{19\pi}{3})\tan^2(-\dfrac{29\pi}{6})}+\tan\dfrac{10\pi}{3}\cos\dfrac{43\pi}{6}$的值.

21. 已知角 α 的终边上的一点$(-2，2\sqrt{3})$，求

(1)$\sin\alpha$ 和 $\cos\alpha$ 的值；

(2) $\dfrac{\sin(\pi+\alpha)+3\cos(2\pi+\alpha)}{2\sin(3\pi-\alpha)+\sin(\dfrac{3\pi}{2}+\alpha)}$ 的值.

22. 已知角 θ 的终边经过点 $P(3a，4a)$ $(a>0)$.

(1) 求 $\sin\theta$ 的值；

(2) 求 $\sin\left(\dfrac{3\pi}{2}-\theta\right)+\cos(\theta-\pi)$ 的值.

考点 3　和角公式和二倍角公式

【知识点】

一、考点要求

1. 两角和差公式的正、逆用(掌握)；

2. 利用两角公式化简、求值、证明(掌握)；

3. 二倍角的公式正、逆用与变形(掌握)；

4. 利用二倍角公式求值、化简、证明(掌握)；

5. 二倍角公式的综合应用(掌握).

二、考点梳理

1. 两角和差的正余弦公式

$\cos(\alpha+\beta)=\cos\alpha\cos\beta-\sin\alpha\sin\beta$

$\cos(\alpha-\beta)=\cos\alpha\cos\beta+\sin\alpha\sin\beta$

$\sin(\alpha+\beta)=\sin\alpha\cos\beta+\cos\alpha\sin\beta$

$\sin(\alpha-\beta)=\sin\alpha\cos\beta-\cos\alpha\sin\beta$

2. 两角和差的正切公式

$$\tan(\alpha+\beta)=\frac{\tan\alpha+\tan\beta}{1-\tan\alpha\tan\beta}$$

$$\tan(\alpha-\beta)=\frac{\tan\alpha-\tan\beta}{1+\tan\alpha\tan\beta}$$

注意：$\alpha+\beta\neq\frac{\pi}{2}+k\pi$，$\alpha\neq\frac{\pi}{2}+k\pi$，$\beta\neq\frac{\pi}{2}+k\pi(k\in\mathbf{Z})$.

3. 三种应用

两角和与差的正、余弦及正切公式逆用及变形，常见如下：

$\tan\alpha+\tan\beta=\tan(\alpha+\beta)(1-\tan\alpha\tan\beta)$；

$\tan\alpha-\tan\beta=\tan(\alpha-\beta)(1+\tan\alpha\tan\beta)$；

$\sin\alpha\cos\beta\pm\cos\alpha\sin\beta=\sin(\alpha\pm\beta)$；

$\cos\alpha\cos\beta\pm\sin\alpha\sin\beta=\cos(\alpha\pm\beta)$；

$\alpha=(\alpha+\beta)-\beta$；

$2\alpha=(\alpha+\beta)+(\alpha-\beta)$；

$\alpha=\frac{\alpha+\beta}{2}+\frac{\alpha-\beta}{2}$，$\frac{\alpha-\beta}{2}=(\alpha+\frac{\beta}{2})-(\frac{\alpha}{2}+\beta)$.

(1) 二倍角公式：

$\sin 2\alpha=2\sin\alpha\cos\alpha$；

$\cos 2\alpha=\cos^2\alpha-\sin^2\alpha=2\cos^2\alpha-1=1-2\sin^2\alpha$；

$\tan 2\alpha=\dfrac{2\tan\alpha}{1-\tan^2\alpha}$.

(2) 逆用形式：

$2\sin\alpha\cos\alpha=\sin 2\alpha$；

$\sin\alpha\cos\alpha=\dfrac{1}{2}\sin2\alpha$；

$\cos\alpha=\dfrac{\sin2\alpha}{2\sin\alpha}$；

$\cos^2\alpha-\sin^2\alpha=2\cos^2\alpha-1=1-2\sin^2\alpha=\cos2\alpha$；

$\dfrac{2\tan\alpha}{1-\tan^2\alpha}=\tan2\alpha$.

(3) 变形用形式：

$1\pm\sin2\alpha=\sin^2\alpha+\cos^2\alpha\pm2\sin\alpha\cos\alpha=(\sin\alpha\pm\cos\alpha)^2$；

$1+\cos2\alpha=2\cos^2\alpha$；

$1-\cos2\alpha=2\sin^2\alpha$；

$\cos^2\alpha=\dfrac{1+\cos2\alpha}{2}$；

$\sin^2\alpha=\dfrac{1-\cos2\alpha}{2}$.

注意：要灵活理解“二倍角”的含义，二倍角公式不仅限于 2α 是 α 的二倍角形式，其他如 4α 是 2α 的二倍，α 是 $\dfrac{\alpha}{2}$ 的二倍，3α 是 $\dfrac{3\alpha}{2}$ 的二倍，……，都可以用二倍角公式.

【例题讲解】

题型一：和角公式的应用

例 1. 已知 $\sin\alpha=\dfrac{4}{5}$，$\alpha\in\left(\dfrac{\pi}{2},\pi\right)$，$\cos\beta=-\dfrac{5}{13}$，$\beta$ 是第三象限角，求 $\cos(\alpha-\beta)$ 的值.

【答案】$\cos(\alpha-\beta)=-\dfrac{33}{65}$

【解析】由 $\sin\alpha=\dfrac{4}{5}$，$\alpha\in\left(\dfrac{\pi}{2},\pi\right)$ 得 $\cos\alpha=-\sqrt{1-\sin^2\alpha}=\sqrt{1-(\dfrac{4}{5})^2}=-\dfrac{3}{5}$，又由 $\cos\beta=-\dfrac{5}{13}$，β 是第三象限角，得 $\sin\beta=-\sqrt{1-\cos^2\beta}=\sqrt{1-(\dfrac{5}{13})^2}=-\dfrac{12}{13}$，所以 $\cos(\alpha-\beta)=\cos\alpha\cos\beta+\sin\alpha\sin\beta=\left(-\dfrac{3}{5}\right)\times\left(-\dfrac{5}{13}\right)+\dfrac{4}{5}\times\left(-\dfrac{12}{13}\right)=-\dfrac{33}{65}$.

变式训练 1.

已知 $\sin\alpha=-\dfrac{3}{5}$，α 是第四象限角，求 $\sin(\dfrac{\pi}{4}-\alpha)$，$\cos(\dfrac{\pi}{4}+\alpha)$ 的值.

变式训练 2.

在平面直角坐标系中，角 α，β 均以坐标原点为顶点，x 轴的正半轴为始边. 若点(1，2)在角 α 的终边上，点(－2，6)在角 β 的终边上，则 $\cos(\alpha+\beta)=$(　　).

A. $\dfrac{7\sqrt{2}}{10}$　　B. $-\dfrac{7\sqrt{2}}{10}$　　C. $\dfrac{\sqrt{2}}{2}$　　D. $-\dfrac{\sqrt{2}}{2}$

题型二：用两角和差的正余弦公式化简求值

例 2. 已知 $\alpha\in\left(0,\ \dfrac{3\pi}{4}\right)$，$\cos\left(\alpha+\dfrac{\pi}{4}\right)=-\dfrac{\sqrt{2}}{10}$，则 $\cos\alpha=$(　　).

A. $-\dfrac{3}{5}$　　B. $\dfrac{3}{5}$　　C. $\dfrac{4}{5}$　　D. $\pm\dfrac{3}{5}$

【答案】B

【解析】因为 $\alpha\in\left(0,\ \dfrac{3\pi}{4}\right)$，所以 $\alpha+\dfrac{\pi}{4}\in\left(\dfrac{\pi}{4},\ \pi\right)$，则 $\sin\left(\alpha+\dfrac{\pi}{4}\right)>0$，

所以 $\sin\left(\alpha+\dfrac{\pi}{4}\right)=\sqrt{1-\cos^2\left(\alpha+\dfrac{\pi}{4}\right)}=\dfrac{7\sqrt{2}}{10}$，

所以 $\cos\alpha=\cos\left[\left(\alpha+\dfrac{\pi}{4}\right)-\dfrac{\pi}{4}\right]=\cos\left(\alpha+\dfrac{\pi}{4}\right)\cos\dfrac{\pi}{4}+\sin\left(\alpha+\dfrac{\pi}{4}\right)\sin\dfrac{\pi}{4}=\dfrac{3}{5}$，

故选 B.

变式训练 3.

$\triangle ABC$ 中，$\sin A=\dfrac{1}{3}$，$\cos B=\dfrac{3}{5}$，则 $\cos C=$________.

题型三：逆用两角的正余弦公式化简、求值

例 3. $\cos80^\circ\cos35^\circ+\cos10^\circ\cos55^\circ$ 的值等于(　　).

A. $\dfrac{\sqrt{2}}{2}$　　B. $-\dfrac{\sqrt{2}}{2}$　　C. $\dfrac{1}{2}$　　D. $-\dfrac{1}{2}$

【答案】A

【解析】$\cos80^\circ\cos35^\circ+\cos10^\circ\cos55^\circ$

$=\cos80^\circ\cos35^\circ+\cos(90^\circ-80^\circ)\cos(90^\circ-35^\circ)$

$=\cos80^\circ\cos35^\circ+\sin80^\circ\sin35^\circ=\cos(80^\circ-35^\circ)$

$=\cos45^\circ=\dfrac{\sqrt{2}}{2}$，故选 A

变式训练 4.

化简 $\cos(\alpha-\beta)\cos\beta+\sin(\alpha-\beta)\sin\beta=$（　　）.

A. $\cos\beta$　　B. $\cos\alpha$　　C. $\cos(2\alpha-\beta)$　　D. $\cos(\alpha-2\beta)$

变式训练 5.

化简：$\sin\alpha\sin\left(\alpha-\dfrac{\pi}{3}\right)+\cos\alpha\cos\left(\alpha-\dfrac{\pi}{3}\right)=$________.

题型四：已知两角的正余弦，求两角和差的正切值

例 4. 若 α 是第二象限角，且 $\sin\alpha=\dfrac{\sqrt{3}}{3}$，则 $\tan\left(\alpha+\dfrac{\pi}{4}\right)=$（　　）.

A. $-3-2\sqrt{2}$　　B. $2\sqrt{2}-3$　　C. $3+2\sqrt{2}$　　D. $3-2\sqrt{2}$

【答案】D

【解析】因为 α 是第二象限角，且 $\sin\alpha=\dfrac{\sqrt{3}}{3}$，所以 $\cos\alpha=-\sqrt{1-\sin^2\alpha}=-\dfrac{\sqrt{6}}{3}$，则 $\tan\alpha=\dfrac{\sin\alpha}{\cos\alpha}=-\dfrac{\sqrt{2}}{2}$，故 $\tan\left(\alpha+\dfrac{\pi}{4}\right)=\dfrac{\tan\alpha+1}{1-\tan\alpha}=\dfrac{1-\dfrac{\sqrt{2}}{2}}{1+\dfrac{\sqrt{2}}{2}}=3-2\sqrt{2}$. 故选 D.

变式训练 6.

已知 α，β 均为锐角，且 $\cos\left(\alpha+\dfrac{\pi}{4}\right)=\dfrac{\sqrt{5}}{5}$，$\sin\beta=\dfrac{\sqrt{2}}{10}$.

(1) 分别求出 $\cos\alpha$ 和 $\sin\alpha$ 的值；

(2) 求 $\tan(\alpha+\beta)$ 的值.

题型五：用和差的正切公式化简求值

例 5. 已知 $\tan\left(\alpha+\dfrac{\pi}{4}\right)=3$，则 $\tan\alpha=$（　　）.

A. $-\dfrac{1}{2}$　　B. $\dfrac{1}{2}$　　C. -2　　D. 2

【答案】B

【解析】由 $\tan(\alpha+\dfrac{\pi}{4})=3$，得 $\tan(\alpha+\dfrac{\pi}{4})=\dfrac{\tan\alpha+\tan\dfrac{\pi}{4}}{1-\tan\alpha\tan\dfrac{\pi}{4}}=\dfrac{\tan\alpha+1}{1-\tan\alpha}=3$，解得 $\tan\alpha=\dfrac{1}{2}$. 故选 B.

变式训练 7.

“$\tan(A+B)=0$”是“$\tan A+\tan B=0$”的(　　).

A. 充分非必要条件　　　　B. 必要非充分条件

C. 充要条件　　　　　　　D. 既非充分又非必要条件

题型六：逆用和差正切公式化简求值

例 6. 计算：$\dfrac{\tan 22.5^\circ}{1-\tan^2 22.5^\circ}=$(　　).

A. -1　　B. $-\dfrac{1}{2}$　　C. $\dfrac{1}{2}$　　D. 1

【答案】C

【解析】$\dfrac{\tan 22.5^\circ}{1-\tan^2 22.5^\circ}=\dfrac{1}{2}\times\dfrac{2\tan 22.5^\circ}{1-\tan^2 22.5^\circ}=\dfrac{1}{2}\tan 45^\circ=\dfrac{1}{2}$. 故选：C.

变式训练 8.

已知 $\tan\alpha=-2\sqrt{3}$，$\tan(-\beta)=\sqrt{3}(\tan\alpha\tan\beta-3)$，又 α，β 都是钝角，求 $\alpha+\beta$ 的值.

题型七：利用二倍角公式求值、化简、证明

例 7. $\cos^2 15^\circ-\sin^2 15^\circ=$(　　).

A. $\dfrac{1}{2}$　　B. $-\dfrac{1}{2}$　　C. $\dfrac{\sqrt{3}}{2}$　　D. $-\dfrac{\sqrt{3}}{2}$

【答案】C

【解析】$\cos^2 15^\circ-\sin^2 15^\circ=\cos 2\times 15^\circ=\cos 30^\circ=\dfrac{\sqrt{3}}{2}$，故选 C.

变式训练 9.

已知 α 终边上一点 $P\left(-\sin\dfrac{\pi}{6},\ \cos\dfrac{\pi}{6}\right)$，则 $\dfrac{2\cos 2\alpha+3}{\sin 2\alpha}=$(　　).

A. $\dfrac{4\sqrt{3}}{3}$　　B. $-\dfrac{4\sqrt{3}}{3}$　　C. $\dfrac{8\sqrt{3}}{3}$　　D. $-\dfrac{8\sqrt{3}}{3}$

题型八：二倍角公式逆用

例 8. $\sin 15^\circ\cos 15^\circ$ 等于(　　).

A. $\dfrac{\sqrt{3}}{2}$　　B. $\dfrac{\sqrt{3}}{4}$　　C. $\dfrac{1}{4}$　　D. $\dfrac{1}{2}$

【答案】C

【解析】$\sin 15^\circ\cos 15^\circ=\dfrac{1}{2}\sin(2\times 15^\circ)=\dfrac{1}{2}\sin 30^\circ=\dfrac{1}{4}$，故选 C.

变式训练 10.

已知 $\sin\dfrac{\alpha}{2}-\cos\dfrac{\alpha}{2}=\dfrac{\sqrt{5}}{5}$，则 $\sin\alpha=$(　　).

A. $\dfrac{3}{5}$　　B. $\dfrac{4}{5}$　　C. $-\dfrac{3}{5}$　　D. $-\dfrac{4}{5}$

【强化训练】

一、选择题

1. $\cos15^\circ=$(　　).

A. $\sqrt{\dfrac{2+\sqrt{3}}{2}}$　　B. $\sqrt{\dfrac{2-\sqrt{3}}{2}}$　　C. $\dfrac{\sqrt{2-\sqrt{3}}}{2}$　　D. $\dfrac{\sqrt{2+\sqrt{3}}}{2}$

2. 化简 $\sin 21^\circ\cos 81^\circ-\cos 21^\circ\sin 81^\circ$ 等于(　　).

A. $-\dfrac{\sqrt{3}}{2}$　　B. $-\dfrac{1}{2}$　　C. $\dfrac{1}{2}$　　D. $\dfrac{\sqrt{3}}{2}$

3. 已知角 α 终边上一点 $P(-3,4)$，则 $\sin(\alpha+\dfrac{\pi}{3})$ 的值为(　　).

A. $\dfrac{3\sqrt{3}-4}{10}$　　B. $\dfrac{4\sqrt{3}-3}{10}$　　C. $\dfrac{3-4\sqrt{3}}{10}$　　D. $\dfrac{4-3\sqrt{3}}{10}$

4. 计算 $\sin39^\circ\cos21^\circ+\cos39^\circ\sin21^\circ=$(　　).

A. $-\dfrac{\sqrt{3}}{2}$　　B. $-\dfrac{1}{2}$　　C. $\dfrac{1}{2}$　　D. $\dfrac{\sqrt{3}}{2}$

5. 若 $\sin\alpha=\dfrac{3}{5}$，则 $\cos(\dfrac{\pi}{3}+\alpha)\cos(\dfrac{\pi}{3}-\alpha)=$(　　).

A. $\dfrac{43}{100}$　　B. $\dfrac{11}{100}$　　C. $-\dfrac{43}{100}$　　D. $-\dfrac{11}{100}$

6. 计算 $\sin70^\circ\cos20^\circ+\sin20^\circ\sin20^\circ=$(　　).

A. 0　　B. -1　　C. 1　　D. $\sin 50^\circ$

7. 已知角 α 的终边上一点 $P(-3,4)$，则 $\sin2\alpha=$(　　).

A. $-\dfrac{12}{25}$　　B. $-\dfrac{24}{25}$　　C. $\dfrac{12}{25}$　　D. $\dfrac{24}{25}$

8. 若 $\sin\alpha\cos\dfrac{\pi}{3}-\cos\alpha\sin\dfrac{\pi}{3}=$，$\alpha\in[0,2\pi)$，则 α 等于(　　).

A. $\dfrac{\pi}{2}$　　B. $\dfrac{7\pi}{6}$　　C. $\dfrac{\pi}{6}$ 或 $\dfrac{3\pi}{2}$　　D. $\dfrac{\pi}{2}$ 或 $\dfrac{7\pi}{6}$

9. 已知角 $\alpha\in(0,\dfrac{\pi}{2})$，$2\sin2\alpha=1+\cos2\alpha$，则 $\sin\alpha=$(　　).

A. $\dfrac{1}{5}$　　B. $\dfrac{\sqrt{5}}{5}$　　C. $\dfrac{\sqrt{3}}{3}$　　D. $\dfrac{2\sqrt{5}}{5}$

10. $2\cos^2\dfrac{\pi}{8}-1=$(　　).

A. $\dfrac{\sqrt{2}}{2}$　　B. $-\dfrac{\sqrt{2}}{2}$　　C. $\dfrac{1}{2}$　　D. $-\dfrac{1}{2}$

二、填空题

11. 已知 $\tan(\frac{\pi}{4}+\alpha)=-\frac{1}{2}$，则 $\tan\alpha=$______.

12. 已知 $\tan\alpha$，$\tan\beta$ 是方程 $x^2-3\sqrt{3}x+4=0$ 的两个根，则 $\tan(\alpha+\beta)=$__________.

13. $-\cos(-50°)\cos1290°+\cos400°\cos39°=$__________.

14. 若 $\sin A\cos B+\cos A\sin B=\frac{\sqrt{2}}{2}$，则 $\cos(A+B)=$__________.

15. 已知 $\cos\alpha=2\sin\alpha$，则$\sin^2\alpha-\sin2\alpha+3\cos^2\alpha=$__________.

16. $\sin(\alpha+\beta)\cos(\alpha-\beta)+\cos(\alpha+\beta)\sin(\alpha-\beta)=\frac{1}{8}$，则 $\sin2\alpha=$__________.

三、解答题

17. 已知 $\alpha\in(\frac{\pi}{2},\pi)$，$\beta$ 是第三象限角，$\sin\alpha=\frac{4}{5}$，$\cos\beta=-\frac{5}{13}$，求

(1)$\cos(\alpha-\beta)$；

(2)$\tan(\alpha+\beta)$.

18. 已知 α 为第二象限角，$\sin\alpha=\frac{3}{5}$，β 为第一象限角，$\cos\beta=\frac{5}{13}$，求：

(1)$\sin(\alpha+\beta)$ 的值；

(2)$\tan(2\alpha-\beta)$ 的值.

19. 已知 α 为第二象限角，且 $\sin\alpha=\frac{\sqrt{15}}{4}$，求 $\frac{\sin\left(\alpha+\frac{\pi}{4}\right)}{\sin2\alpha+\cos2\alpha+1}$ 的值.

20. 在平面直角坐标系中，角 α 的顶点与原点 O 重合，始边与 x 轴非负半轴重合，角终边在第二象限且过点 $P(x,\ 3)$，若 $|OP|=5$.

(1) 求 $\cos\alpha$；

(2) 将角 α 的终边绕原点顺时针旋转 $45°$ 得到角 β，求角 β 的余弦值.

21. (1) 求 $\tan70°+\tan50°-\sqrt{3}\tan70°\tan50°$ 的值；

(2) 求 $\frac{\sin15°\cos5°-\sin20°}{\cos15°\cos5°-\cos20°}$ 的值.

22. 已知 $\alpha \in \left(0, \frac{\pi}{2}\right)$ 且 $\tan\alpha = \frac{3}{4}$.

(1) 求 $\tan2\alpha$，$\sin2\alpha$，$\cos2\alpha$；

(2) 若 β 为锐角，且 $\cos(\alpha+\beta) = \frac{5}{13}$，求 $\sin\beta$.

考点4　正弦函数、余弦函数的图像与性质

【知识点】

一、考点要求

1. 求三角函数的周期（掌握）；

2. 判断三角函数的奇偶性（掌握）；

3. 求函数定义域与值域（掌握）；

4. 三角函数的单调区间（掌握）；

5. 三角函数的图像变换（掌握）；

6. 根据三角函数图像求解析式（掌握）；

7. 利用辅助角公式研究函数性质（掌握）.

二、考点梳理

1. 周期函数的定义及最小正周期

(1) 周期函数的定义. 对于函数 $f(x)$，如果存在一个非零常数 T，使得当 x 取定义域 D 内的每一个值时，都有 $x+T \in D$，并且等式 $f(x+T)=f(x)$ 成立，那么函数 $f(x)$ 就叫作周期函数. 常数 T 叫作这个函数的周期.

(2) 最小正周期在所有的正周期中，如果存在一个最小的数，那么就把它叫作最小正周期，并直接把它叫作周期.

2. 五点作图法

(1) $y=\sin x$ 的图像在 $[0, 2\pi]$ 上的五个关键点的坐标分别为 $(0, 0)$，$\left(\frac{\pi}{2}, 1\right)$，$(\pi, 0)$，$\left(\frac{3\pi}{2}, -1\right)$，$(2\pi, 0)$.

(2) $y=\cos x$ 的图像在 $[0, 2\pi]$ 上的五个关键点的坐标分别为 $(0, 1)$，$\left(\frac{\pi}{2}, 0\right)$，$(\pi, -1)$，$\left(\frac{3\pi}{2}, 0\right)$，$(2\pi, 1)$.

3. 正弦函数、余弦函数、正切函数的图像和性质

函数	$y=\sin x$	$y=\cos x$	$y=\tan x$
图像	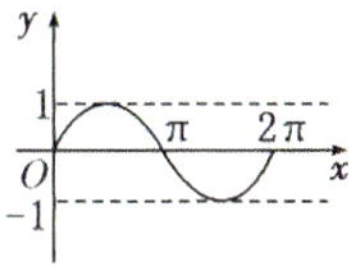 (图)	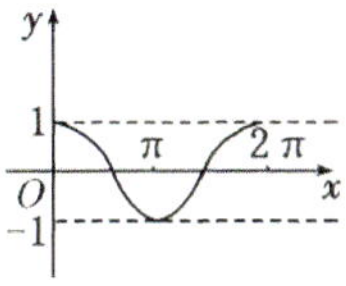 (图)	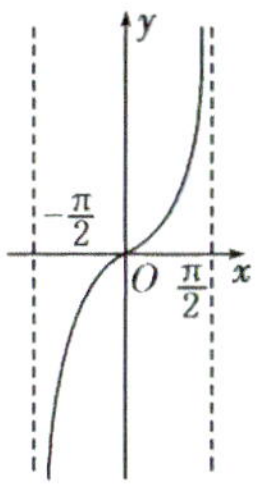 (图)
定义域	R	R	$\left\{x\in \mathrm{R}\,\middle\|\, x\neq \frac{\pi}{2}+k\pi,\ k\in \mathrm{Z}\right\}$
值域	$[-1,\ 1]$	$[-1,\ 1]$	R
单调性	$\left[2k\pi-\frac{\pi}{2},\ 2k\pi+\frac{\pi}{2}\right]$ $(k\in \mathrm{Z})$单调递增；$\left[2k\pi+\frac{\pi}{2},\ 2k\pi+\frac{3\pi}{2}\right]$ $(k\in \mathrm{Z})$单调递减	$[2k\pi-\pi,\ 2k\pi]$ $(k\in \mathrm{Z})$上递增；$[2k\pi,\ 2k\pi+\pi]$ $(k\in \mathrm{Z})$上递减	$\left[k\pi-\frac{\pi}{2},\ k\pi+\frac{\pi}{2}\right]$ $(k\in \mathrm{Z})$单调递增
最值	当$x=\frac{\pi}{2}+2k\pi(k\in \mathrm{Z})$时，$y_{max}=1$；当$x=-\frac{\pi}{2}+2k\pi(k\in \mathrm{Z})$时，$y_{min}=-1$	当$x=2k\pi(k\in Z)$时，$y_{max}=1$；当$x=\pi+2k\pi(k\in Z)$时，$y_{min}=-1$	
奇偶性	奇函数	偶函数	奇函数
对称中心	$(k\pi,\ 0)(k\in \mathrm{Z})$	$\left(\frac{\pi}{2}+k\pi,\ 0\right)(k\in \mathrm{Z})$	$\left(\frac{k\pi}{2},\ 0\right)(k\in \mathrm{Z})$
对称轴方程	$x=\frac{\pi}{2}+k\pi(k\in \mathrm{Z})$	$x=k\pi(k\in \mathrm{Z})$	
周期	2π	2π	π

4. 五点作图法

函数 $y=\sin x$ 在区间 $[0, 2\pi]$ 上的五个关键点分别是 $(0, 0)$，$(\frac{\pi}{2}, 1)$，$(\pi, 0)$，$(\frac{3\pi}{2}, -1)$，$(2\pi, 0)$.

函数 $y=\cos x$ 在区间 $[0, 2\pi]$ 上的五个关键点是 $(0, 1)$，$(\frac{\pi}{2}, 0)$，$(\pi, -1)$，$(\frac{3\pi}{2}, 0)$，$(2\pi, 1)$.

5. 图像变换

函数 $y=A\sin(\omega x+\varphi)(A>0, \omega>0)$ 的图像可由函数 $y=\sin x$ 的图像经过以下变换得到：

(1) 相位变换.

$y=\sin x$ $\xrightarrow{\text{把 } y=\sin x \text{ 图像上所有点向左}(\varphi>0\text{ 或向右 }\varphi<0)\text{ 平移 }|\varphi|\text{ 个单位}}$ $y=\sin(x+\varphi)$.

(2) 周期变换.

$y=\sin(x+\varphi)$ $\xrightarrow{\text{把 } y=\sin(x+\varphi) \text{ 图像上各点横坐标伸长}(0<\omega<1)\text{ 或缩短}(\omega>1)\text{ 到原来的}\frac{1}{\omega}\text{ 倍纵坐标不变}}$ $y=\sin(\omega x+\varphi)$.

(3) 振幅变换.

$y=\sin(\omega x+\varphi)$ $\xrightarrow{\text{把图像上各点纵坐标伸长}(A>1)\text{ 或缩短}(0<A<1)\text{ 到原来的 }A\text{ 倍(横坐标不变)}}$ $y=\sin(\omega x+\varphi)$.

6. 初相、相位、最小正周期公式

当函数 $y=A\sin(\omega x+\varphi)(A>0, \omega>0)$，$x\in\mathbf{R}$ 表示一个振动量时，则 A 叫作振幅，$T=\frac{2\pi}{\omega}$ 叫作周期，$f=\frac{1}{T}$ 叫作频率，$\omega x+\varphi$ 叫作相位，φ 叫作初相.

函数 $y=A\sin(\omega x+\varphi)(A>0, \omega>0)$ 的最小正周期为 $T=\frac{2\pi}{\omega}$，$y=A\tan(\omega x+\varphi)(A>0, \omega>0)$ 的最小正周期为 $T=\frac{\pi}{\omega}$.

7. 特殊形式的函数化为正弦型函数

一般地，函数 $y=\sin x+\cos x$（a、b 不全为 0）可以化成 $y=A\sin(x+\theta)$.

【例题讲解】

题型一：求三角函数的周期

例 1. 下列四个函数中，周期为 π 的是(　　).

A. $y=\sin\frac{x}{2}$　　B. $y=\tan 2x$

C. $y=|\sin 2x|$　　D. $y=5+\cos 2x$

【答案】D

【解析】函数 $y=\sin\frac{x}{2}$ 周期为 4π；函数 $y=\tan 2x$ 周期为$\frac{\pi}{2}$；函数 $y=|\sin 2x|$周期为$\frac{\pi}{2}$；函数 $y=5+\cos 2x$ 周期为 π. 故选 D.

变式训练 1

函数 $y=\sin\left(\frac{x}{2}+\frac{\pi}{6}\right)$的最小正周期是(　　).

A. $\frac{\pi}{2}$　　B. π　　C. 2π　　D. 4π

求周期性技巧点拨：

(1) 利用周期函数的定义；

(2) 利用公式 $y=A\sin(\omega x+\varphi)$ 和 $y=A\cos(\omega x+\varphi)$ 的最小正周期为$\frac{2\pi}{|\omega|}$，$y=\tan(\omega x+\varphi)$ 的最小正周期为$\frac{\pi}{|\omega|}$；

(3) 利用图像.

周期性是函数的整体性质，要求对于函数整个定义域内的每一个 x 值都满足 $f(x+T)=f(x)$，其中 T 是不为零的常数. 如果只有个别的 x 值满足 $f(x+T)=f(x)$，或找到哪怕只有一个 x 值不满足 $f(x+T)=f(x)$，都不能说 T 是函数 $f(x)$ 的周期.

题型二：判断三角函数的奇偶性

例 2. 下列函数为偶函数的是(　　).

A. $y=x+\cos x$　　B. $y=|\sin x|$　　C. $y=x^2\tan x$　　D. $y=\tan x$

【答案】B

【解析】因为 $y=f(x)=x+\cos x$，所以 $f(-x)=-x+\cos(-x)=-x+\cos x\neq f(x)$，

所以 $y=f(x)$ 不是偶函数，故选项 A 错误；

因为 $y=h(x)=|\sin x|$，所以 $h(-x)=|\sin(-x)|=|-\sin x|=|\sin x|=h(x)$，

所以 $y=h(x)$ 为偶函数，故选项 B 正确；

因为 $y=g(x)=x^2\tan x$，所以 $g(-x)=(-x)^2\tan(-x)=-x^2\tan x\neq g(x)$，

所以 $y=g(x)$ 不是偶函数，故选项 C 错误；

因为 $y=F(x)=\tan x$，所以 $F(-x)=\tan(-x)=-\tan x\neq F(x)$，

所以 $y=F(x)$ 不是偶函数，故选项 D 错误. 故选 B.

变式训练 2

若函数 $f(x)=\sin(x+\varphi)$ 是奇函数，则 φ 可取的一个值为(　　).

A. $-\pi$　　B. $-\frac{\pi}{2}$　　C. $\frac{\pi}{4}$　　D. $\frac{\pi}{3}$

由题悟法：首先要对函数的解析式进行恒等变换，再根据定义、诱导公式去判断所求三角函数的奇偶性；也可以根据图像做出判断.

题型三 ：求函数定义域与值域

例 3. 函数 $y=\lg(\sin x)+\sqrt{\cos x-\frac{1}{2}}$ 的定义域为 ________.

【答案】$\left\{x \mid 2k\pi<x\leqslant\frac{\pi}{3}+2k\pi, k\in Z\right\}$

【解析】要使函数有意义必须有 $\begin{cases}\sin x>0 \\ \cos x-\frac{1}{2}\geqslant 0\end{cases}$,

即 $\begin{cases}\sin x>0 \\ \cos x\geqslant\frac{1}{2}\end{cases}$ 解得 $\left\{\begin{array}{l}2k\pi<x<\pi+2k\pi, \\ -\frac{\pi}{3}+2k\pi\leqslant x\leqslant\frac{\pi}{3}+2k\pi,(k\in Z),\end{array}\right\}$,

所以 $2k\pi<x\leqslant\frac{\pi}{3}+2k\pi$, $k\in Z$,

所以函数的定义域为 $\left\{x \mid 2k\pi<x\leqslant\frac{\pi}{3}+2k\pi, k\in Z\right\}$.

例 4. 函数 $y=\sin x-\sqrt{3}\cos x$ 的值域是( ).

A. $[0, 1]$　　B. $[-1+\sqrt{3}, 1+\sqrt{3}]$

C. $[-2, 2]$　　D. $[-1-\sqrt{3}, 1+\sqrt{3}]$

【答案】C

【解析】$y=\sin x-\sqrt{3}\cos x=2\left(\frac{1}{2}\sin x-\frac{\sqrt{3}}{2}\cos x\right)=2\sin\left(x-\frac{\pi}{3}\right)$,

因为 $-1\leqslant\sin\left(x-\frac{\pi}{3}\right)\leqslant 1$, 即 $-2\leqslant 2\sin\left(x-\frac{\pi}{3}\right)\leqslant 2$, 所以 $y=\sin x-\sqrt{3}\cos x$ 的值域是 $[-2, 2]$, 故选 C.

变式训练 3.

函数 $y=1-\sin^2 x-2\sin x$ 的值域是( ).

A. $[-2, 2]$　　B. $(-2, 2)$　　C. $(0, 2)$　　D. $(-2, 0)$

变式训练 4.

函数 $f(x)=\sin\left(2x-\frac{\pi}{6}\right)$ 在 $\left[0, \frac{3\pi}{4}\right]$ 上的最小值为( ).

A. -1　　B. $-\frac{\sqrt{3}}{2}$　　C. $-\frac{\sqrt{2}}{2}$　　D. $-\frac{1}{2}$

由题悟法：(1) 求三角函数定义域实际上是解简单的三角不等式，常借助三角函数线或三角函数图像来求解.

(2) 求解涉及三角函数的值域(最值) 的题目一般常用以下方法：

① 利用 $\sin x$、$\cos x$ 的值域；

② 形式复杂的函数应化为 $y=A\sin(\omega x+\varphi)+k$ 的形式逐步分析 $\omega x+\varphi$ 的范围，根据正弦函数单调性写出函数的值域；

③ 换元法：把 $\sin x$ 或 $\cos x$ 看作一个整体，可化为求函数在给定区间上的值域(最值) 问题.

题型四：求函数单调区间

例 5．函数 $y=\sin\left(2x-\frac{\pi}{6}\right)$ 的单调递增区间是(　　).

A. $\left[2k\pi-\frac{\pi}{2},\ 2k\pi+\frac{\pi}{2}\right](k\in\mathbf{Z})$　　B. $\left[k\pi-\frac{\pi}{6},\ k\pi+\frac{\pi}{3}\right](k\in\mathbf{Z})$

C. $\left[k\pi+\frac{\pi}{3},\ k\pi+\frac{5\pi}{6}\right](k\in\mathbf{Z})$　　D. $\left[-k\pi-\frac{\pi}{6},\ -k\pi+\frac{\pi}{3}\right](k\in\mathbf{Z})$

【答案】B

【解析】因为 $y=\sin\left(2x-\frac{\pi}{6}\right)$，令 $2k\pi-\frac{\pi}{2}\leqslant 2x-\frac{\pi}{6}\leqslant 2k\pi+\frac{\pi}{2}$，$k\in\mathbf{Z}$，解得 $k\pi-\frac{\pi}{6}\leqslant x\leqslant k\pi+\frac{\pi}{3}$，$k\in\mathbf{Z}$，所以函数的单调递增区间为 $\left[k\pi-\frac{\pi}{6},\ k\pi+\frac{\pi}{3}\right](k\in\mathbf{Z})$；故选 B.

变式训练 5.

函数 $f(x)=2\cos\left(\frac{\pi}{4}-2x\right)$ 的递增区间为 ____________.

变式训练 6.

函数 $y=\tan\left(2x-\frac{3\pi}{4}\right)$ 的单调递增区间为 ____________.

由题悟法：求三角函数的单调区间时应注意以下几点.

(1) 形如 $y=A\sin(\omega x+\varphi)(A>0,\ \omega>0)$ 的函数的单调区间，基本思路是把 $\omega x+\varphi$ 看作一个整体，由 $-\frac{\pi}{2}+2k\pi\leqslant\omega x+\varphi\leqslant\frac{\pi}{2}+2k\pi(k\in\mathbf{Z})$ 求得函数的增区间，由 $\frac{\pi}{2}+2k\pi\leqslant\omega x+\varphi\leqslant\frac{3\pi}{2}+2k\pi(k\in\mathbf{Z})$ 求得函数的减区间.

(2) 形如 $y=A\sin(-\omega x+\varphi)(A>0,\ \omega>0)$ 的函数，可先利用诱导公式把 x 的系数变为正数，得到 $y=-A\sin(\omega x-\varphi)$，由 $-\frac{\pi}{2}+2k\pi\leqslant\omega x-\varphi\leqslant\frac{\pi}{2}+2k\pi(k\in\mathbf{Z})$ 得到函数的减区间，由 $\frac{\pi}{2}+2k\pi\leqslant\omega x-\varphi\leqslant\frac{3\pi}{2}+2k\pi(k\in\mathbf{Z})$ 得到函数的增区间.

(3) 对于 $y=A\cos(\omega x+\varphi)$，$y=A\tan(\omega x+\varphi)$ 等，函数的单调区间求法与 $y=A\sin(\omega x+\varphi)$ 类似.

题型五：三角函数图像与变换

例 6. 用五点作图法作 $y=2\sin 4x$ 的图像时，首先描出的五个点的横坐标是(　　).

A. $0,\ \frac{\pi}{2},\ \pi,\ \frac{3\pi}{2},\ 2\pi$　　B. $0,\ \frac{\pi}{4},\ \frac{\pi}{2},\ \frac{3\pi}{4},\ \pi$

C. $0,\ \frac{\pi}{8},\ \frac{\pi}{4},\ \frac{3\pi}{8},\ \frac{\pi}{2}$　　D. $0,\ \frac{\pi}{6},\ \frac{\pi}{3},\ \frac{3\pi}{2},\ \frac{2}{3}\pi$

【答案】C

【解析】由“五点法”作图知：令 $4x=0,\ \frac{\pi}{2},\ \pi,\ \frac{3\pi}{2},\ 2\pi$，解得 $x=0,\ \frac{\pi}{8},\ \frac{\pi}{4},\ \frac{3\pi}{8},\ \frac{\pi}{2}$，即为五个关键点的横坐标，故选 C.

变式训练 7.

用五点法作函数 $f(x)=\sin(2x-\frac{\pi}{3})$ 的图像时，所取的“五点”是（　　）.

A. $(\frac{\pi}{6},0)$，$(\frac{5\pi}{12},1)$，$(\frac{2\pi}{3},0)$，$(\frac{11\pi}{12},-1)$，$(\frac{7\pi}{6},0)$

B. $(\frac{\pi}{6},0)$，$(\frac{5\pi}{12},1)$，$(\frac{2\pi}{3},0)$，$(\frac{11\pi}{12},-1)$，$(\frac{11\pi}{6},0)$

C. $(\frac{\pi}{6},0)$，$(\frac{5\pi}{12},1)$，$(\frac{2\pi}{3},1)$，$(\frac{11\pi}{12},-1)$，$(\frac{7\pi}{6},0)$

D. $(\frac{\pi}{6},0)$，$(\frac{5\pi}{12},0)$，$(\frac{2\pi}{3},0)$，$(\frac{11\pi}{12},-1)$，$(\frac{7\pi}{6},0)$

例 7. 函数 $y=\sin\left(2x+\frac{\pi}{4}\right)$ 的图像向左平移 $\frac{\pi}{4}$ 个单位得到下列哪个函数？（　　）

A. $y=\sin\left(2x-\frac{\pi}{4}\right)$　　B. $y=-\sin\left(2x+\frac{\pi}{4}\right)$

C. $y=-\cos\left(2x+\frac{\pi}{4}\right)$　　D. $y=\cos\left(2x+\frac{\pi}{4}\right)$

【答案】D

【解析】$y=\sin\left(2x+\frac{\pi}{4}\right)$ 的图像向左平移 $\frac{\pi}{4}$ 个单位得到 $f(x)=\sin\left(2\left(x+\frac{\pi}{4}\right)+\frac{\pi}{4}\right)=\cos\left(2x+\frac{\pi}{4}\right)$，故选 D.

变式训练 8.

将函数 $f(x)=\sin\left(2x-\frac{\pi}{6}\right)$ 的图像向左平移 $\frac{\pi}{12}$ 个单位长度，得到函数 $y=g(x)$ 的图像，则（　　）.

A. $g(x)=\sin\left(2x-\frac{\pi}{12}\right)$　　B. $g(x)=\sin\left(2x-\frac{\pi}{4}\right)$

C. $g(x)=\sin\left(2x-\frac{\pi}{3}\right)$　　D. $g(x)=\sin 2x$

题型六：根据三角函数图像求解析式

例 8. 已知 $f(x)=A\sin(\omega x+\varphi)\left(A>0,\ \omega>0,\ |\varphi|<\frac{\pi}{2}\right)$ 的部分图像如下图所示，则 $f(x)=$__________.

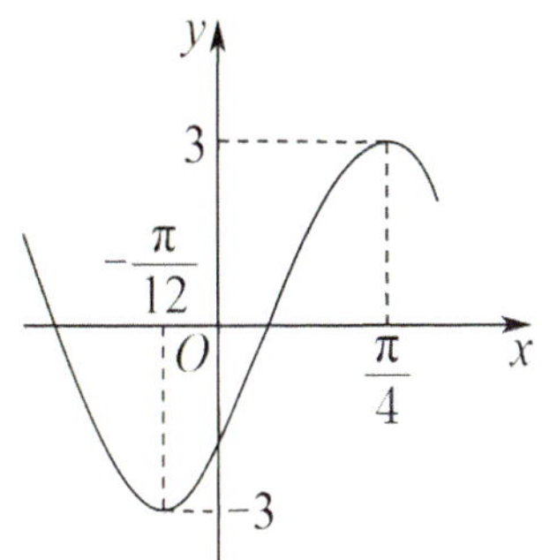

【答案】$3\sin\left(3x-\frac{\pi}{4}\right)$

【解析】由图可得 $A=\frac{3-(-3)}{2}=3$，$\frac{T}{2}=\frac{\pi}{4}-\left(-\frac{\pi}{12}\right)=\frac{\pi}{3}$，解得 $T=\frac{2}{3}\pi$.

又 $T=\frac{2\pi}{\omega}$，解得 $\omega=3$. 因为 $f(x)$ 的图像经过 $\left(\frac{\pi}{4}, 3\right)$，所以 $3=3\sin\left(3\times\frac{\pi}{4}+\varphi\right)$，$\frac{3\pi}{4}+\varphi=\frac{\pi}{2}+2k\pi(k\in\mathbf{Z})$，解得 $\varphi=-\frac{\pi}{4}$. 故 $f(x)=3\sin\left(3x-\frac{\pi}{4}\right)$.

变式训练 9.

函数 $f(x)=A\sin(\omega x+\varphi)$ $(A>0, x\in\mathbf{R}, \omega>0, 0\leqslant\varphi<\pi)$ 的部分图像如图所示，则 $A=$________，$\omega=$________，$\varphi=$________.

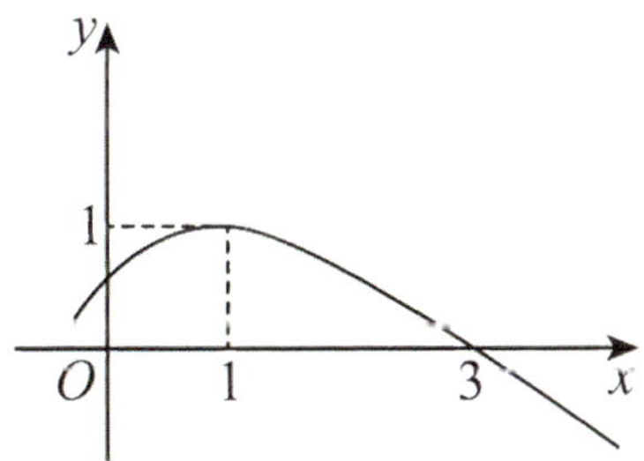

变式训练 10.

已知函数 $f(x)=A\sin(\omega x+\varphi)+B$ 的一部分图像如下图所示，如果 $A>0$，$\omega>0$，$|\varphi|<\frac{\pi}{2}$.

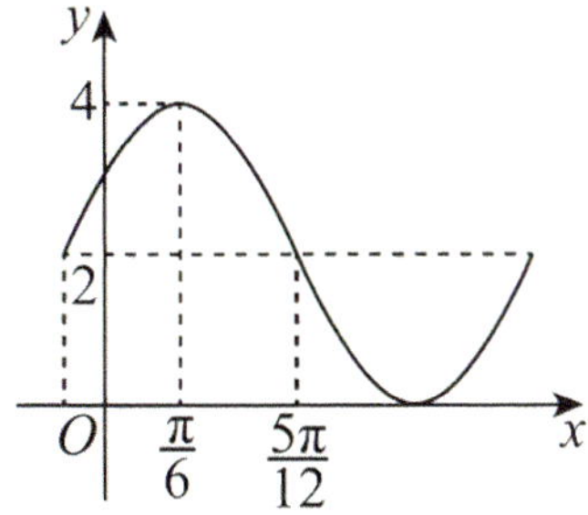

(1) 求函数 $f(x)$ 的解析式；

(2) 当 $x\in\left[-\frac{\pi}{6}, \frac{\pi}{6}\right]$时，求函数 $f(x)$ 的取值范围.

题型七：利用辅助角公式研究函数性质

例 9. 设函数 $f(x)=\sqrt{3}\sin x-\cos x$，则下列函数中为偶函数的是(　　).

A. $f\left(x+\dfrac{\pi}{3}\right)$　　B. $f\left(x-\dfrac{\pi}{3}\right)$　　C. $f\left(x+\dfrac{\pi}{6}\right)$　　D. $f\left(x-\dfrac{\pi}{6}\right)$

【答案】B

【解析】$f(x)=\sqrt{3}\sin x-\cos x=2\sin\left(x-\dfrac{\pi}{6}\right)$. $f\left(x+\dfrac{\pi}{3}\right)=2\sin\left(x+\dfrac{\pi}{3}-\dfrac{\pi}{6}\right)=2\sin\left(x+\dfrac{\pi}{6}\right)$ 为非奇非偶函数，故 A 错误；$f\left(x-\dfrac{\pi}{3}\right)=2\sin\left(x-\dfrac{\pi}{3}-\dfrac{\pi}{6}\right)=2\sin\left(x-\dfrac{\pi}{2}\right)=-2\cos x$ 为偶函数，故 B 正确；$f\left(x+\dfrac{\pi}{6}\right)=2\sin\left(x+\dfrac{\pi}{6}-\dfrac{\pi}{6}\right)=2\sin x$ 为奇函数，故 C 错误；$f\left(x-\dfrac{\pi}{6}\right)=2\sin\left(x-\dfrac{\pi}{6}-\dfrac{\pi}{6}\right)=2\sin\left(x-\dfrac{\pi}{3}\right)$ 为非奇非偶函数，故 D 错误. 故选 B

变式训练 11

已知 $f(x)=\sin x-\sqrt{3}\cos x$.

(1) 求 $f(x)$ 的周期、最大值和最小值.

(2) 把 $f(x)$ 的图像向左平移 $\dfrac{\pi}{3}$ 后得到 $y=g(x)$ 的图像，求 $y=g(x)$ 的解析式.

变式训练 12

函数 $f(x)=\sin^2 x-\dfrac{1}{2}$ 是(　　).

A. 周期为 π 的偶函数　　B. 周期为 π 的奇函数

C. 周期为 2π 的偶函数　　D. 周期为 2π 的奇函数

【强化训练】

一、选择题

1. 已知函数 $f(x)=2\sin 2x$，则 $f(x)$ 的最小正周期是(　　).

A. π　　B. $\frac{\pi}{4}$　　C. $\frac{\pi}{3}$　　D. $\frac{\pi}{2}$

2. 下列函数中，既是偶函数又是周期函数的是(　　).

A. $y=\sin x$　　B. $y=5^x$　　C. $y=\cos x$　　D. $y=x^3$

3. 函数 $y=\sin(\frac{1}{2}x+\frac{\pi}{3})$ 的最小正周期是(　　).

A. $\frac{\pi}{2}$　　B. $\frac{\pi}{4}$　　C. $\frac{\pi}{8}$　　D. 4π

4. 若函数 $f(x)=\sin 2(\omega x-1)(\omega>0)$ 的最小正周期为 π，则 ω 的值等于(　　).

A. 2　　B. 1　　C. $\frac{1}{2}$　　D. $\frac{1}{4}$

5. 利用“五点法”画 $y=\sin x-1$，$x\in[0, 2\pi]$ 的图像时，第三个点为(　　).

A. $(0, -1)$　　B. $\left[\frac{\pi}{2}, 0\right]$　　C. $(\pi, -1)$　　D. $\left[\frac{3\pi}{2}, -2\right]$

6. 函数 $y=-3\sin(2x-\frac{\pi}{3})$ 的图像是由下列哪个函数图像通过向左平移 $\frac{\pi}{4}$ 得到？(　　)

A. $y=-3\sin(2x+\frac{5\pi}{6})$　　B. $y=-3\sin(2x-\frac{5\pi}{6})$

C. $y=-3\sin(2x-\frac{\pi}{6})$　　D. $y=-3\sin(2x+\frac{\pi}{4})$

7. 下列叙述正确的个数为(　　).

①$y=\sin x$，$x\in[0, 2\pi]$ 的图像关于点 $P(\pi, 0)$ 成中心对称；

②$y=\cos x$，$x\in[0, 2\pi]$ 的图像关于直线 $x=\pi$ 成轴对称；

③ 正弦、余弦函数的图像不超过直线 $y=1$ 和 $y=-1$ 所夹的范围.

A. 0 个　　B. 1 个　　C. 2 个　　D. 3 个

8. 函数 $y=\sin x$，$x\in[0, 2\pi]$ 的图像与函数 $y=1$ 的图像的交点个数是(　　).

A. 1 个　　B. 2 个　　C. 3 个　　D. 4 个

9. 如果函数 $f(x)=3\cos(2x+\varphi)$ 的图像关于点 $(\frac{4\pi}{3}, 0)$ 中心对称，那么 $|\varphi|$ 的最小值为(　　).

A. $\frac{\pi}{6}$　　B. $\frac{\pi}{4}$　　C. $\frac{\pi}{3}$　　D. $\frac{\pi}{2}$

10. 将函数 $f(x)=\cos 2x$ 图像上所有点向右平移 $\frac{\pi}{4}$ 个单位长度后得到函数 $g(x)$ 的图

像，若 $g(x)$ 在区间 $[0, a]$ 上单调递增，则实数 a 的最大值为(　　).

A. $\frac{\pi}{8}$　　B. $\frac{\pi}{4}$　　C. $\frac{\pi}{2}$　　D. $\frac{3\pi}{4}$

二、填空题

11. 已知余弦函数过点 $\left(-\frac{\pi}{6}, m\right)$，则 m 的值为________.

12. 函数 $y=\sin\left(2x+\frac{\pi}{3}\right)$ 的最小正周期 $T=$________.

13. 写出满足条件“函数 $f(x)=\cos\left(\frac{\pi}{3}x-\varphi\right)$ 的图像关于直线 $x=2$ 对称”的 φ 的一个值________.

14. 已知正弦函数 $f(x)=A\sin(\omega x+\theta)\left(A>0, \omega>0, |\theta|<\frac{\pi}{2}\right)$ 图像的一个最高点的坐标是 $\left(\frac{\pi}{12}, 2\right)$，相邻两个最高点之间距离为 π，则函数 $f(x)$ 的解析式是________.

15. 函数 $f(x)=\cos\left(2x+\frac{\pi}{4}\right)$ 在区间 $\left[0, \frac{\pi}{2}\right]$ 上的最小值是________.

16. 已知 $f(x)=\sin\omega x(\omega>0)$ 在 $\left[0, \frac{\pi}{3}\right]$ 上单调递增，则实数 ω 的最大值为________.

三、解答题

17. 已知函数 $y=\sin\left(2x+\frac{\pi}{6}\right)$，$x\in\mathbf{R}$.

(1) 求出该函数的最小正周期；

(2) 求出该函数取最大值时自变量 x 的取值范围.

18. 画出下列函数的简图：

(1) $y=1-\sin x$，$x\in[0, 2\pi]$；

(2) $y=3\cos x+1$，$x\in[0, 2\pi]$.

19. 已知函数 $f(x)=\frac{1}{2}(\sin x+\cos x)^2+\cos^2 x$，$x\in\mathbf{R}$.

(1) 求 $f(\frac{\pi}{8})$ 的值；

(2) 求 $f(x)$ 的最小值，并写出 $f(x)$ 取最小值时自变量 x 的集合.

20. 已知函数 $f(x)=2\sin(\omega x+\frac{\pi}{6})(\omega>0)$ 的图像在 y 轴右侧的第一个最高点为 $P(\frac{\pi}{6}, 2)$，在原点右侧与 x 轴的第一个交点为 $Q(\frac{5\pi}{12}, 0)$，求：

(1) 函数 $f(x)$ 的最小正周期；

(2) 函数 $f(x)$ 的单调递增区间.

21. 函数 $f(x)=\sin(\omega x+\varphi)\left(\omega>0, |\varphi|<\frac{\pi}{2}\right)$ 在同一个周期内，当 $x=\frac{\pi}{3}$ 时，y 取最大值 1，当 $x=\frac{5\pi}{6}$ 时，y 取最小值 -1.

(1) 求函数 $f(x)$ 的解析式；

(2) 函数 $y=\sin x$ 的图像经过怎样的变换可得到 $f(x)$ 的图像？

第6章 数列

知识框架

数列的概念
基本概念
定义 —— 按照一定的次序排成一列数
项 —— 数列中的每一个数称为该数列的项
项数 —— 在数列中的位置
通项公式 —— 数列$\{a_n\}$的第n项a_n与其对应的序号n之间的对应可以用一个式子表示，该式子称为通向公式
递推公式 —— 如果一个数列的相邻两项或多项之间的关系可以用一个式子来表示，该式子叫作这个数列的递推公式
分类
项数
有穷数列 —— 项数有限的数列
无穷数列 —— 项数无限的数列
单调性
递增数列 —— 从第2项开始，后面每一项都大于它的前一项
递减数列 —— 从第2项开始，后面每一项都小于它的前一项
常数列 —— 每项都相等的数列
公式法求通项
使用前提 —— 前n项和与项或项数的关系式
解题思路
首项 —— 无首项令$n=1$求首项，有首项此步省略
列式 —— n大于等于2时，一式含有S_n（题目的条件）一式含有S_{n-1}（将题目的条件下标从n变成$n-1$）
作差 —— 两式相减得到n大于等于2通项公式
检验 —— 检验$n=1$时是否适用通项公式

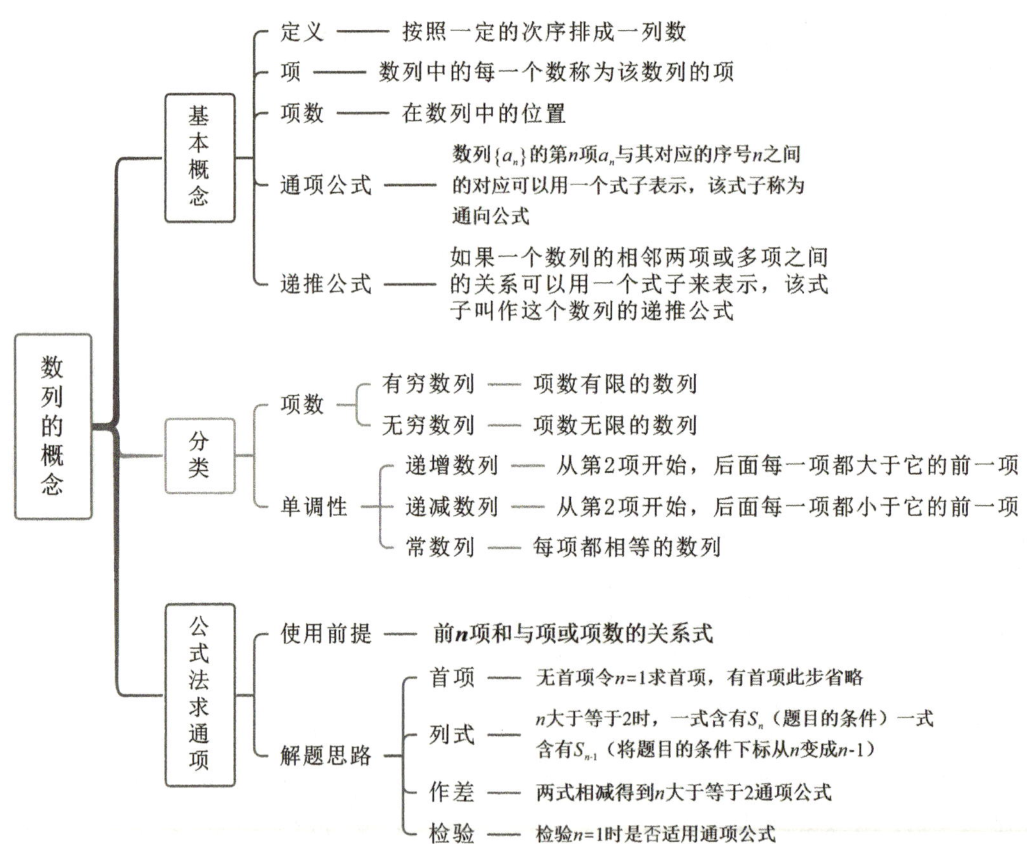

常见考法

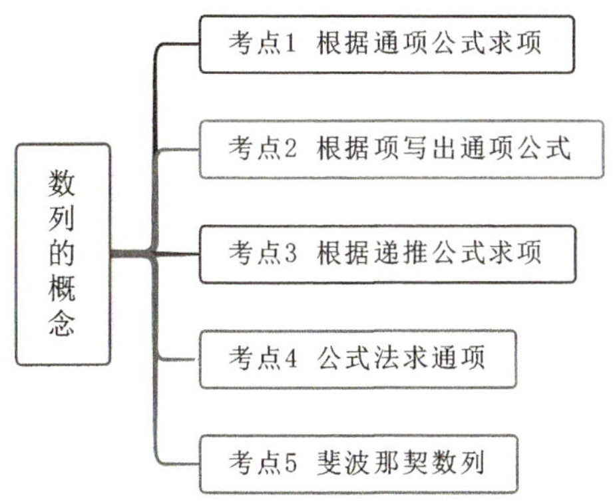

考点 1 数列的概念

【知识点】

1. 数列的定义

按照一定的次序排成的一列数叫作数列.

2. 数列的项

数列中的每一个数叫作数列的项. 从开始的项起，按照自左至右的排序，各项按照其位置依次叫作这个数列的第 1 项(或首项)，第 2 项，第 3 项，…，第 n 项，其中反映各项在数列中位置的数字 1，2，3，…，n，分别叫作对应的项的项数.

3. 数列的表示

一个数列的第 n 项 a_n 叫作数列$\{a_n\}$ 的通项或一般项.

4. 数列的一般形式

由于从数列的第 1 项开始，各项的项数依次与正整数相对应，所以一般形式可以写作

$$a_1, a_2, a_3, \cdots, a_n (n \in \mathbf{N}^*) \qquad \text{简记作}\{a_n\}$$

5. 数列的分类

(1) 按数列的项数分类.

有穷数列：项数有限的数列.

无穷数列：项数无限的数列.

(2) 按变化情况分类.

递增数列：从第 2 项起，后面每一项都大于它的前一项的数列.

递减数列：从第 2 项起，后面每一项都小于它的前一项的数列.

常数列：各项都相等的数列.

摆动数列：从第 2 项起，有些项大于它的前一项，有些项小于它的前一项的数列.

6. 数列的通项公式

如果数列$\{a_n\}$的第 n 项 a_n 与序号 n 之间的关系可以用公式来表示，则这个公式就叫作这个数列的通项公式.

7. 数列的前 n 项和

数列的前n个数的和称为数列的前n项和，用S_n表示，即$S_n=a_1+a_2+a_3+\cdots+a_n$.

前 n 项和S_n与通项公式a_n的关系为

$$a_n=\begin{cases}S_1, & n=1\\ S_n-S_{n-1}, & n\geqslant 2\end{cases}$$

$$S_n=\frac{n(a_1+a_n)}{2}=na_1+\frac{n(n-1)}{2}d$$

8. 常用数列的通项公式

1，3，5，7，… 的等差通项为 $a_n=2n-1$.

2，4，6，8，… 的等差通项为 $a_n=2n$.

3，5，7，9，… 的等差通项为 $a_n=2n+1$.

1，4，9，16，… 的等差通项为 $a_n=n^2$.

【例题讲解】

例 1. 根据下列各数列的通项公式，写出数列的前 4 项：

(1)$a_n=3^n-2$；　　　　(2)$a_n=(-1)^n\cdot n$.

【解析】

(1) 取 $n=1$，2，3，4，则 $a_1=1$，$a_2=7$，$a_3=25$，$a_4=79$.

(2) 取 $n=1$，2，3，4，则 $a_1=\frac{1}{2}$；$a_2=2$；$a_3=-3$；$a_4=4$.

例 2. 根据下列各无穷数列的前 4 项，写出数列的一个通项公式：

(1)5，10，15，20，…；　　(2) $\frac{1}{2}$，$\frac{1}{4}$，$\frac{1}{6}$，$\frac{1}{8}$，…；　　(3) -1，1，-1，1，….

【解析】

(1) 观察发现，每一项都恰好是其项数的 5 倍，故数列的一个通项公式为

$$a_n=5n$$

(2) 观察发现，各项都是分数，分子都是 1，分母恰好是其项数的 2 倍，故数列的一个通项公式为

$$a_n=\frac{1}{2n}$$

(3) 观察发现，各项的绝对值都是 1，符号为负、正相间，各项恰好为底为 -1、指数为其项项数的幂，故数列的一个通项公式为

$$a_n=(-1)^n$$

例 3. 判断 16 和 45 是否为数列$\{3n+1\}$中的项，如果是，请指出是第几项.

【解析】数列的通项公式为 $a_n=3n+1$.

将 16 代入数列的通项公式有 $16=3n+1$，解得 $n=5\in N^*$.

所以，16 是数列$\{3n+1\}$中的第 5 项.

将 45 代入数列的通项公式有 $45=3n+1$，解得 $n=\frac{44}{3}\notin N^*$，

所以，45 不是数列$\{3n+1\}$中的项.

【强化训练】

一、选择题

1. 已知数列 $a_n=\frac{n}{n^2+8}$，则数列$\{a_n\}$的第 4 项为(　　).

A. $\frac{1}{10}$　　B. $\frac{1}{6}$　　C. $\frac{1}{4}$　　D. $\frac{1}{3}$

2. 若数列$\{a_n\}$的通项公式为 $a_n=\begin{cases}3n-2, & n\geqslant 10\\ 3^{n-2}, & n\leqslant 9\end{cases}$ $(n\in N^*)$，则 $a_5=$(　　).

A. 27　　B. 21　　C. 15　　D. 13

3. 已知数列 1，$\sqrt{3}$，$\sqrt{5}$，$\sqrt{7}$，…，$\sqrt{2n-1}$，…，则 $3\sqrt{5}$ 是它的(　　).

A. 第 22 项　　B. 第 23 项　　C. 第 24 项　　D. 第 28 项

4. 已知数列$\{a_n\}$的通项公式为 $a_n=4n-3$，则 a_5 的值是(　　).

A. 9　　B. 13　　C. 17　　D. 21

5. 数列 1，-3，5，-7，9，… 的一个通项公式为(　　).

A. $a_n=2n-1$　　B. $a_n=(-1)^n(2n-1)$

C. $a_n=(-1)^n(1-2n)$　　D. $a_n=(-1)^{n+1}(2n+1)$

6. 在数列$\{a_n\}$中，$a_1=\frac{1}{3}$，$a_{n+1}=1-\frac{1}{a_n}$，则 $a_{28}=$(　　).

A. -2　　B. 1　　C. $\frac{1}{3}$　　D. $\frac{3}{2}$

7. 数列$\{a_n\}$：1，1，2，3，5，8，13，21，34，…，称为斐波那契数列，是由十三世纪意大利数学家列昂纳多·斐波那契以兔子繁殖为例子而引入，故又称为“兔子数列”. 该数列从第 3 项开始，每项等于其前相邻两项之和. 即：$a_{n+2}=a_{n+1}+a_n$. 记该数列$\{a_n\}$的前n项和为 S_n，则下列结论正确的是(　　).

A. $S_{2019}=a_{2020}+2$　　B. $S_{2019}=a_{2021}+2$

C. $S_{2019}=a_{2020}-1$　　D. $S_{2019}=a_{2021}-1$

8. 数列 1，6，15，28，45，… 中的每一项都可用如图所示的六边形表示出来，故称它们为六边形数，那么第 10 个六边形数为(　　).

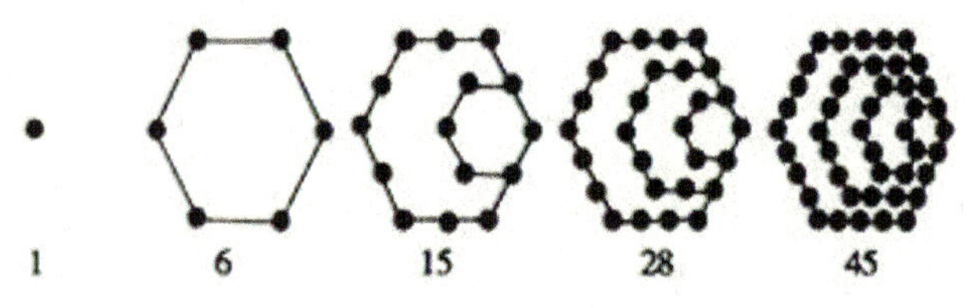

A. 153　　　　B. 190　　　　C. 231　　　　D. 276

9. 古希腊人常用小石头在沙滩上摆成各种形状来研究数. 例如：

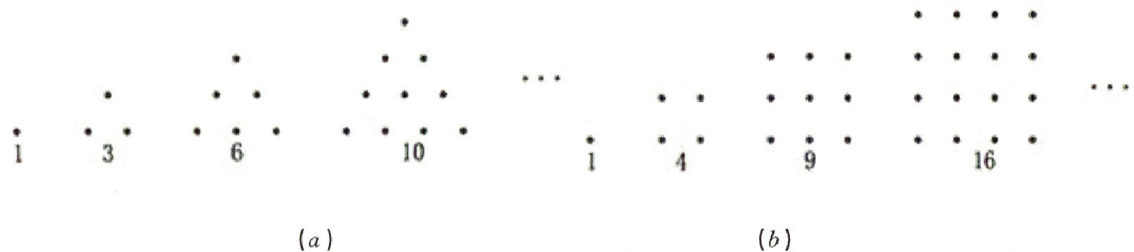

(a)　　　　　　　　(b)

他们研究过图(a) 中的 1，3，6，10，…，由于这些数能够表示成三角形，故将其称为三角形数；类似地，称图(b) 中的 1，4，9，16，… 这样的数为正方形数. 下列数中既是三角形数又是正方形数的是(　　).

A. 25　　　　B. 36　　　　C. 81　　　　D. 91

10. 数列 3，6，12，21，x，48，… 中的 x 等于(　　).

A. 29　　　　B. 33　　　　C. 34　　　　D. 28

二、填空题

11. 已知数列$\{a_n\}$的前项和为 S_n，$S_n=4^n-3$，则数列$\{a_n\}$的通项公式为 ________.

12. 已知数列$\{a_n\}$的前 n 项和 $S_n=3+2^n$，则 $a_n=$ ________.

13. 已知数列$\{a_n\}$的前 n 项和为 $S_n=n^2-2n+2$，则数列$\{a_n\}$的通项公式为 ______.

14. 数列 -1，7，-13，19，-25，31，… 的通项公式为 ________.

15. 已知数列$\{a_n\}$中，$a_n=1$，$2a_{n+1}=2a_n+3$，则 $a_{17}=$ __________.

16. 在数列 $\{a_n\}$ 中，$a_1=2$，$a_{n+1}-a_n=3$，则数列$\{a_n\}$的通项公式为 ________.

17. 已知数列 $\{a_n\}$ 中，$a_n=1$，$a_{n+1}=5$，$a_n+a_{n+2}=2a_{n+1}$，则 $a_{100}=$ ________.

18. 在数列$\{a_n\}$中，$a_1=\dfrac{3}{2}$ 且满足 $a_n=\dfrac{3a_{n-1}}{3+2a_{n-1}}$，则 $a_n=$ ________.

考点 2 等差数列

知识框架

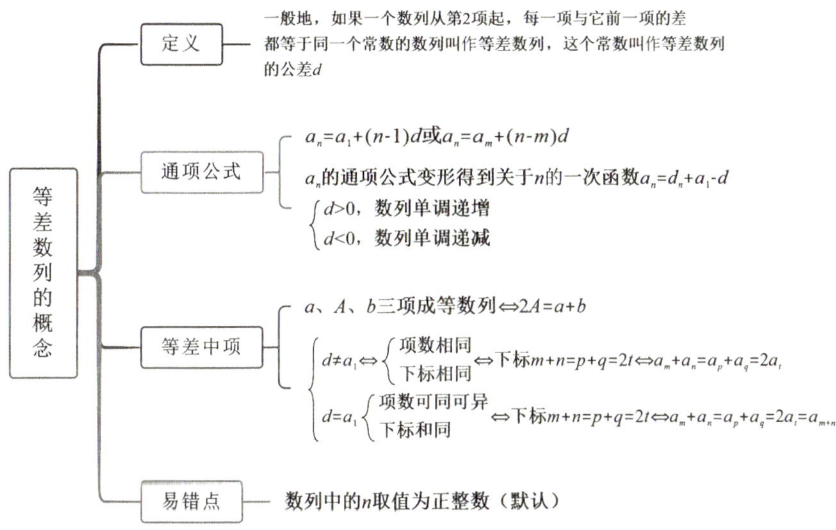

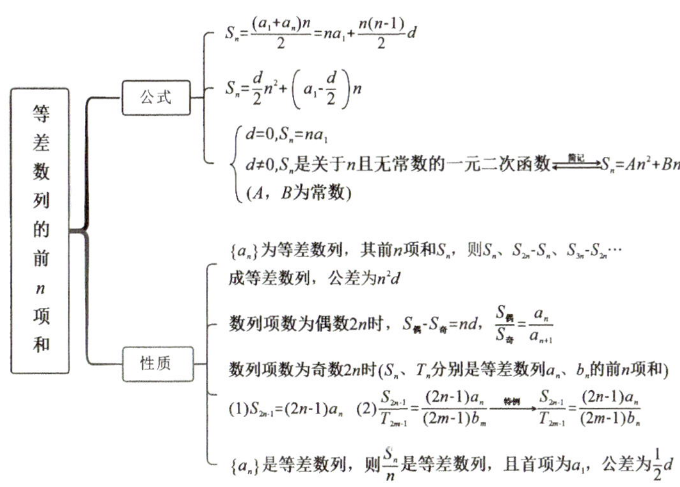

【常见考法】

等差数列的概念
考点1 判断是否为等差数列
考点2 求等差数列的通项或项
考点3 等差中项
考点4 证明数列为等差数列
考点5 等差数列的单调性

等差数列的前n项和
考点1 等差数列的基本量
考点2 前n项和S_n与等差中项
考点3 前n项和S_n的性质
考点4 前n项和S_n的最值
考点5 含有绝对值的求和

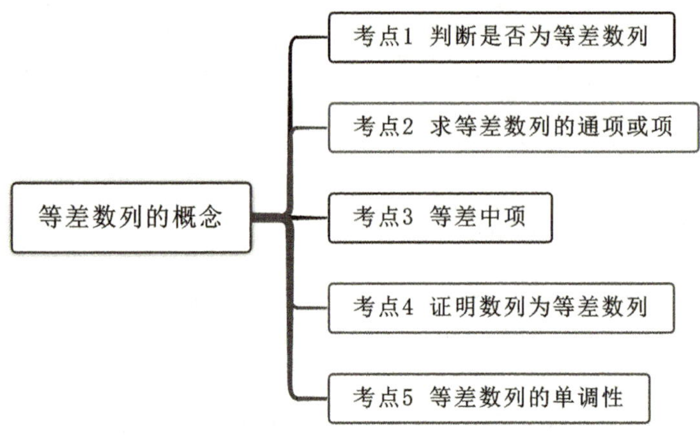

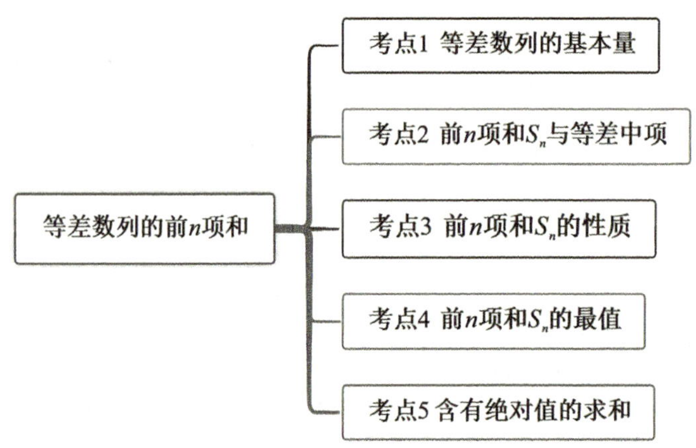

【知识点】

1．等差数列的概念

如果一个数列从第 2 项起，每一项与它前一项的差都等于同一个常数，那么，这个数列叫作等差数列．这个常数叫作等差数列的公差，一般用字母 d 表示．

若数列 $\{a_n\}$ 为等差数列，d 为公差，则 $a_{n+1}-a_n=d$，即 $a_{n+1}=a_n+d(n\geqslant 2,n\in \mathrm{N}^+)$．

2．通项公式

首项为 a_1、公差为 d 的等差数列的通项公式为 $a_n=a_1+(n-1)d(n\geqslant 1)$．

3．等差中项

若 3 个数 a、A、b 成等差数列 $\Leftrightarrow A=\dfrac{a+b}{2}$．

4．前 n 项和公式

等差数列 $\{a_n\}$ 的前 n 项和公式为 $S_n=\dfrac{n(a_1+a_n)}{2}$ 或 $S_n=na_1+\dfrac{n(n-1)}{2}d$．

5．等差数列的常用性质

一般地，如果 $\{a_n\}$ 为等差数列，S_n 为其前 n 项和，则有性质：

(1) $a_n=a_m+(n-m)d$ 或 $a_n=pn+q$（p、q 是常数）；

(2) 公差 $d=\dfrac{a_n-a_1}{n-1}=\dfrac{a_n-a_m}{n-m}$；

(3) 若 $m+n=p+q(m,n,p,q\in \mathrm{N}_+)$，则 $a_m+a_n=a_p+a_q$；

(4) a_n，a_{n+k}，a_{n+2k}，a_{n+3k}，… 成公差为 kd 的等差数列；

(5) $S_n=\dfrac{n(a_k+a_{n+1-k})}{2}$，$k=1,2,\cdots,n$，且 $S_{2n-1}=(2n-1)a_n$；

(6) $S_n=An^2+Bn$ 且 $\left\{\dfrac{S_n}{n}\right\}$ 为等差数列；

(7) S_n，$S_{2n}-S_n$，$S_{3n}-S_{2n}$，… 为等差数列．

6．等差数列的单调性及最值

(1) 当 $d=0$ 时，数列 $\{a_n\}$ 是常数列．

(2) 当 $d>0$ 时，数列 $\{a_n\}$ 是递增数列，且当 $a_1<0$ 时，前 n 项和 S_n 有最小值．

(3) 当 $d<0$ 时，数列 $\{a_n\}$ 是递减数列，且当 $a_1>0$ 时，前 n 项和 S_n 有最大值．

7．等差数列的判定方法

(1) 定义法：对于数列 $\{a_n\}$，若 $a_{n+1}-a_n=d$（常数），则数列 $\{a_n\}$ 是等差数列．

(2) 等差中项：对于数列 $\{a_n\}$，若 $2a_{n+1}=a_n+a_{n+2}$，则数列 $\{a_n\}$ 是等差数列．

8．奇数项和与偶数项和的关系

设数列 $\{a_n\}$ 是等差数列，$S_{奇}$ 是奇数项的和，$S_{偶}$ 是偶数项的和，S_n 是前 n 项的和，则有如下性质：

(1) 前 n 项的和 $S_n=S_{奇}+S_{偶}$；

(2) 当 n 为偶数时，$S_{偶}-S_{奇}=\dfrac{n}{2}d$，其中 d 为公差；

(3) 当 n 为奇数时，则 $S_{奇}-S_{偶}=a_{中}$，$S_{奇}=\frac{n+1}{2}a_{中}$，$S_{偶}=\frac{n-1}{2}a_{中}$，$\frac{S_{奇}}{S_{偶}}=\frac{n+1}{n-1}$，$\frac{S_n}{S_{奇}-S_{偶}}=\frac{S_{奇}+S_{偶}}{S_{奇}-S_{偶}}=n$（其中 $a_{中}$ 是等差数列的中间一项）

9. 前 n 项和与通项的关系：

若等差数列 $\{a_n\}$ 的前 $2n-1$ 项的和为 S_{2n-1}，等差数列 $\{b_n\}$ 的前 $2n-1$ 项的和为 S'_{2n-1}，则 $\frac{a_n}{b_n}=\frac{S_{2n-1}}{S'_{2n-1}}$.

【例题讲解】

例 1. 求等差数列 -1，5，11，17，… 的第 50 项.

【解析】由于 $a_1=-1$，$d=a_2-a_1=5-(-1)=6$，所以通项公式为 $a_n=a_1+(n-1)d=-1+(n-1)\times 6=6n-7$，$a_{50}=6\times 50-7=293$.

例 2. 在等差数列 $\{a_n\}$ 中，$a_{100}=48$，公差 $d=\frac{1}{3}$，求首项 a_1.

【解析】由于公差 $d=\frac{1}{3}$，故设等差数列的通项公式为

$$a_n=a_1+(n-1)\times\frac{1}{3}$$

由于 $a_{100}=48$，故 $48=a_1+(100-1)\times\frac{1}{3}$，解得 $a_1=15$.

例 3. 小明、小明的爸爸和的爷爷三个人的年龄恰好构成一个等差数列，他们三个人的年龄之和为 120 岁，爷爷的年龄比小明年龄的 4 倍还多 5 岁，求他们祖孙三人的年龄.

【解析】设小明、小明的爸爸和爷爷的年龄分别为 $a-d$，a，$a+d$，其中 d 为公差，则

$$\begin{cases}(a-d)+a+(a+d)=120,\\ 4(a-d)+5=a+d\end{cases}$$

解得 $a=40$，$d=25$

从而 $a-d=15$，$a+d=65$

答：小明、小明的爸爸和爷爷的年龄分别为 15 岁、40 岁和 65 岁.

【强化训练】

一、选择题

1. 已知下列各数列，其中为等差数列的个数为（　　）.

①4，5，6，7，8，…　　② 3，0，-3，0，-6，…

③ 0，0，0，0，…　　④ $\frac{1}{10}$，$\frac{2}{10}$，$\frac{3}{10}$，$\frac{4}{10}$，…

A. 1 个　　B. 2 个　　C. 3 个　　D. 4 个

2. 由 $a_1=4$，$d=3$ 确定的等差数列$\{a_n\}$，当 $a_n=28$ 时，序号 n 等于(　　).

A. 9　　B. 10　　C. 11　　D. 12

3. 等差数列$\{a_n\}$中，$a_3+a_7+a_{15}=8$，$a_8=3$，则 $a_9=$(　　).

A. 2　　B. 5

C. 11　　D. 13

4. 记 S_n 为等差数列$\{a_n\}$的前 n 项和，$2S_3+S_2=S_4$，$a_1=1$，则 $S_7=$(　　).

A. -77　　B. -70　　C. -49　　D. -42

5. 若等差数列$\{a_n\}$的前 n 项和为 S_n，且满足 $a_4=4$，$S_4=10$，则公差 $d=$(　　).

A. 1　　B. -1　　C. 2　　D. -2

6. 等差数列$\{a_n\}$中，$a_3+a_9=12$，则数列$\{a_n\}$前 11 项和 $S_{11}=$(　　).

A. 12　　B. 60　　C. 66　　D. 72

7. 若数列$\{a_n\}$为等差数列，且满足 $3+a_5=a_3+a_8$，S_n 为数列$\{a_n\}$的前 n 项和，则 $S_{11}=$(　　).

A. 27　　B. 33　　C. 39　　D. 44

8.《张丘建算经》是我国古代内容极为丰富的数学名著，书中有如下问题："今有女不善织，日减功迟，初日织五尺，末日织一尺，今三十织讫，问织几何."其意思为：有个女子不善于织布，每天比前一天少织同样多的布，第一天织五尺，最后一天织一尺，三十天织完，问三十天共织布(　　).

A. 30 尺　　B. 90 尺　　C. 150 尺　　D. 180 尺

9. 数列$\{a_n\}$满足 $2a_n=a_{n-1}+a_{n+1}(n\geqslant 2)$，且 $a_2+a_4+a_6=12$，则 $a_3+a_4+a_5=$(　　).

A. 9　　B. 10　　C. 11　　D. 12

10. 已知 $x+1$ 是 5 和 7 的等差中项，则 x 的值为(　　).

A. 5　　B. 6　　C. 8　　D. 9

11. 如果三个数 $2a$，3，$a-6$ 成等差数列，则 a 的值为(　　).

A. -1　　B. 1　　C. 3　　D. 4

12. 在单调递增的等差数列$\{a_n\}$中，若 $a_2\cdot a_4=\frac{3}{4}$，则 $a_1=$(　　).

A. -1　　B. $-\frac{1}{2}$　　C. 0　　D. $\frac{1}{2}$

13. 在数列$\{a_n\}$中，$a_1=2$，$a_{n+1}-a_n=2$，则 a_{51} 的值为(　　).

A. 96　　B. 98　　C. 100　　D. 102

二、填空题

14. 在等差数列$\{a_n\}$中，已知 $a_2=2$，$a_3+a_5=12$，则 $a_1=$__________.

15. 等差数列 10，7，4，… 的第 10 项是__________.

16. 已知等差数列$\{a_n\}$的首项为 3，公差为 2，则 $a_{10}=$__________.

17. 等差数列 x，6，y，12，则 xy 的值为__________.

18. 已知数列$\{a_n\}$是等差数列，S_n 是其前 n 项和，$S_3=3$，$S_6=12$，则 $S_9=$______.

考点 3　等比数列

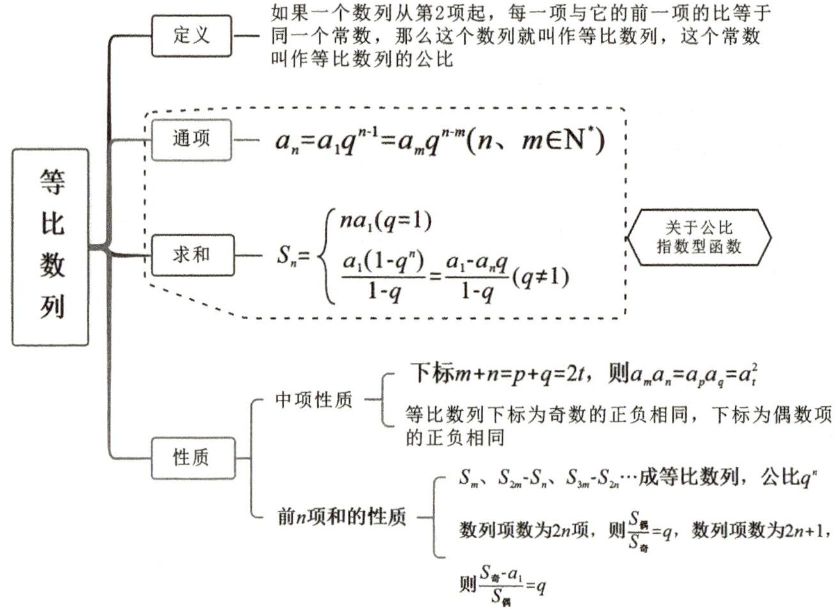

【常见考法】

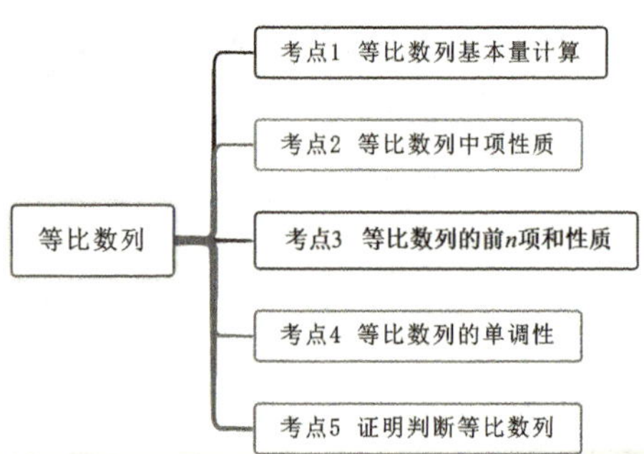

【知识点】

1. 等比数列的概念

如果一个数列从第 2 项起，每一项与它的前一项的比等于同一个常数(不为零)，那么这个数列就叫作等比数列，这个常数叫作等比数列的公比，公比通常用字母 $q(q \neq 0)$ 表示.

2. 等比中项

如果在 a 与 b 之间插入一个数 G，使 a，G，b 成等比数列，那么 G 叫作 a 与 b 的等比中项，即 $G^2=ab$.

3. 通项公式

如果等比数列 $\{a_n\}$ 的首项是 a_1，公比是 q，则等比数列的通项为 $a_n=a_1q^{n-1}=a_mq^{n-m}$.

4. 等比数列的前 n 项和

$$S_n=\begin{cases}\dfrac{a_1(1-q^n)}{1-q}=\dfrac{a_1-a_nq}{1-q},\ (q\neq 1)\\ na_1,\ (q=1)\end{cases}$$

5. 等比数列的性质

一般地，如果 $\{a_n\}$ 为等比数列，S_n 为其前 n 项和，则有性质：

(1) $a_n=a_mq^{n-m}(n,\ m\in \mathrm{N}_+)$；

(2) 若 $n+m=u+v$，则 $a_n\cdot a_m=a_u\cdot a_v$；

(3) S_k，$S_{2k}-S_k$，$S_{3k}-S_{2k}$ 成等比数列；

(4) a_k，a_{k+m}，a_{k+2m}，a_{k+3m}，… 成公比为 q^k 的等比数列；

(5) 若项数为 $2n$ $(n\in \mathrm{N}_+)$，则 $\dfrac{S_{偶}}{S_{奇}}=q$；

(6) 若 $\{a_n\}$ 为等比数列，则 $\{ca_n\}$，$\{a_n{}^2\}$，$\left\{\dfrac{1}{a_n}\right\}$，$\{a_n{}^r\}$ $(r\in \mathbf{Z})$ 是等比数列，公比依次是 q，q^2，$\dfrac{1}{q}$，q^r；

(7) 既是等差数列又是等比数列的数列是常数列.

6. 等比数列的判定方法

(1) 定义法：对于数列 $\{a_n\}$，若 $\dfrac{a_{n+1}}{a_n}=q(q\neq 0)$，则数列 $\{a_n\}$ 是等比数列.

(2) 等比中项：对于数列 $\{a_n\}$，若 $a_na_{n+2}=a_{n+1}^2$，则数列 $\{a_n\}$ 是等比数列.

【例题讲解】

例 1. 求等比数列 -1，$\dfrac{1}{2}$，$-\dfrac{1}{4}$，$\dfrac{1}{8}$，… 的第 10 项.

【解析】由于 $a_1=-1$，$q=-\dfrac{1}{2}$，故数列的通项公式为

$$a_n=a_1\cdot q^{n-1}=-1\times\left(-\frac{1}{2}\right)^{n-1}=-1\times(-1)^{n-1}\times\left(\frac{1}{2}\right)^{n-1}=(-1)^n\cdot\frac{1}{2^{n-1}},$$

所以 $a_{10}=(-1)^{10}\dfrac{1}{2^{10-1}}=\dfrac{1}{512}$.

例 2. 在等比数列$\{a_n\}$中，$a_5=-1$，$a_8=-\dfrac{1}{8}$，求 a_{13}.

【解析】由 $a_5=-1$，$a_8=-\dfrac{1}{8}$，有

$$-1=a_1\cdot q^4 \qquad ①$$

$$-\frac{1}{8}=a_1\cdot q^7 \qquad ②$$

② 式的两边分别除以 ① 式的两边，得

$$\frac{1}{8}=q^3$$

由此得

$$q=\frac{1}{2}$$

将 $q=\dfrac{1}{2}$ 代入 ① 式，得

$$a_1=-2^4$$

所以，数列的通项公式为

$$a_n=-2^4\cdot(\frac{1}{2})^{n-1}$$

故

$$a_{13}=a_1\cdot q^{12}=-2^4\cdot\left(\frac{1}{2}\right)^{12}=-2^{-8}=-\frac{1}{256}$$

例 3. 小明、小刚和小强进行钓鱼比赛，他们三个人钓鱼的数量恰好组成一个等比数列. 已知他们三个人一共钓了 14 条鱼，而每个人钓鱼数量的积为 64. 并且知道，小强钓的鱼最多，小明钓的鱼最少，问他们三个人各钓了多少条鱼？

【解析】知道三个数构成等比数列，并且知道这三个数的积，可以将这三个数设为$\dfrac{a}{q}$，a，aq，这样可以方便地求出 a，从而解决问题.

设小明、小刚和小强钓鱼的数量分别为$\dfrac{a}{q}$，a，aq，则

$$\begin{cases}\dfrac{a}{q}+a+aq=14\\ \dfrac{a}{q}\cdot a\cdot aq=64\end{cases}$$

解得

$$\begin{cases} a=4 \\ q=2 \end{cases} \quad 或 \quad \begin{cases} a=4 \\ q=\dfrac{1}{2} \end{cases}$$

当 $q=2$ 时

$$\frac{a}{q}=\frac{4}{2}=2，aq=4\times 2=8$$

此时三个人钓鱼的条数分别为 2、4、8.

当 $q=\dfrac{1}{2}$ 时

$$\frac{a}{q}=\frac{4}{\frac{1}{2}}=8，aq=4\times\frac{1}{2}=2$$

此时三个人钓鱼的条数分别为 8、4、2.

由于小明钓的鱼最少，小强钓的鱼最多，故小明钓了 2 条鱼，小刚钓了 4 条鱼，小强钓了 8 条鱼.

【强化训练】

一、选择题

1. 在等比数列$\{a_n\}$中，$a_1+a_2=6$，$a_3=3$，则公比 q 的值为(　　).

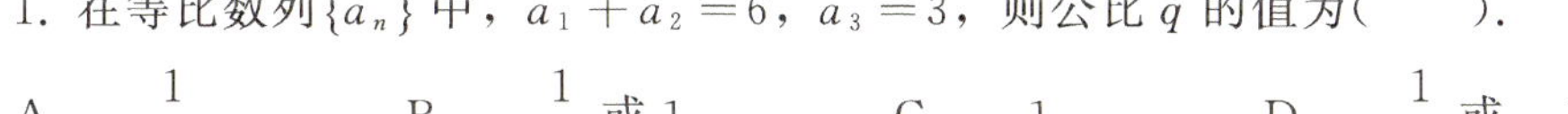

A. $-\dfrac{1}{2}$　　B. $-\dfrac{1}{2}$ 或 1　　C. -1　　D. $-\dfrac{1}{2}$ 或 -1

2. 已知各项均为正数的等比数列$\{a_n\}$的前 4 项和为 15，且 $a_5=3a_3+4a_1$，则 $a_3=$ (　　).

A. 16　　B. 8　　C. 4　　D. 2

3. 已知$\{a_n\}$是等比数列，$a_1=2$，$a_4=\dfrac{1}{4}$，则公比 $q=$(　　).

A. $-\dfrac{1}{2}$　　B. -2　　C. 2　　D. $\dfrac{1}{2}$

4. 在等比数列$\{a_n\}$中，若 $a_1a_3a_5=8$，则 $a_2a_4=$(　　).

A. 2　　B. 4　　C. ± 2　　D. ± 4

5. 若三个数 1，2，m 成等比数列，则实数 $m=$(　　).

A. 8　　B. 4　　C. 3　　D. 2

6. 已知数列$\{a_n\}$是等比数列，S_n 为其前 n 项和，若 $a_1+a_2+a_3=4$，$a_4+a_5+a_6=8$，则 $S_{12}=$(　　).

A. 40　　B. 60　　C. 32　　D. 50

7. 若等比数列$\{a_n\}$的前 n 项和为 S_n，且 $S_5=10$，$S_{10}=30$，则 $S_{20}=$(　　).

A. 80　　B. 120　　C. 150　　D. 180

8. 数列 0，0，0，…，0(　　).

A. 既不是等差数列又不是等比数列　　B. 是等比数列但不是等差数列

C. 既是等差数列又是等比数列　　D. 是等差数列但不是等比数列

9. 在等比数列$\{a_n\}$中，已知a_3，a_7是方程$x^2-6x+1=0$的两个根，则$a_5=$(　　).

A. 1　　B. -1　　C. ± 1　　D. 3

10. 已知等比数列前 20 项和是 21，前 30 项和是 49，则前 10 项和是(　　).

A. 7　　B. 9　　C. 63　　D. 7 或 63

二、填空题

11. 已知 1，x，9 成等比数列，则实数$x=$________.

12. 设等比数列前三项分别为a，$2a$，8，则$a=$________.

13. 如果将 20，50，100 依次加上同一个常数后组成一个等比数列，则这个等比数列的公比为________.

14. 在等比数列$\{a_n\}$中，$a_n>0$，且$a_1+a_2=1$，$a_3+a_4=9$，则$a_4+a_5=$______.

15. 在等比数列$\{a_n\}$中，前n项和为S_n，$S_3=2$，$S_6=6$，则$a_{10}+a_{11}+a_{12}=$______.

16. 在等比数列$\{a_n\}$中，若$a_3=3$，$a_{10}=384$，则公比$q=$________.

17. 设等比数列$\{a_n\}$的前n项和为S_n，若$\frac{S_6}{S_3}=3$，则$\frac{S_9}{S_6}=$________.

考点 4　数列的解答题

【知识点】

1. 通项公式a_n的求法

(1) 直接法(观察法).

$a_n=n$，$a_n=n^2$，$a_n=n^2-1$，$a_n=\frac{1}{n}$，$a_n=\frac{1}{n(n+1)}$，$a_n=2^n$，$a_n=2^{n-1}$，$a_n=(-1)^n$，$a_n=(-1)^{n+1}$，…

(2) 公式法(等差数列或等比数列).

等差数列通项公式：$a_n=a_1+(n-1)d$，　　a_1为首项，　d为公差.

等比数列通项公式：$a_n=a_1\times q^{n-1}$，　　a_1为首项，　q为公差.

(3)S_n法.

通用公式：$a_n=\begin{cases} S_n, & n=1 \\ S_n-S_{n-1}, & n\geqslant 2 \end{cases}$

(4) 累加法

一般来说，对于形如 $a_{n+1}-a_n=f(n)$ 类的数列通项，且 $f(1)+f(2)+\cdots+f(n)$ 的和比较好求，我们可采用累加法来求 a_n，即 $a_n=(a_n-a_{n-1})+(a_{n-1}-a_{n-2})+\cdots+(a_2-a_1)+a_1(n\geqslant 2)$.

(5) 叠乘法

一般地，对于形如“已知数列的首项 a_1，且 $\frac{a_{n+1}}{a_n}=f(n)$”的形式可通过叠乘法求数列的通项公式，即 $a_n=\frac{a_n}{a_{n-1}}\times\frac{a_{n-1}}{a_{n-2}}\times\frac{a_{n-2}}{a_{n-3}}\cdots\times\frac{a_3}{a_2}\times\frac{a_2}{a_1}\times a_1(n\geqslant 2)$.

(6) 配凑法(待定系数法或构造新数列法)

$a_{n+1}-b=k(a_n-b)\ (k\neq 0)$ 或 $\frac{1}{a_{n+1}}-\frac{1}{a_n}=d$ 等.

2. 证明数列是等差数列、等比数列

(1) 等差数列的证明方法.

① 定义法：对于数列 $\{a_n\}$，若 $a_{n+1}-a_n=d$(常数)，则数列 $\{a_n\}$ 是等差数列.

② 等差中项：对于数列 $\{a_n\}$，若 $2a_{n+1}=a_n+a_{n+2}$，则数列 $\{a_n\}$ 是等差数列.

(2) 等比数列的证明方法.

① 定义法：对于数列 $\{a_n\}$，若 $\frac{a_{n+1}}{a_n}=q(q\neq 0)$，则数列 $\{a_n\}$ 是等比数列.

② 等比中项：对于数列 $\{a_n\}$，若 $a_na_{n+2}=a_{n+1}^2$，则数列 $\{a_n\}$ 是等比数列.

3. 数列的前 n 项和的求法

(1) 公式法.

① 等差数列的前 n 项和：$S_n=\frac{n(a_1+a_n)}{2}=na_1+\frac{n(n-1)}{2}d$.

② 等比数列的前 n 项和：$S_n=\begin{cases}\frac{a_1(1-q^n)}{1-q}=\frac{a_1-a_nq}{1-q}(q\neq 1).\\ na_1(q=1).\end{cases}$

(2) 分组求和法.

一个数列的通项公式是由若干个等差数列或等比数列或可求和的数列组成，则求和时可用分组转化法，分别求和后再相加减.

① 若 $a_n=b_n\pm c_n$，且 $\{b_n\}$，$\{c_n\}$ 为等差或等比数列，可采用分组求和法求 $\{a_n\}$ 的前 n 项和；

② 通项公式为 $a_n=\begin{cases}b_n,\ n\text{ 为奇数.}\\ c_n,\ n\text{ 为偶数.}\end{cases}$ 的数列，其中数列 $\{b_n\}$，$\{c_n\}$ 是等比数列或等差数列，可采用分组求和法求和.

(3) 裂项相消法.

把数列的通项拆成两项之差，在求和时中间的一些项可以相互抵消，从而求得其和.

$$a_n=\frac{1}{n(n+1)}=\frac{1}{n}-\frac{1}{n+1}$$

$$a_n=\frac{1}{\sqrt{n}+\sqrt{n+1}}=\sqrt{n+1}-\sqrt{n}$$

(4) 错位相减法求和.

这种方法是在推导等比数列的前 n 项和公式时所用的方法，这种方法主要用于求数列 $\{a_n \cdot b_n\}$ 的前 n 项和，其中 $\{a_n\}$ 、$\{b_n\}$ 分别是等差数列和等比数列.

(5) 反序相加法求和

这是推导等差数列的前 n 项和公式时所用的方法，就是将一个数列倒过来排序，再把它与原数列相加，就可以得到 n 个 (a_1+a_n) .

【例题讲解】

例 1 . 已知 $f(x)=\frac{2x}{x+2}$，在数列 $\{a_n\}$ 中，$a_1=\frac{1}{3}$，$a_n=f(a_{n-1})(n\geqslant 2, n\in \mathbf{N}^*)$

(1) 证明：$\left\{\frac{1}{a_n}\right\}$ 是等差数列；

(2) 求 a_{95} 的值.

【解析】(1) 当 $n\geqslant 2$ 时，因为 $a_n=f(a_{n-1})$ ，所以 $a_n=\frac{2a_{n-1}}{a_{n-1}+2}$. 即 $a_na_{n-1}+2a_n=2a_{n-1}$，可知 $a_n\neq 0$，所以 $\frac{2a_{n-1}-2a_n}{a_na_{n-1}}=1$，即 $\frac{1}{a_n}-\frac{1}{a_{n-1}}=\frac{1}{2}$，

所以 $\left\{\frac{1}{a_n}\right\}$ 是首项为 $\frac{1}{a_1}=3$，公差为 $\frac{1}{2}$ 的等差数列.

(2) 由(1) 知 $\frac{1}{a_n}=3+(n-1)\times\frac{1}{2}=\frac{n+5}{2}$，所以 $a_n=\frac{2}{n+5}$，所以 $a_{95}=\frac{2}{95+5}=\frac{1}{50}$.

例 2 . 已知数列 $\{a_n\}$ 满足 $a_1=1$，$na_{n+1}=2(n+1)a_n$. 设 $b_n=\frac{a_n}{n}$.

(1) 证明：数列 $\{b_n\}$ 为等比数列；

(2) 求 $\{a_n\}$ 的通项公式.

【解析】(1) $na_{n+1}=2(n+1)a_n$，$b_n=\frac{a_n}{n}$，由条件可得 $\frac{a_{n+1}}{n+1}=\frac{2a_n}{n}$，即 $b_{n+1}=2b_n$，又 $b_1=a_1=1$，所以 $\{b_n\}$ 是首项为 1，公比为 2 的等比数列.

(2) 由(1) 可得 $b_n=2^{n-1}$，$\frac{a_n}{n}=2^{n-1}$，所以 $a_n=n\cdot 2^{n-1}$.

题型一：裂项相消法

已知数列 $\{a_n\}$ ，其前 n 项和记为 S_n ，满足 $a_2+a_4=10$， $a_n+2=S_{n+1}-S_n$.

(1) 求数列 $\{a_n\}$ 的通项公式；

(2) 设 $b_n=\frac{1}{a_n\cdot a_{n+1}}$，求数列 $\{b_n\}$ 的前 n 项和 T_n.

【解析】(1) 因为 $S_{n+1}-S_n=a_{n+1}=a_n+2$，所以 $a_{n+1}-a_n=2$，即 $\{a_n\}$ 是等差数列，且公差 $d=2$， 又 $a_2+a_4=2a_1+4d=10$，$a_1=1$，所以 $a_n=1+2(n-1)=2n-1$，即 $a_n=2n-1$.

(2) 因为 $b_n=\frac{1}{(2n-1)(2n+1)}=\frac{1}{2}(\frac{1}{2n-1}-\frac{1}{2n+1})$，

所以 $T_n=\frac{1}{2}(1-\frac{1}{3}+\frac{1}{3}-\frac{1}{5}+\cdots+\frac{1}{2n-1}-\frac{1}{2n+1})$

$=\frac{1}{2}(1-\frac{1}{2n+1})=\frac{n}{2n+1}$，

即 $T_n=\frac{n}{2n+1}$.

题型二：错位相减法

已知数列$\{a_n\}$的前 n 项和为 S_n，且满足 $S_n=3-2a_n$.

(1) 求证：$\{a_n\}$是等比数列；

(2) 求数列$\{na_n\}$的前 n 项和 T_n.

【解析】(1) 证明：数列$\{a_n\}$的前n 项和为S_n，且满足 $S_n=3-2a_n$①，当 $n=1$ 时，整理得 $a_1=1$,，当 $n\geqslant 2$ 时，$S_{n-1}=3-2a_{n-1}$②，①－② 得 $a_n=-2a_n+2a_{n-1}$，整理得$\frac{a_n}{a_{n-1}}=\frac{2}{3}$(常数)，故数列$\{a_n\}$是以 1 为首项，$\frac{2}{3}$ 为公比的等比数列；

(2) 由(1) 得 $a_n=\left(\frac{2}{3}\right)^{n-1}$. 所以 $b_n=na_n=n\cdot\left(\frac{2}{3}\right)^{n-1}$，所以 $T_n=1\times\left(\frac{2}{3}\right)^{\circ}+2\times\left(\frac{2}{3}\right)^{1}+\cdots+n\cdot\left(\frac{2}{3}\right)^{n-1}$①，$\frac{2}{3}T_n=1\times\left(\frac{2}{3}\right)^{1}+2\times\left(\frac{2}{3}\right)^{2}+\cdots+n\cdot\left(\frac{2}{3}\right)^{n}$②，①－② 得$\frac{1}{3}T_n=\left[1+\frac{2}{3}+\cdots+\left(\frac{2}{3}\right)^{n-1}\right]-n\cdot\left(\frac{2}{3}\right)^{n}$，所以$\frac{1}{3}T_n=\frac{1-\left(\frac{2}{3}\right)^{n}}{1-\frac{2}{3}}-n\cdot\left(\frac{2}{3}\right)^{n}$，整理得 $T_n=9-(9+3n)\cdot\left(\frac{2}{3}\right)^{n}$. 故 $T_n=9-(9+3n)\cdot\left(\frac{2}{3}\right)^{n}$.

题型三：分组求和法

求和：$S_n=-1+3-5+7-\cdots+(-1)^n(2n-1)$.

【解析】由题意知 $S_n=-1+3-5+7-\cdots+(-1)^n(2n-1)$，当 n 为偶数时，

可得 $S_n=(-1+3)+(-5+7)-\cdots+[(-2n+3)+(2n-1)]=\frac{n}{2}\times 2=n$；当$n$为奇数时，$n-1$为偶数，可得 $S_n=S_{n-1}+(-1)^n(2n-1)=(-1+3)+(-5+7)-\cdots+[(-2n+5)+(2n-3)]-(-1)\times(2n-1)=\frac{n-1}{2}\times 2-(2n-1)=-n$. 综上可得 $S_n=(-1)^n\cdot n$.

题型四：倒序相加法

设函数 $f(x)=\frac{2}{2^x+1}$，利用推导等差数列前 n 项和的方法，求得 $f(-5)+f(-4)+\cdots+f(0)+\cdots+f(4)+f(5)$ 的值为(　　).

A. 9　　　B. 11　　　C. $\frac{9}{2}$　　　D. $\frac{11}{2}$

【答案】B

【解析】$\because f(x)=\dfrac{2}{2^x+1}$，$\therefore f(x)+f(-x)=\dfrac{2}{2^x+1}+\dfrac{2}{2^{-x}+1}=\dfrac{2}{2^x+1}+\dfrac{2\cdot 2^x}{2^x(2^{-x}+1)}=\dfrac{2}{2^x+1}+\dfrac{2\cdot 2^x}{1+2^x}=\dfrac{2(1+2^x)}{2^x+1}=2$，设 $S=f(-5)+f(-4)+\cdots+f(0)+\cdots+f(4)+f(5)$，则 $S=f(5)+f(4)+\cdots+f(0)+\cdots+f(-4)+f(-5)$，两式相加得 $2S=11\times[f(5)+f(-5)]=11\times 2=22$，因此，$S=11$. 故选 B.

题型五：累加法

在数列 $\{a_n\}$ 中，$a_1=2$，$\dfrac{a_{n+1}}{n+1}=\dfrac{a_n}{n}+\ln\left(1+\dfrac{1}{n}\right)$，则 $a_n=$（　　）.

A. a_8　　　B. $2+(n-1)\ln n$　　　C. $1+n+\ln n$　　　D. $2n+n\ln n$

【答案】D

【解析】由题意得 $\dfrac{a_{n+1}}{n+1}=\dfrac{a_n}{n}+\ln\dfrac{n+1}{n}$，则 $\dfrac{a_n}{n}=\dfrac{a_{n-1}}{n-1}+\ln\dfrac{n}{n-1}$，$\dfrac{a_{n-1}}{n-1}=\dfrac{a_{n-2}}{n-2}+\ln\dfrac{n-1}{n-2}\cdots$，$\dfrac{a_2}{2}=\dfrac{a_1}{1}+\ln\dfrac{2}{1}$，由累加法得 $\dfrac{a_n}{n}=\dfrac{a_1}{1}+\ln\dfrac{n}{n-1}+\ln\dfrac{n-1}{n-2}\cdots+\ln\dfrac{2}{1}$，即 $\dfrac{a_n}{n}=a_1+\ln\left(\dfrac{n}{n-1}\cdot\dfrac{n-1}{n-2}\cdot\cdots\cdot\dfrac{2}{1}\right)$，则 $\dfrac{a_n}{n}=2+\ln n$，所以 $a_n=2n+n\ln n$，故选 D.

题型六：叠乘法

已知在数列 $\{a_n\}$ 中，$a_1=1$，$na_{n+1}=(n+1)a_n$，则数列 $\{a_n\}$ 的通项公式是________.

【答案】$a_n=n$

【解析】由 $na_{n+1}=(n+1)a_n$，可得 $\dfrac{a_{n+1}}{a_n}=\dfrac{n+1}{n}$，又 $a_1=1$，所以 $a_n=\dfrac{a_2}{a_1}\cdot\dfrac{a_3}{a_2}\cdots\dfrac{a_n}{a_{n-1}}\cdot a_1=\dfrac{2}{1}\times\dfrac{3}{2}\times\cdots\times\dfrac{n}{n-1}\times 1=n$，所以 $a_n=n$. 故答案为 $a_n=n$.

题型七：构造法

在数列 $\{a_n\}$ 中，$a_1=1$，$a_{n+1}=\dfrac{2a_n}{2+a_n}$，$n\in \mathbf{N}_+$，则 $a_n=$（　　）.

A. $a_n=\dfrac{2}{n+1}$　　　B. $a_n=\dfrac{2n}{n+1}$　　　C. $a_n=\dfrac{n+1}{2n}$　　　D. $a_n=\dfrac{n+2}{2n+1}$

【答案】A

【解析】在数列 $\{a_n\}$ 中，$a_1=1$，

由 $a_{n+1}=\dfrac{2a_n}{2+a_n}$，可得 $\dfrac{1}{a_{n+1}}=\dfrac{2+a_n}{2a_n}=\dfrac{1}{a_n}+\dfrac{1}{2}$，所以 $\left\{\dfrac{1}{a_n}\right\}$ 为以 $\dfrac{1}{a_1}=1$ 为首项，公差为 $\dfrac{1}{2}$ 的等差数列，

所以 $\dfrac{1}{a_n}=1+(n-1)\cdot\dfrac{1}{2}=\dfrac{n+1}{2}$，所以 $a_n=\dfrac{2}{n+1}$，故选 A.

题型八：公式法

已知数列 $\{a_n\}$ 的前 n 项和为 S_n，且 $S_n+2a_n=n$，则 $a_n=$____________.

【答案】$1-\left(\frac{2}{3}\right)^n$

【解析】当 $n=1$ 时，$a_1+2a_1=1$，$a_1=\frac{1}{3}$；当 $n\geqslant 2$ 时，$S_n+2a_n=n$，$S_{n-1}+2a_{n-1}=n-1$. 两式相减得 $3a_n-2a_{n-1}=1$，$a_n=\frac{2}{3}a_{n-1}+\frac{1}{3}$，$a_n-1=\frac{2}{3}(a_{n-1}-1)$，所以数列 $\{a_n-1\}$ 是首项为 $a_1-1=-\frac{2}{3}$，公比为 $\frac{2}{3}$ 的等比数列，则 $a_n-1=-\left(\frac{2}{3}\right)^n$，所以 $a_n=1-\left(\frac{2}{3}\right)^n$. 故答案为 $1-\left(\frac{2}{3}\right)^n$.

第7章　平面向量

知识框架

平面向量的线性运算及基本定理
基本概念
向量
定义
向量的大小叫作向量的长度（或称模）
既有大小又有方向的量叫作向量
表示
用黑体的单个小写字母a、b、c…来表示向量
以A为起点、B为终点的向量记作$\overrightarrow{AB}$
零向量 —— 长度为0的向量，其方向是任意的
单位向量 —— 长度等于1个单位长度的向量
相反向量 —— 长度相等且方向相反的向量
平行向量
方向相同或相反的非零向量，又叫共线向量；
规定：0与任意向量共线
相等向量 —— 长度相等且方向相同的向量

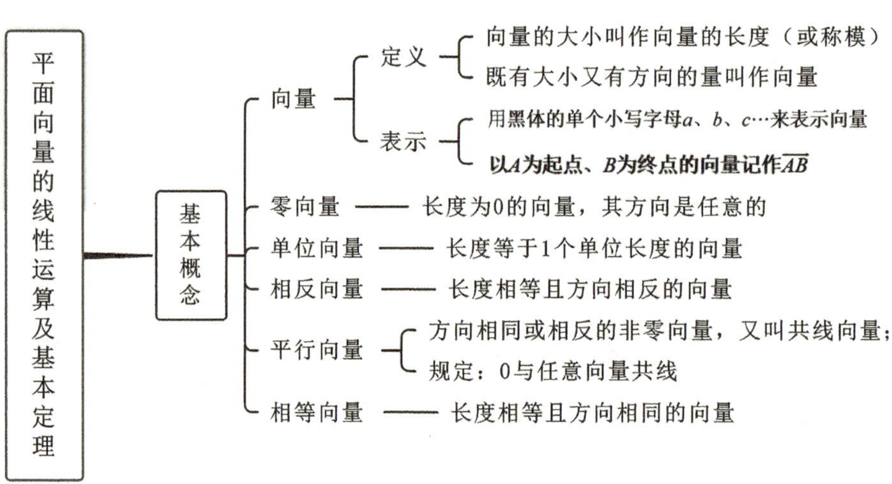

平面向量的线性运算及基本定理

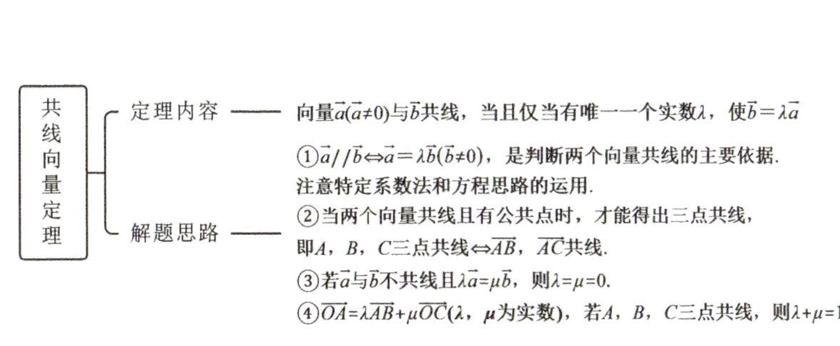

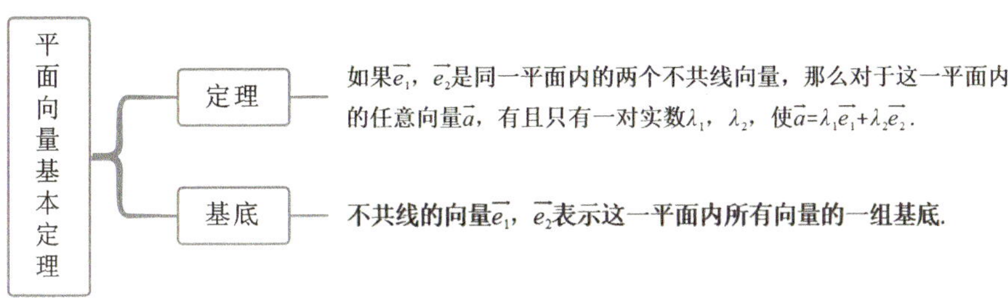

考点1　向量的概念及几何运算

【知识点】

1. 向量的有关概念

(1) 向量：既有大小又有方向的量叫作向量，向量的大小叫作向量的模.

(2) 零向量：长度为0的向量，其方向是任意的.

(3) 单位向量：长度等于1个单位长度的向量.

(4) 平行向量：方向相同或相反的非零向量，又叫作共线向量；规定：0与任意向量共线；向量$\vec{a}$、$\vec{b}$、$\vec{c}$平行，记作$\vec{a}//\vec{b}//\vec{c}$.

(5) 相等向量：长度相等且方向相同的向量.

(6) 相反向量：长度相等且方向相反的向量.

2. 向量的线性运算

向量运算	法则(或几何意义)	运算律
加法	三角形法则 平行四边形法则	交换律: $\vec{a}+\vec{b}=\vec{b}+\vec{a}$ 结合律: $(\vec{a}+\vec{b})+\vec{c}=\vec{a}+(\vec{b}+\vec{c})$
减法	几何意义	$\vec{a}-\vec{b}=\vec{a}+(-\vec{b})$
数乘	$\lvert\lambda\vec{a}\rvert=\lvert\lambda\rvert\lvert\vec{a}\rvert$ 当 $\lambda>0$ 时,$\lambda\vec{a}$ 的方向与 $\vec{a}$ 的方向相同; 当 $\lambda<0$ 时,$\lambda\vec{a}$ 的方向与 $\vec{a}$ 的方向相反; 当 $\lambda=0$ 时,$\lambda\vec{a}=0$	$\lambda(\mu\vec{a})=(\lambda\mu)\vec{a}$ $(\lambda+\mu)\vec{a}=\lambda\vec{a}+\mu\vec{a}$ $\lambda(\vec{a}+\vec{b})=\lambda\vec{a}+\lambda\vec{b}$

3. 向量共线定理

向量 $\vec{a}(\vec{a}\neq0)$ 与 $\vec{b}$ 共线的充要条件是:存在唯一一个实数 λ,使 $\vec{b}=\lambda\vec{a}$.

(1) 向量共线定理中规定向量 $\vec{a}\neq\vec{0}$,因为如果 $\vec{a}=\vec{0}$,

当 $\vec{b}=\vec{0}$ 时,$\vec{0}=\lambda\vec{0}$,λ 可以是任意实数;

当 $\vec{b}\neq\vec{0}$ 时,$b=\lambda\vec{0}$,λ 值不存在.

(2) 当向量 $\vec{a}$,$\vec{b}$ 同向时,$\lambda>0$;当向量 $\vec{a}$,$\vec{b}$ 反向时,$\lambda<0$.

4. 平面向量数量积(内积) 的定义

$\vec{a}\cdot\vec{b}=|\vec{a}||\vec{b}|\cos\theta$

5. 向量的数量积的性质

$\vec{a}\cdot\vec{a}=|\vec{a}|^2$ 或 $|\vec{a}|=\sqrt{\vec{a}^2}$

$\vec{a}\perp\vec{b}\Leftrightarrow\vec{a}\cdot\vec{b}=0$

$$\cos\theta=\frac{\vec{a}\cdot\vec{b}}{|\vec{a}||\vec{b}|}$$

【例题讲解】

例 1. 已知 $|\vec{a}|=3$,$|\vec{b}|=6$,当(1)$\vec{a}//\vec{b}$,(2)$\vec{a}\perp\vec{b}$,(3)$\vec{a}$ 与 $\vec{b}$ 的夹角是60° 时,分别求 $\vec{a}\cdot\vec{b}$.

【解析】

(1) 当 $\vec{a}//\vec{b}$ 时，$\vec{a}$ 与 $\vec{b}$ 的夹角是 $0°$ 或 $180°$，则 $\cos0°=1$ 或 $\cos180°=-1$，故 $\vec{a}\cdot\vec{b}=|\vec{a}||\vec{b}|\cos0°=18$ 或 $\vec{a}\cdot\vec{b}=|\vec{a}||\vec{b}|\cos180°=-18$；

(2) 当 $\vec{a}\perp\vec{b}$ 时，$\vec{a}\cdot\vec{b}=0$

(3) 当 $\vec{a}$ 与 $\vec{b}$ 的夹角是 $60°$ 时，$\vec{a}\cdot\vec{b}=|\vec{a}||\vec{b}|\cos60°=9$.

例 2. 已知 $|\vec{a}|=4$，$|\vec{b}|=6$，$\vec{a}$ 与 $\vec{b}$ 的夹角是 $60°$，求 $|\vec{a}+\vec{b}|^2$，$|\vec{a}+\vec{b}|$ 和 $|\vec{a}-\vec{b}|$ 的值.

【解析】

(1) $|\vec{a}+\vec{b}|^2=|\vec{a}|^2+2\vec{a}\cdot\vec{b}+|\vec{b}|^2=|\vec{a}|^2+2|\vec{a}||\vec{b}|\cos60°+|\vec{b}|^2=37$；

(2) 由(1) 可知：$|\vec{a}+\vec{b}|=\sqrt{37}$

$|\vec{a}-\vec{b}|=\sqrt{|\vec{a}-\vec{b}|^2}=\sqrt{|\vec{a}|^2-2\vec{a}\cdot\vec{b}+|\vec{b}|^2}=\sqrt{13}$.

【强化训练】

一、选择题

1. 已知向量 $\vec{a}=(2,0)$，$\vec{b}=(1,1)$，则下列命题正确的是(　　).

A. $|\vec{a}|=|\vec{b}|$　　B. $4\vec{a}-3\vec{b}=(-1,5)$

C. $\vec{a}$，$\vec{b}$ 可以作为平面向量的一个基底　　D. $(\vec{a}-\vec{b})//\vec{b}$

2. 设 $\vec{a}=(-1,2)$，$\vec{b}=(4,k)$，若 $\vec{a}\perp\vec{b}$，则 $|\vec{a}+\vec{b}|=$(　　).

A. 5　　B. $2\sqrt{5}$　　C. 20　　D. 25

3. 已知向量 $\vec{a}=(1,2)$，$\vec{b}=(-1,1)$，$\vec{c}=(m,2)$，且 $(\vec{a}-2\vec{b})\perp\vec{c}$，则实数 $m=$(　　).

A. -1　　B. 0　　C. 1　　D. 任意实数

4. 若向量 $\vec{a}=(2,-1)$ 与向量 $\vec{b}=(1,3)$ 的夹角为 θ，则 $\cos\theta=$(　　).

A. $\frac{\sqrt{2}}{10}$　　B. $-\frac{\sqrt{2}}{10}$　　C. $\frac{\sqrt{2}}{2}$　　D. $-\frac{\sqrt{2}}{2}$

5. 已知向量 $\vec{a}$，$\vec{b}$ 的夹角为 $\frac{\pi}{4}$，且 $|\vec{a}|=3\sqrt{2}$，$|\vec{b}|=2$，则 $|\vec{a}-\vec{b}|=$(　　).

A. 10　　B. $\sqrt{10}$　　C. 14　　D. $\sqrt{14}$

6. 若向量 $\overrightarrow{AM}=(-7,1)$，$\overrightarrow{MN}=(1,3)$，则 $\overrightarrow{AM}\cdot\overrightarrow{AN}=$(　　).

A. -4　　B. -38　　C. 40　　D. 46

7. 平面向量$|\vec{a}|=1$，$|\vec{b}|=2\sqrt{2}$，$(2\vec{a}+\vec{b})\perp\vec{a}$，则$\vec{a}$与$\vec{b}$的夹角是(　　).

A. $\frac{\pi}{4}$　　B. $\frac{\pi}{3}$　　C. $\frac{2\pi}{3}$　　D. $\frac{3\pi}{4}$

8. 已知平面非零向量$\vec{a}$，$\vec{b}$满足$\vec{a}\cdot\vec{b}=|2\vec{a}+\vec{b}|$，则$|\vec{a}|\cdot|\vec{b}|$的最小值为(　　).

A. 2　　B. 4　　C. 8　　D. 16

二、填空题

9. 已知向量$\vec{a}=(-1,1)$，$\vec{b}=(-2,4)$，若$\vec{a}\parallel\vec{c}$，$\vec{a}\perp(\vec{b}+\vec{c})$，则$|\vec{c}|=$______.

10. 已知$\vec{a}+\vec{b}=(-2,1)$，$\vec{a}\cdot\vec{b}=\frac{1}{2}$，则$|\vec{a}-\vec{b}|=$______.

考点2　平面向量直角坐标运算

知识框架

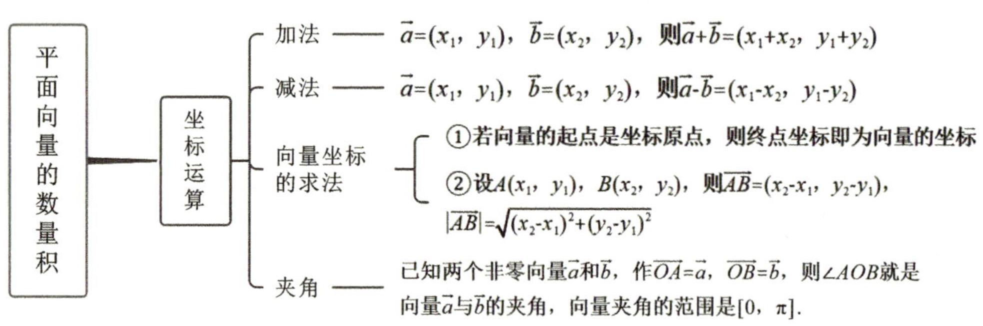

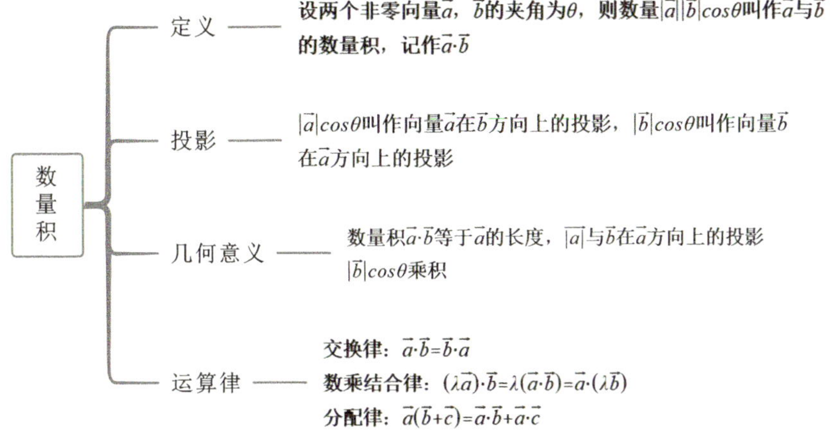

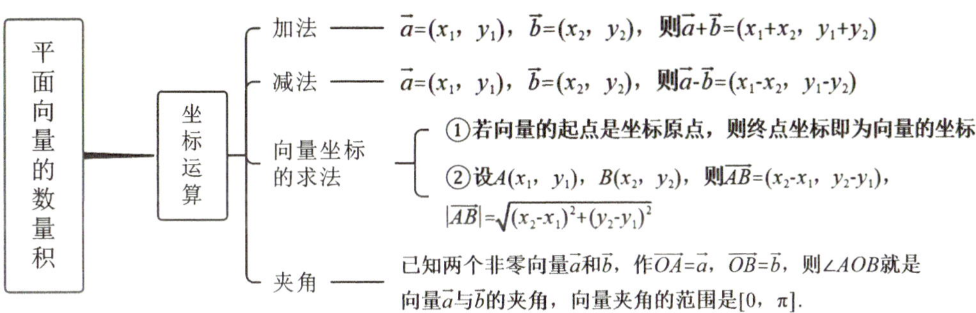

【知识点】

1. 平面向量基本定理

条件	$\vec{e}_1$，$\vec{e}_2$ 是同一平面内的两个不共线向量
结论	对于这一平面内的任一向量 $\vec{a}$，有且只有一对实数 λ_1，λ_2，使 $a=\lambda_1\vec{e}_1+\lambda_2\vec{e}_2$
基底	若$\vec{e}_1$，$\vec{e}_2$ 不共线，把$\{\vec{e}_1, \vec{e}_2\}$ 叫作表示这一平面内所有向量的一个基底

2. 平面向量的坐标运算

设 $\vec{a}=(x_1, y_1)$，$\vec{b}=(x_2, y_2)$，则：

(1) 加法：$\vec{a}+\vec{b}=(x_1+x_2, y_1+y_2)$；

(2) 减法：$\vec{a}-\vec{b}=(x_1-x_2, y_1-y_2)$；

(3) 数乘：$\lambda\vec{a}=(\lambda x_1, \lambda y_1)$.

3. 平面向量数量积的坐标表示

(1) 数量积：$\vec{a}\cdot\vec{b}=x_1x_2+y_1y_2$；

(2) 设 $\vec{a}=(x_1, y_1)$，则 $|\vec{a}|^2=x_1{}^2+y_1{}^2$，$|\vec{a}|=\sqrt{x^2+y^2}$；

(3) 设 $A(x_1, y_1)$，$B(x_2, y_2)$，则 $\vec{A}-\vec{B}=(x_2-x_1, y_2-y_1)$，$|AB|=\sqrt{(x_2-x_1)^2+(y_2-y_1)^2}$；

(4)θ 是 $\vec{a}$ 与 $\vec{b}$ 的夹角，则 $\cos\theta=\dfrac{x_1x_2+y_1y_2}{\sqrt{x_1{}^2+y_1{}^2}\sqrt{x_2{}^2+y_2{}^2}}=\dfrac{\vec{a}\cdot\vec{b}}{|\vec{a}|\cdot|\vec{b}|}$；

(5) 已知 P 为线段 AB 的中点，若 $A(x_1, y_1)$，$B(x_2, y_2)$，则 P 点坐标为 $(\dfrac{x_1+x_2}{2}, \dfrac{y_1+y_2}{2})$；

(6) 已知 $\triangle ABC$ 的顶点 $A(x_1, y_1)$，$B(x_2, y_2)$，$C(x_3, y_3)$，则 $\triangle ABC$ 的重心 G 的坐标为 $(\dfrac{x_1+x_2+x_3}{3}, \dfrac{y_1+y_2+y_3}{3})$.

4. 两个向量平行(共线) 的条件

$\vec{a}\ /\!/\ \vec{b}\,(b\neq 0)\Leftrightarrow x_1y_2-x_2y_1=0$.

5. 两个向量垂直的条件

$\vec{a}\perp\vec{b}\Leftrightarrow x_1x_2+y_1y_2=0$.

【例题讲解】

例 1. 若 $M(3, 2)$，$N(-5, -1)$，且 $\overrightarrow{MP}=\dfrac{1}{2}\overrightarrow{MN}$，求 P 点的坐标.

【解析】设 $P(x, y)$，则 $(x-3, y+2)=\dfrac{1}{2}(-8, 1)=\left(-4, \dfrac{1}{2}\right)$，

由 $\begin{cases}x-3=-4\\ y+2=\dfrac{1}{2}\end{cases}$ 得到 $\begin{cases}x=-1\\ y=-\dfrac{3}{2}\end{cases}$，所以 $P\left(-1, -\dfrac{3}{2}\right)$.

例 2. 若向量 $\vec{a}=(-1, x)$ 与 $\vec{b}=(-x, 2)$ 共线且方向相同，求 x.

【解析】因为 $\vec{a}=(-1, x)$ 与 $\vec{b}=(-x, 2)$ 共线，得到 $(-1)\times 2-x\cdot(-x)=0\Rightarrow x=\pm\sqrt{2}$，又因为 $\vec{a}$ 与 $\vec{b}$ 方向相同，所以 $x=\sqrt{2}$.

例 3. 设向量 $\vec{a}$，$\vec{b}$ 不平行，向量 $\lambda\vec{a}+\vec{b}$ 与 $\vec{a}+2\vec{b}$ 平行，求实数 λ 的值.

【解析】因为向量 $\lambda\vec{a}+\vec{b}$ 与 $\vec{a}+2\vec{b}$ 平行，所以 $\lambda\vec{a}+\vec{b}=k(\vec{a}+2\vec{b})$，则 $\begin{cases}\lambda=k\\ 1=2k\end{cases}$，所以 $\lambda=\dfrac{1}{2}$.

【强化训练】

一、选择题

1. 已知向量$\vec{a}=(1,2)$，$\vec{b}=(3,4)$，$\vec{c}=(5,m)$（$m\in\mathbf{R}$），则$(2\vec{a}-\vec{b})\cdot\vec{c}=$(　　).

A. 5　　B. -5　　C. $5m$　　D. $-5m$

2. 平面向量$\vec{a}=(m,2)$，$\vec{b}=(m,m-4)$，若$|\vec{a}|\neq|\vec{b}|$，且$\vec{a}\perp\vec{b}$，则$m=$(　　).

A. 2　　B. -2　　C. 4　　D. -4

3. 已知向量$\vec{a}=(1,2)$，$\vec{b}=(3,x)$，$\vec{a}$与$\vec{a}+\vec{b}$共线，则$|\vec{a}-\vec{b}|=$(　　).

A. 6　　B. 20　　C. $2\sqrt{5}$　　D. 5

4. 已知直角梯形$ABCD$，$\angle A=90°$，$AB//CD$，$AD=DC=\frac{1}{2}AB=1$，P是BC边上的一点，则$\overrightarrow{AP}\cdot\overrightarrow{PC}$的取值范围为(　　).

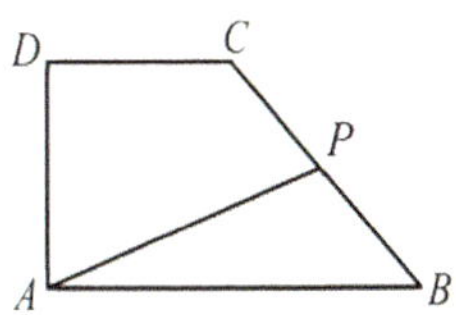

A. $[-1,1]$　　B. $[0,2]$　　C. $[-2,2]$　　D. $[-2,0]$

5. 已知向量$\vec{a}=(1,n)$，$\vec{b}=(-1,n)$，且$\vec{a}\perp\vec{b}$，则$|\vec{a}|=$(　　).

A. 1　　B. $\frac{\sqrt{6}}{2}$　　C. $\sqrt{2}$　　D. 4

6. 已知向量$\vec{a}$，$\vec{b}$满足$|\vec{a}|=1$，$|\vec{b}|=2$，$\vec{a}+\vec{b}=(2\sqrt{2},1)$，则$|3\vec{a}+\vec{b}|=$(　　).

A. $2\sqrt{2}$　　B. $\sqrt{15}$　　C. $3\sqrt{2}$　　D. 5

7. 已知$\vec{a}$，$\vec{b}$是单位向量，且$\vec{a}+\vec{b}=\left(\frac{1}{2},\frac{\sqrt{3}}{2}\right)$，则向量$\vec{a}$与$\vec{b}-\vec{a}$的夹角为(　　).

A. $\frac{\pi}{6}$　　B. $\frac{\pi}{3}$　　C. $\frac{2\pi}{3}$　　D. $\frac{5\pi}{6}$

二、填空题

8. 已知单位向量$\vec{a}$，$\vec{b}$满足$(2\vec{a}+\vec{b})(\vec{a}-\vec{b})=\frac{1}{2}$，则$\vec{a}\cdot\vec{b}=$__________.

9. 已知单位向量$\vec{a}$，$\vec{b}$满足$|2\vec{a}-\vec{b}|=2|\vec{b}|$，则$\vec{a}\cdot\vec{b}=$__________.

10. 已知向量$\vec{a}=(-1,-2)$，$\vec{b}=(m,2)$，若$|\vec{a}+2\vec{b}|=|\vec{a}-2\vec{b}|$，则$|\vec{b}|=$__________.

11. 设$\vec{a}=(-2, 4)$，$\vec{b}=(-3, 7)$，则$\vec{a}\cdot\vec{b}=$__________.

三、解答题

12. 已知平面向量$\vec{a}=(3, 4)$，$\vec{b}=(9, x)$，$\vec{c}=(4, y)$，且$\vec{a}/\!/\vec{b}$，$\vec{a}\perp\vec{c}$.

(1) 求向量$\vec{b}$与向量$\vec{c}$的坐标；

(2) 若向量$\vec{m}=2\vec{a}-\vec{b}$，$\vec{n}=\vec{a}+\vec{c}$，求向量$\vec{m}$与向量$\vec{n}$的夹角.

第8章 平面解析几何

【知识框架】

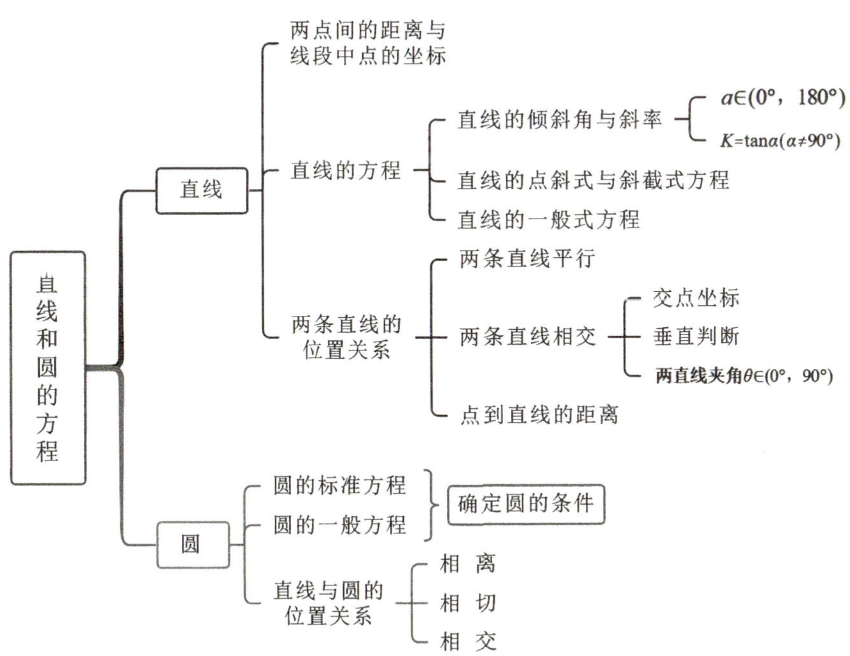

考点1　两点间的距离与线段中点的坐标

【知识点】

1. 两点间的距离公式

平面上任意两点 $P_1(x_1, y_1)$，$P_2(x_2, y_2)$ 的距离：从 P_1，P_2 两点出发分别向 x 轴、y 轴作垂线，垂足分别是 M_1，M_2，N_1，N_2，再过 P_1 作 P_2M_2 的垂线，垂足为 Q，在直角三角形 P_1QP_2 中，根据勾股定理，有

$$\begin{aligned}|P_1P_2| &= \sqrt{|P_1Q|^2+|QP_2|^2}\\ &= \sqrt{|M_1M_2|^2+|N_1N_2|^2}\\ &= \sqrt{(x_2-x_1)^2+(y_2-y_1)^2}\end{aligned}$$

由此得到 $P_1(x_1, y_1)$，两点间的距离公式

$$|P_1P_2| = \sqrt{(x_2-x_1)^2+(y_2-y_1)^2}$$

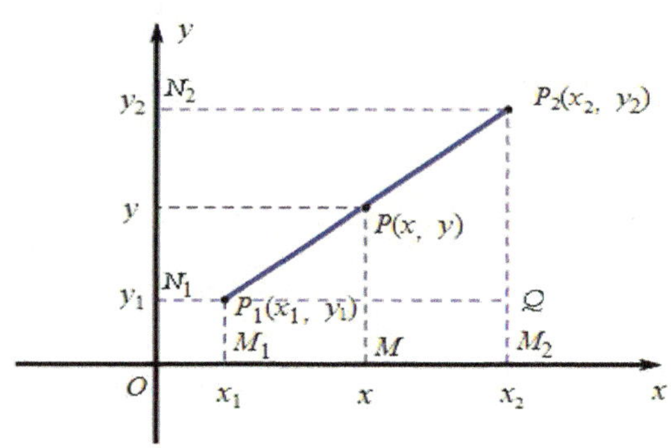

2. 线段中点的坐标

设点 $P_1(x_1, y_1)$，$P_2(x_2, y_2)$ 为平面内任意两点，则 P_1P_2 中的点 P_0 的坐标为 $\left(\dfrac{x_1+x_2}{2}, \dfrac{y_1+y_2}{2}\right)$.

【例题讲解】

例1. 已知点 $A(-3, 1)$，$B(2, 4)$，求 A，B 两点间的距离及线段 AB 的中点 M 的坐标.

【解析】A，B 两点间的距离为 $|AB| = \sqrt{[2-(-3)]^2+(4-1)^2} = \sqrt{34}$.

设点 M 的坐标为(x, y)，由点 $A(-3, 1)$，$B(2, 4)$，得 $x=\frac{-3+2}{2}=-\frac{1}{2}$，$y=\frac{1+4}{2}=\frac{5}{2}$；故线段 AB 的中点 M 的坐标为$(-\frac{1}{2}, \frac{5}{2})$.

【点评】本例考查两点间的距离公式和线段中点的坐标公式.

例 2. 若 P 是 y 轴上的一点，且它与点 $Q(1, 2)$ 间的距离为$\sqrt{10}$，求点 P 的坐标.

【解析】设点 P 的坐标为$(0, y)$，则有 $|PQ|=\sqrt{(1-0)^2+(2-y)^2}=\sqrt{10}$. 解得 $y=-1$ 或 $y=5$. 故点 P 的坐标为$(0, -1)$ 或$(0, 5)$.

【点评】本例考查两点间的距离公式. 注意 y 轴上的点的坐标的特点是横坐标为 0 .

例 3. 已知点 $M(2, -5)$，$N(5, -6)$，求 点 M 关于点 N 对称的点的坐标.

【解析】设点 M 关于点 N 对称的点为 $P(x, y)$. 由点 $N(5, -6)$ 是线段 MP 的中点，可得：$\frac{2+x}{2}=5$，$\frac{-5+y}{2}=-6$. 解得 $x=8$，$y=-7$. 故点 M 关于点 N 对称的点的坐标为 $(8, -7)$.

【点评】本例的关键是弄清点 N 是线段 MP 的中点.

例 4. 已知$\triangle ABC$ 的顶点分别为 $A(-1, -1)$，$B(3, 2)$，$C(1, 4)$，求 BC 边上的中线 AD 的长度.

【解析】设 BC 边的中点 D 的坐标为(x, y)，

由点 $B(3, 2)$，$C(1, 4)$，得 $x=\frac{3+1}{4}=2$，$y=\frac{2+4}{2}=3$. 即 $D(2, 3)$.

故 $|AD|=\sqrt{(-1-2)^2+(-1-3)^2}=5$，即 BC 边上的中线 AD 的长度为 5 .

【点评】本例考查线段中点的坐标公式及两点间的距离公式. 由 BC 边上的中线 AD 可得 D 为 BC 边的中点.

【强化训练】

一、选择题

1. 已知 $A(2, 3)$，$B(4, -1)$，则线段 AB 的中点 M 的坐标为(　　).

A. $(2, -4)$　　B. $(-2, 4)$　　C. $(3, 1)$　　D. $(6, 2)$

2. 两 点 $P_1(1, 4)$，$P_2(-2, 6)$ 之间的距离为(　　).

A. 6　　B. $\sqrt{13}$　　C. 13　　D. 8

3. 已知两点 $A(0, 6)$，$B(a, -2)$ 之间的距离是 10，则 a 的值是(　　).

A. 6　　B. -6　　C. 8　　D. ± 6

4. 下面三个结论中，正确结论的个数为(　　).

① 已知 $A(4, 3)$，$B(3, -1)$，则线段 AB 的中点的坐标为$(7, 2)$；

② 已知 $A(a, 3)$，$B(3, 4)$ 两点间的距离是 5，则 a 的值为 0；

③ 点 $A(5, 8)$ 关于原点的对称点为$(-5, -8)$.

A. 0 个　　B. 1 个　　C. 2 个　　D. 3 个

5. 已知 $A(-1, 3)$，$B(1, -1)$，则点 A 关于点 B 的对称点为（　　）.

A. $(1, 3)$　　B. $(-1, 3)$　　C. $(3, -5)$　　D. $(2, -4)$

二、填空题

6. 已知点 $A(2, 3)$，$B(5, 7)$，则 $|AB|=$ ______，线段 AB 的中点坐标是 ______.

7. 已知 $A(a, 3)$，$B(3, 3a+3)$ 两点间的距离是 5，则 a 的值为 ________.

8. 已知点 $A(4, 12)$，在 x 轴上的点 P 与点 A 的距离等于 13，则点 P 的坐标为 ________.

三、解答题

9. 已知三角形 ABC 顶点的坐标分别为 $A(-2, -3)$，$B(6, -3)$，$C(6, 0)$，且 D 是 AB 边的中点.

(1) 求点 D 的坐标；

(2) 求 AB 边的中线 CD 的长.

10. 已知 $A(2, y)$，$B(4, 10)$，$C(x, 6)$，且点 A，B 关于点 C 对称，求 x 与 y 的值.

考点 2　直线的方程

【知识点】

1. 直线的倾斜角与斜率

(1) 直线的倾斜角.

以直线 l 和 x 轴的交点为顶点，x 轴的正方向为始边，直线 l 为终边的最小正角或零角，称为直线 l 的倾斜角(见下图).

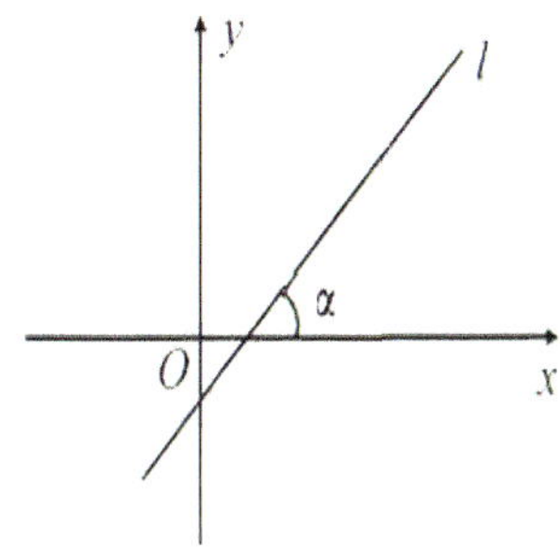

规定，当直线和 x 轴平行或重合时，倾斜角为 0°. 故直线的倾斜角 α 的取值范围是 $0° \leqslant \alpha < 180°$.

(2) 直线的斜率

若 α 为直线 l 的倾斜角，当 $\alpha \neq 90°$ 时，倾斜角 α 的正切值叫作直线 l 的斜率，用小写字母 k 表示，记作 $k = \tan\alpha$.

注意：直线的倾斜角 α 与斜率 k 的关系如下：

① 当 α 为锐角时，$k > 0$；

② 当 α 为钝角时，$k < 0$；

③ 当 $\alpha = 0°$ 时，$k = 0$；

④ 当 $\alpha = 90°$ 时，k 不存在.

(3) 直线斜率的计算公式.

①$k = \dfrac{y_2 - y_1}{x_2 - x_1}(x_1 \neq x_2)$，其中 $M_1(x_1, y_1)$，$M_2(x_2, y_2)$ 为直线上两个不同的点；

②$k = \tan\alpha(\alpha \neq 90°)$，其中，$\alpha$ 是直线的倾斜角.

2. 直线的方程

名称	已知条件	直线的方程	说明
两点式	直线上两点 $P_1(x_1, y_1)$，$P_2(x_2, y_2)$	$\frac{x-x_1}{x_2-x_1}=\frac{y-y_1}{y_2-y_1}$ $(x_1\neq x_2, y_1\neq y_2)$	不能表示平行于 x 轴、y 轴的直线
点斜式	直线上一点 $P_0(x_0, y_0)$ 和直线的斜率 k	$y-y_0=k(x-x_0)$	不能表示垂直于 x 轴的直线
斜截式	直线的斜率 k 和直线在 y 轴上的截距 b	$y=kx+b$	不能表示垂直于 x 轴的直线
截距式	直线在 x 轴上的截距 a 和直线在 y 轴上的截距 b	$\frac{x}{a}+\frac{y}{b}=1(a, b\neq 0)$	不能表示平行于 x 轴、y 轴的直线和经过原点的直线
一般式	$Ax+By+C=0$（A，B 不同时为零）		可表示任何直线

注意：① 垂直于 x 轴的直线的方程：$x=x$； ② 垂直于 y 轴的直线的方程：$y=y$；③ 过原点的直线的方程：$Ax+By=0$.

【例题讲解】

例 1. 已知直线 l 经过点 $A(-2\sqrt{3}, 9)$，$B(6\sqrt{3}, -15)$，求直线 l 的斜率和倾斜角.

【解析】$k=\dfrac{-15-9}{6\sqrt{3}-(-2\sqrt{3})}=-\sqrt{3}$，

即 $\tan\alpha=-\sqrt{3}$. 由于 $0°\leqslant\alpha<180°$，故直线 l 的倾斜角 $\alpha=120°$.

【点评】运用过两个已知点的直线的斜率公式时，要注意两点的横坐标是否相等，若相等，则直线的斜率不存在.

例 2. 已知一条直线经过点 $A(2, -1)$，且它的倾斜角等于直线 $y=\dfrac{\sqrt{3}}{3}x$ 的倾斜角的 4 倍，求这条直线的方程.

【解析】直线 $y=\dfrac{\sqrt{3}}{3}x$ 的斜率为 $k_1=\dfrac{\sqrt{3}}{3}$，其倾斜角为 α_1，则由于 $0\leqslant\alpha_1\leqslant\pi$，故 $\alpha_1=\dfrac{\pi}{6}$，

$\tan\alpha_1=\dfrac{\sqrt{3}}{3}$.

设所求直线的倾斜角为α，斜率为k. 依题意有$\alpha=4\alpha_1=4\times\frac{\pi}{6}=\frac{2\pi}{3}$. $k=\tan\frac{2\pi}{3}=-\sqrt{3}$.

由直线的点斜式方程，得 $y-(-1)=-\sqrt{3}(x-2)$，

故所求直线的方程为 $\sqrt{3}x+y+1-2\sqrt{3}=0$.

【点评】本例考查直线点斜式方程的确定. 需具备两个条件：

① 直线过已知点的坐标；

② 直线的斜率. 解决本例的关键是找出所求直线的倾斜角.

例 3. 已知直线的倾斜角为$\frac{\sqrt{3}}{4}\pi$，且在 y 轴上的截距是 -2，求直线 l 的方程.

【解析】直线 l 的斜率，$k=\tan\frac{\sqrt{3}}{4}\pi=-1$，纵截距 $b=-2$.

由直线的斜截式方程，得 $y=-x-2$，即所求直线 l 的方程为 $x+y+2=0$.

【点评】本例考查直线的斜截式方程的确定.

例 4. 求经过点 $A(4，1)$，且在两坐标轴上的截距之和等于 10 的直线方程.

【解析】经分析，所求直线的斜率k一定存在，且$k\neq0$. 设其直线方程为 $y-1=k(x-4)$.

令 $x=0$，得 $y=1-4k$，即直线的纵截距 $b=1-4k$.

令 $y=0$，得 $x=\frac{4k-1}{k}$，即直线的横截距 $a=\frac{4k-1}{k}$.

由题意知，$a+b=10$，即有$\frac{4k-1}{k}+1-4k=10$，解得 $k=-1$ 或 $k=-4$.

故所求直线的方程为 $x+y-5=0$ 或 $x+4y-8=0$.

【点评】运用点斜式求直线的方程时，应当先考虑所求直线的斜率是否存在，否则会造成解的遗漏.

例 5. 已知直线 l 的斜率为$\frac{1}{6}$，且它与两个坐标轴围成的三角形的面积为 3，求直线 l 的方程.

【解析】设直线 l 的方程为 $y=\frac{1}{6}x+b$，其中 b 为直线 l 的纵截距.

令 $y=0$，得 $x=-6b$，即直线 l 的横截距$a=-6b$，

由三角形面积 $S=\frac{1}{2}\cdot|-6b|\cdot|1b|=3$，得 $b=\pm1$.

故直线 l 的方程为 $x-6y+6=0$ 或 $x-6y-6=0$.

【点评】直线与两坐标轴围成的三角形是直角三角形，其面积 $S=\frac{1}{2}\cdot|a|\cdot|b|$(其中，$a$，$b$ 分别是直线的横截距和纵截距).

【强化训练】

一、选择题

1. 直线 l 的方程为$\sqrt{3}x+3y-4=0$，则它的倾斜角为(　　).

A. $\frac{\pi}{6}$　　B. $\frac{\pi}{3}$　　C. $\frac{2\pi}{3}$　　D. $\frac{5\pi}{6}$

2. 直线 $2x+3y+1=0$ 的纵截距为(　　).

A. $-\frac{1}{3}$　　B. $\frac{1}{3}$　　C. $-\frac{1}{2}$　　D. $\frac{1}{2}$

3. 直线 l 的斜率为直线 $2x-y+4=0$ 的斜率的3倍，且过点(1，－1)，则直线 l 的方程为(　　).

A. $6x+y-5=0$　　B. $2x-y-3=0$

C. $6x-y-7=0$　　D. $6x-y+7=0$

4. 经过点 $A(-1,\ -5)$ 和 $B(2,\ 13)$ 的直线在 x 轴上的截距为(　　).

A. -1　　B. 1　　C. $-\frac{1}{6}$　　D. $\frac{1}{6}$

5. 若直线 l 在 x 轴上的截距为 2，在 y 轴上的截距为 3，则直线 l 的方程为(　　).

A. $6x+5y=0$　　B. $2xy-3=0$

C. $3x+2y-6=0$　　D. $3x+2y+6=0$

6. 下列结论中，正确结论的个数为(　　).

① 直线 $3x+y-6=0$ 与坐标轴围成的三角形的面积为 6；

② 直线 $x+\sqrt{3}y-2=0$ 的倾斜角为$\frac{2\pi}{3}$；

③ 若直线 l 的纵截距为 -2，且经过点 $P(1,\ 3)$，则直线 l 的方程为 $5x-y-2=0$.

A. 0 个　　B. 1 个　　C. 2 个　　D. 3 个

二、填空题

7. 若直线 l 过点 $M(2,\ \sqrt{3})$，$N(5,\ -2\sqrt{3})$，则直线 l 的倾斜角为________.

8. 过点 $A(-2,\ m)$，$B(m,\ 4)$ 的直线的斜率为 3，则实数 m 的值为________.

三、解答题

9. 求过点 $A(-2,\ 3)$，倾斜角的余弦值为$\frac{4}{5}$的直线 l 的方程.

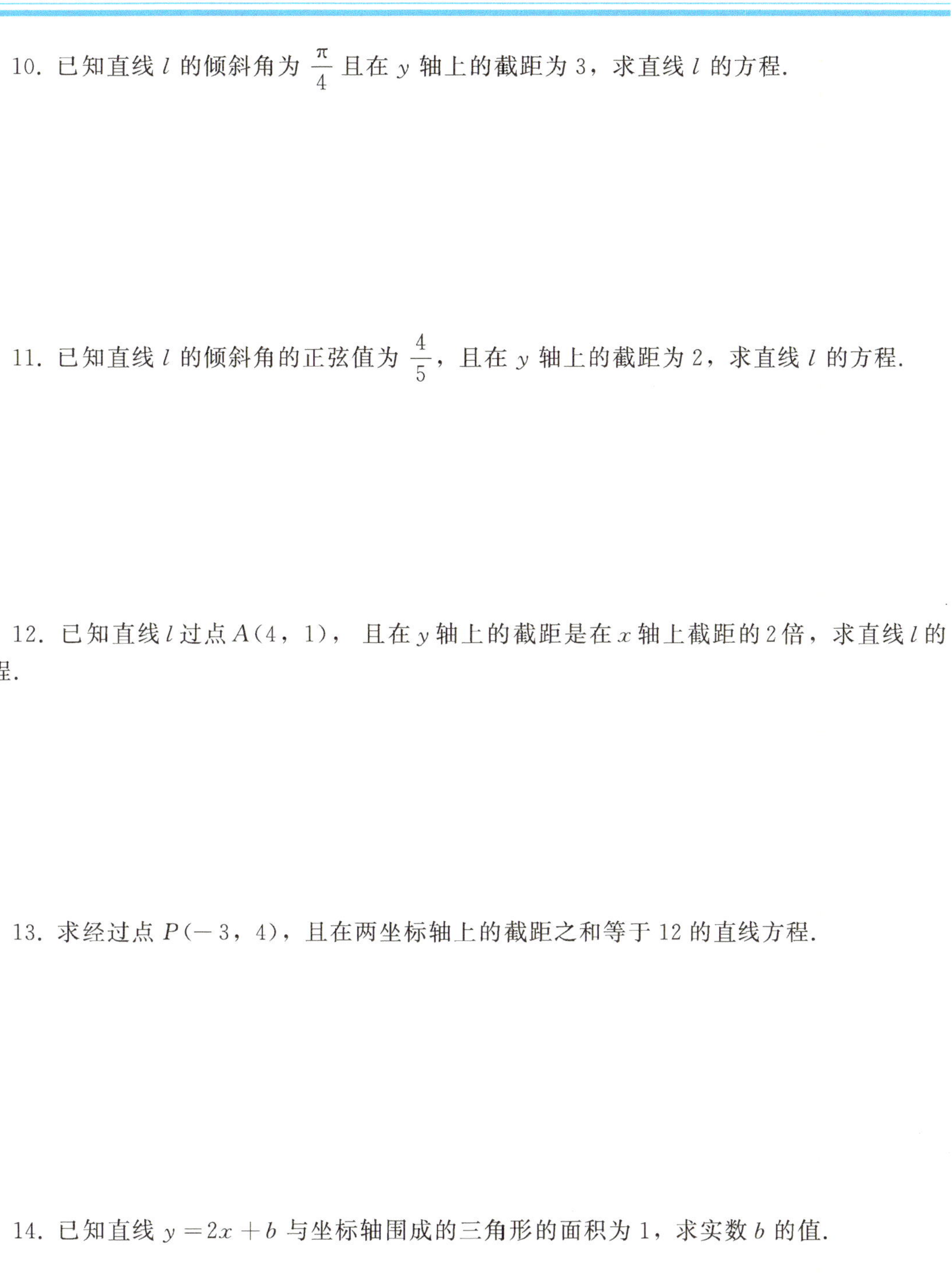

10. 已知直线 l 的倾斜角为 $\frac{\pi}{4}$ 且在 y 轴上的截距为 3，求直线 l 的方程.

11. 已知直线 l 的倾斜角的正弦值为 $\frac{4}{5}$，且在 y 轴上的截距为 2，求直线 l 的方程.

12. 已知直线 l 过点 $A(4, 1)$，且在 y 轴上的截距是在 x 轴上截距的 2 倍，求直线 l 的方程.

13. 求经过点 $P(-3, 4)$，且在两坐标轴上的截距之和等于 12 的直线方程.

14. 已知直线 $y=2x+b$ 与坐标轴围成的三角形的面积为 1，求实数 b 的值.

考点 3　两条直线的位置关系

【知识点】

1. 两条直线的位置关系

(1) 两条直线的位置关系与方程组解的关系见下表(设直线 l_1，l_2 的斜率都存在).

关系	l_1：$y=k_1x+b_1$ l_2：$y=k_2x+b_2$	l_1：$A_1x+B_1y+C_1=0$ l_2：$A_2x+B_2y+C_2=0$	l_1，l_2 组成的方程组
平行	$k_1=k_2$，且 $b_1\neq b_2$	$\frac{A_1}{A_2}=\frac{B_1}{B_2}\neq\frac{C_1}{C_2}$($A_2$，$B_2$，$C_2$ 均不为 0) 即 $A_1B_2-A_2B_1=0$ 且 $B_1C_2-B_2C_1\neq 0$	无解
重合	$k_1=k_2$ 且 $b_1=b_2$	$A_1=A_2$　$B_1=B_2$　$C_1=C_2$	有无穷多解
相交	$k_1\neq k_2$	$\frac{A_1}{A_2}\neq\frac{B_1}{B_2}$　即 $A_1B_2-A_2B_1\neq 0$	有唯一解
垂直	$k_1\cdot k_2=-1$	$A_1A_2+B_1B_2=0$	有唯一解

注意：斜率不存在的直线与斜率为 0 的直线垂直.

(2) 两条直线夹角的定义.

两条直线相交所成的最小正角叫作两条直线的夹角.

当两条直线平行或重合时，两条直线的夹角为零角. 两条直线夹角的取值范围：$\left[0,\frac{\pi}{2}\right]$

2. 点到直线的距离公式与两条平行直线间的距离公式

(1) 点到直线的距离.

设 $P_0(x_0,y_0)$，直线 l：$Ax+By+C=0$，

则点 P_0 到直线 l 的距离 $d=\frac{Ax_0+By_0+C}{\sqrt{A^2+B^2}}$.

(2) 两条平行直线间的距离.

两条平行直线中，一条直线上任意一点到另一条直线的距离为两条平行直线间的距离.

如下图所示，设 l_1：$Ax+By+C_1=0$，l_2：$Ax+By+C_2=0(C_1\neq C_2)$，则 $l_1 /\!/ l_2$，且 l_1 与 l_2 之间的距离 $d=\dfrac{|C_2-C_1|}{\sqrt{A^2+B^2}}$.

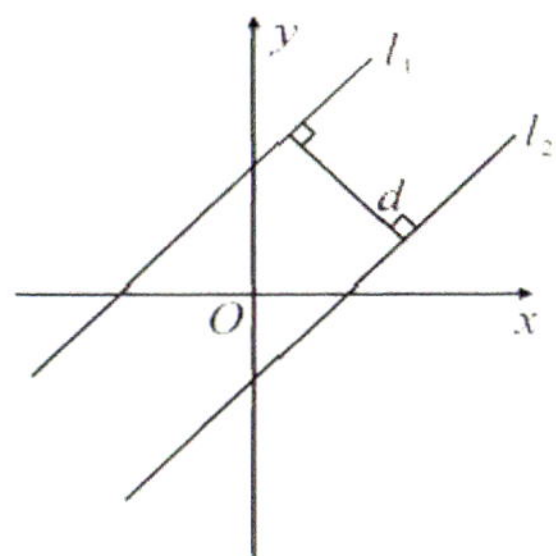

【例题讲解】

例 1. 若直线 l_1：$2x+(m+1)y+4=0$ 与直线 l_2：$mx+3y-2=0$ 平行，求实数 m 的值.

【解析】方法一(从斜率的角度)：

① 当 $m+1=0$，即 $m=-1$ 时，直线 l_1 的斜率 k_1 不存在，直线 l_2 的斜率 $k_2=\dfrac{1}{3}$，此时 $l_1 l_2$ 不平行. 故 $m=-1$ 不成立.

② 当 $m+1\neq 0$，即 $m\neq -1$ 时，直线 l_1 的斜率 $k_1=-\dfrac{2}{m+1}$，纵截距 $b_1=-\dfrac{4}{m+1}$，直线 l_2 的斜率 $k_2=-\dfrac{m}{3}$，纵截距 $b_2=\dfrac{2}{3}$.

因为 $l_1 /\!/ l_2$，所以 $\begin{cases}k_1=k_2,\\ b_1\neq b_2.\end{cases}$ 即 $\begin{cases}-\dfrac{2}{m+1}=-\dfrac{m}{3},\\ -\dfrac{4}{m+1}\neq\dfrac{2}{3}.\end{cases}$ 解得 $m=-3$ 或 $m=2$.

综上所述，$m=-3$ 或 $m=2$.

方法二(从直线一般式方程系数的角度)：

因为 $l_1 /\!/ l_2$，

所以 $\begin{cases}A_1B_2-A_2B_1=0,\\ B_1C_2-B_2C_1\neq 0.\end{cases}$ 即 $\begin{cases}2\times 3-m(m+1)=0,\\ (m+1)\times(-2)-3\times 4\neq 0.\end{cases}$ 解得 $m=-3$ 或 $m=2$.

【点评】判定两条直线平行可以从斜率的角度和直线一般式方程的系数角度来研究. 当 y 前面的系数含有参数，从斜率的角度解决问题时，要分类讨论斜率是否存在.

例 2. 已知直线 l_1：$3x-y+1=0$ 与直线 l_2：$ax+y+1=0$，若 $l_1\perp l_2$，则实数 a 的值为(　　).

A. $-\frac{1}{3}$　　　B. $\frac{1}{3}$　　　C. -3　　　D. 3

【答案】B

【解析】方法一(从斜率的角度)：

易知 $a\neq 0$，直线 l_1 的斜率 $k_1=3$，直线 l_2 的斜率 $k_2=-a$. 因为 $l_1\perp l_2$，所以 $k_1k_2=-1$，即 $3\times(-a)=-1$，解得 $a=\frac{1}{3}$.

方法二(从直线一般式方程系数的角度)：

因为 $l_1\perp l_2$，所以 $A_1A_2+B_1B_2=0$，即 $3a+(-1)\times 1=0$，解得 $a=\frac{1}{3}$.

【点评】从斜率的角度要注意直线的斜率是否存在. 从直线一般式系数的方程角度，则不需要分类讨论，两条直线垂直的充要条件是 $l_1\perp l_2\Leftrightarrow A_1A_2+B_1B_2=0$.

例 3. 已知两条直线 l_1：$x-y+1=0$，l_2：$2x+y-1=0$. 求：

(1) 直线 l_1 与 l_2 的交点 P 的坐标；

(2) 过点 P 且与 l_3：$3x-4y+5=0$ 平行的直线 l 的方程.

【解析】(1) 解方程组 $\begin{cases}x-y+1=0,\\2x+y-1=0.\end{cases}$ 得 $\begin{cases}x=0,\\y=1.\end{cases}$

所以直线 l_1 与 l_2 的交点 P 的坐标为 $(0,1)$.

(2) 方法一(点斜式)：

设直线 l_3：$3x-4y+5=0$ 的斜率为 k_3，则 $k=k_3=\frac{3}{4}$，

设直线 l 的斜率为 k，因为过 $P(0,1)$ 且与 l_3：$3x-4y+5=0$ 平行.

故 $y-1=\frac{3}{4}(x-0)$.

因为直线 l 过点 $P(0,1)$，由直线的点斜式方程，得 $y-1=\frac{3}{4}(x-0)$

即直线 l 的方程为 $3x-4y+4=0$.

方法二(设为平行的直线系)：

设直线 l 的方程为 $3x-4y+m=0(m\neq 5)$. 因为直线 l 过点 $P(0,1)$，

所以 $3\times 0-4\times 1+m=0$，解得 $m=4$. 故直线的方程为 $3x-4y+4=0$.

【点评】本例主要考查两条直线的交点坐标、两直线平行的条件及直线点斜式方程的确定.

例 4. 已知直线 l：$x+\sqrt{3}y-2=0$，直线 l_1 与 l 垂直，且点 $B(0,1)$ 到直线 l_1 的距离为 2，求直线 l_1 的一般式方程.

【解析】由直线 l：$x+\sqrt{3}y-2=0$，得直线 l 的斜率为 $k=-\frac{\sqrt{3}}{3}$.

因为 l_1 与 l 垂直，所以直线 l_1 的斜率为 $\sqrt{3}$.

设直线 l_1 的纵截距为 b，则直线 l_1 的斜截式方程为 $y=\sqrt{3}x+b$，

所以直线 l_1 的一般式方程为$\sqrt{3}x-y+b=0$.

由点 $B(0,1)$ 到直线 l_1 的距离公式，得$\dfrac{|\sqrt{3}\times 0-1+b|}{\sqrt{(\sqrt{3})^2+(-1)^2}}=2$，解得 $b=5$ 或 $b=-3$.

故直线 l_1 的一般式方程为$\sqrt{3}x-y+5=0$ 或$\sqrt{3}x-y-3=0$.

【点评】本例主要考查两条直线垂直及点到直线的距离公式的运用.

【强化训练】

一、选择题

1. 若直线 l_1：$x+ay=2a+2$ 与直线 l_2：$ax+y=a+1$ 平行，则 a 的值为(　　).

A. ± 1　　B. 0　　C. 1　　D. -1

2. 过点 $A(2,1)$ 且与直线 $x+y=1$ 垂直的直线的方程为(　　).

A. $x+y-3=0$　　B. $x-y-1=0$

C. $x+y-1=0$　　D. $x-y-3=0$

3. 若点 $P(x,y)$ 在直线 $x+y-4=0$ 上，O 为原点，则$|OP|$的最小值是(　　).

A. $\sqrt{10}$　　B. $2\sqrt{2}$　　C. $\sqrt{6}$　　D. 2

4. 若点$(4,a)$ 到直线 $4x-3y-1=0$ 的距离等于 3，则 a 的值为(　　).

A. 0　　B. 10　　C. 0 或 10　　D. 不存在

5. 如果直线 l_1 的斜率为 -1，直线 l_2 的斜率为 1，那么这两条直线(　　).

A. 相交但不垂直　　B. 平行

C. 重合　　D. 垂直相交

6. 过点$(1,2)$ 且与 y 轴平行的直线的方程是(　　).

A. $y=1$　　B. $y=2$　　C. $x=1$　　D. $x=2$

7. 过点$(2,0)$ 且与 $x+2y=0$ 平行的直线方程是(　　).

A. $x+2y-2=0$　　B. $2x-y+4=0$

C. $x+2y-4=0$　　D. $x-2y+4=0$

8. 与直线 $3x-2y-7=0$ 垂直的直线的斜率是(　　).

A. $-\dfrac{2}{3}$　　B. $\dfrac{2}{3}$　　C. $-\dfrac{3}{2}$　　D. $\dfrac{3}{2}$

二、填空题

9. 过点$(1,-1)$ 且与直线 $3x-2y+1=0$ 垂直的直线的方程为__________.

10. 经过点$(5,10)$ 且与原点距离为 5 的直线的方程为__________.

11. 两条平行直线 $2x+3y-5=0$ 与 $2x+3y-10=0$ 之间的距离是__________.

三、解答题

12. 求过直线 $3x+2y+1=0$ 与 $2x-3y+5=0$ 的交点，且垂直于直线 l：$6x-2y+5=0$ 的直线的方程.

13. 若直线 l 过直线 $3x-4y+12=0$ 与 y 轴的交点，且平行于直线 $x+2y-3=0$，求直线 l 的方程.

14. 已知直线 $x+y-6=0$ 和 $2x-y-3=0$ 的交点为 P.

(1) 求过点 P 且平行于直线 $3x+4y-1=0$ 的直线方程；

(2) 求点 P 到直线 $3x+4y-1=0$ 的距离.

考点4　圆

【知识点】

1. 圆的方程

名称	标准方程	一般方程
方程	$(x-a)^2+(y-b)^2=r^2(r>0)$	$x^2+y^2+Dx+Ey+F=0(D^2+E^2-4F>0)$
圆心	$(a,\ b)$	$(-\frac{D}{2},\ -\frac{E}{2})$
半径	r	$\frac{1}{2}\sqrt{D^2+E^2-4F}$
备注	圆的一般方程突出了圆的代数形式上的特点，其特点是：① x^2，y^2 的系数相同且为1；② 不含 xy 项. 在 $x^2+y^2+Dx+Ey+F=0$ 中，若 $D^2+E^2-4F=0$，则它表示 一个点 $(-\frac{D}{2})$；$-\frac{E}{2}$；若 $D^2+E^2-4F<0$，则它不表示任何图形	

2. 点与圆的位置关系

判断点与圆的位置关系的常见方法有以下两种：

(1) 几何法：比较点到圆心的距离 d 和圆的半径 r 的大小关系.

$d<r\Leftrightarrow$ 点在圆内；

$d=r\Leftrightarrow$ 点在圆上；

$d>r\Leftrightarrow$ 点在圆外.

(2) 根据点的坐标 $(x_0,\ y_0)$ 与圆的方程 $(x-a)^2+(y-b)^2=r^2$ 的关系判断.

$(x_0-a)^2+(y_0-b)^2>r^2\Leftrightarrow$ 点在圆外；

$(x_0-a)^2+(y_0-b)^2=r^2\Leftrightarrow$ 点在圆上；

$(x_0-a)^2+(y_0-b)^2<r^2\Leftrightarrow$ 点在圆内.

3. 直线与圆的位置关系

(1) 直线与圆的位置关系有三种：相交、相切、相离.

(2) 直线与圆的位置关系的判断方法.

若直线 l：$Ax+By+C=0$，圆 C：$(x-a)^2+(y-b)^2=r^2$，那么直线与圆的位置如下.

① 联立方程 $\begin{cases}Ax+By+C=0\\(x-a)^2+(y-b)^2=r^2\end{cases}$，整理为一元二次方程后，根据该方程的判别式情况判断. 当 $\triangle>0$ 时，直线 l 与圆 C 相交；当 $\triangle=0$ 时，直线 l 与圆 C 相切；当 $\triangle<0$ 时，直线 l 与圆 C 相离.

② 圆心到直线 l 的距离，当 $d<r$ 时，直线 l 与圆 C 相交；当 $d=r$ 时，直线 l 与圆 C 相离.

③ 以圆 $x^2+y^2=r^2$ 上一点 $P(x_0,\ y_0)$ 为切点的切线方程为 $x_0x+y_0y=r^2$.

例 1．(1) 求圆 $x^2+y^2-2x+6y+8=0$ 的圆心坐标和半径；

(2) 判断直线 l：$4x-3y+4=0$ 与圆 C：$x^2+y^2-4x+2y-4=0$ 之间的位置关系.

【解析】(1) 方法一：

将方程左边配方，整理得 $(x-1)^2+(y+3)^2=2$，

所以圆心坐标为 $(1,\ -3)$，半径 $r=\sqrt{2}$.

方法二：

因为 $-\dfrac{D}{2}=-\dfrac{-2}{2}=1$，$-\dfrac{E}{2}=-\dfrac{6}{2}=-3$，$\dfrac{1}{2}\sqrt{D^2+E^2-4F}=\dfrac{1}{2}\sqrt{(-2)^2+6^2-4\times 8}$ $=\sqrt{2}$，所以圆心坐标为 $(1,\ -3)$，半径 $r=\sqrt{2}$.

(2) 将方程 $x^2+y^2-4x+2y-4=0$ 化成圆的标准方程，得 $(x-2)^2+(y+1)^2=9$，

因此，圆心为点 $C(2,\ -1)$，半径 $r=3$.

圆心 C 到直线 l：$4x-3y+4=0$ 的距离为 $d=\dfrac{|4\times 2-3\times(-1)+4|}{\sqrt{4^2+(-3)^2}}=3$.

因为 $d=r$，所以直线 l：$4x-3y+4=0$ 与圆 C：$x^2+y^2-4x+2y-4=0$ 相切.

【点评】已知圆的一般方程，圆心坐标和半径可用公式求得：圆心 $\left(-\dfrac{D}{2},\ -\dfrac{E}{2}\right)$，半径 $r=\dfrac{\sqrt{D^2+E^2-4F}}{2}$，也可通过配方法化为标准式求得. 判断直线与圆的位置关系常用 $d-r$（几何法），关键是求出圆心到直线的距离 d 后与半径 r 比较进行判断.

例 2. 根据下面所给的条件，分别求出圆的方程：

(1) 以直线 $5x+3y-6=0$ 与 y 轴的交点为圆心，且经过点 $A(2,\ 3)$ 的圆的一般方程；

(2) 经过点 $A(1,\ 1)$，$B(2,\ 1)$，$C(1,\ 3)$ 的圆的方程.

【解析】(1) 令 $x=0$，代入 $5x+3y-6=0$，得圆心坐标为 $(0,\ 2)$.

由所求圆经过点 $A(2,\ 3)$，得圆的半径为 $r=\sqrt{(0-2)^2+(2-3)^2}=\sqrt{5}$，

所以圆的标准方程为 $(x-0)^2+(y-2)^2=5$，

故圆的一般式方程为 $x^2+y^2-4y-1=0$.

(2) 设所求圆的一般式方程为 $x^2+y^2+Dx+Ey+F=0$，将点 $A(1,1)$，$B(2,1)$，$C(1,3)$ 的坐标分别代入方程，得 $\begin{cases}1^2+1^2+D+E+F=0,\\2^2+1^2+D\times2+E\times1+F=0,\\1^2+3^2+D\times2+E\times3+F=0.\end{cases}$

故所求圆的一般式方程为 $x^2+y^2-3x-4y+5=0$.

【点评】求圆的方程，当已知条件与圆心或半径相关时，将圆设为标准方程的形式求解，即确定圆心坐标和圆的半径；当已知条件与圆心或半径无关时(如已知圆上的三点)，将圆设为一般式方程的形式求解，即确定系数 D，E，F.

例 3. 已知直线 l 过点 $M(0,4)$ 和 $N(-2,0)$，直线 $l_1 // l_2$ 且过点 $P(1,1)$.

(1) 求直线 l_1 的一般式方程；

(2) 设圆 C 与直线 l_1 相切，且圆心为直线 l 与 x 轴的交点，求圆 C 的一般式方程.

【解析】(1) 由直线 l 过点 $M(0,4)$ 和 $N(-2.0)$，得直线 l_2 的斜率为 $k=\dfrac{0-4}{-2-0}=2$.

由 l_1 与 l_2 平行，得直线 l_1 的斜率 $k=2$，又直线 l 过点 $P(1,1)$， 所以直线 l_1 的点斜式方程为 $y-1=2(x-1)$，故直线 l_1 的一般式方程为 $2x-y-1=0$.

(2) 由圆 C 的圆心为直线 l 与 x 轴的交点，得圆心坐标为 $N(-2,0)$. 又圆 C 与直线 l_1 相切，得圆 C 的半径 $r=\dfrac{|2\times(-2)-0-1|}{\sqrt{2^2+(-1)^2}}=\sqrt{5}$. 所以圆 C 的标准方程为 $[x-(-2)]^2+(y-0)^2=(\sqrt{5})^2$，

故圆 C 的一般式方程为 $x^2+y^2+4x-1=0$.

【点评】本例根据两点求直线 l 的斜率，再根据两直线平行得所求直线的斜率，已知斜率和一点可确定直线的方程. 根据直线与圆相切求出半径，已知圆心和半径可确定圆的标准方程，再把标准方程化为一般式方程.

例 4. 求下列各条件下的圆 $x^2+y^2=4$ 的切线方程：

(1) 经过点 $P(\sqrt{3},1)$；

(2) 经过点 $Q(3,0)$.

【解析】(1) 点 $P(\sqrt{3},1)$ 到圆心 $O(0,0)$ 的距离为 d，则 $d=\sqrt{(\sqrt{3}-0)^2+(1-0)^2}=2$，因为 $d=r=2$，所以点 $P(\sqrt{3},1)$ 在圆上，故过点 $P(\sqrt{3},1)$ 的圆的切线有且只有一条.

设直线 OP 的斜率为 k_{op}，所求切线 l 的斜率为 k_2，则 $k_{op}=\dfrac{1-0}{\sqrt{3}-0}=\dfrac{\sqrt{3}}{3}$；

因为切线 $l\perp$ 直线 OP，所以 $k_{op}\cdot k=-1$，得切线 l 的斜率为 $k=-\sqrt{3}$.

又因为切线 l 过点 $P(\sqrt{3},1)$，由直线的点斜式方程得 $y-1=-\sqrt{3}(x-\sqrt{3})$，

即所求的切线方程为 $\sqrt{3}x+y-4=0$.

(2) 点 $Q(3,0)$ 到圆心 $O(0,0)$ 的距离为 d，则 $d=\sqrt{(3-0)^2+(0-0)^2}=3$，

因为 $d>r$，所以点 $Q(3,0)$ 在圆外，

故过点 $Q(3,0)$ 的圆的切线有 2 条 .

设过点 $Q(3, 0)$ 的圆的切线方程为 $y-0=k(x-3)$，

即 $kx-y-3k=0$.

圆心 $O(0, 0)$ 到直线 $kx-y-3k=0$ 的距离为 d，则 $d=\frac{|-3k|}{\sqrt{1+k^2}}$.

因为直线 $kx-y-3k=0$ 与圆相切，所以 $d=r=2$，

即 $\frac{|-3k|}{\sqrt{1+k^2}}=2$，解得 $k=\pm\frac{2\sqrt{5}}{5}$，

故所求的切线方程为 $2x-\sqrt{5}y-6=0$ 或 $2x+\sqrt{5}y-6=0$.

【点评】求过某一点的圆的切线方程，要判断该点是圆外一点还是圆上一点，该点位置不同，其切线的条数和切线方程的求法都不相同.

【强化训练】

一、选择题

1. 已知圆的方程为 $x^2+y^2+4x-6y-12=0$，则其圆心坐标和半径分别为(　　).

A. $(2, -2)$，25　　B. $(-2, 3)$，25

C. $(2, -3)$，5　　D. $(-2, 3)$，5

2. 已知点 $M(1, 2)$，$N(3, 4)$，则以线段 MN 为直径的圆的标准方程是(　　).

A. $(x+2)^2+(y+3)^2=2$　　B. $(x-2)^2+(y-3)^2=2$

C. $(x+2)^2+(y-3)^2=8$　　D. $(x-2)^2+(y-3)^2=8$

3. 若直线 $x-y+1=0$ 与圆 $(x-a)^2+y^2=2$ 有公共点，则实数 a 的取值范围是(　　).

A. $[-3, -1]$　　B. $[-1, 3]$

C. $[-3, 1]$　　D. $(-\infty, -3)\cup[1, +\infty)$

4. 直线 $3x+4y+12=0$ 与圆 $(x-1)^2+(y+1)^2=9$ 的位置关系是(　　).

A. 相交且过圆心　　B. 相切

C. 相离　　D. 相交但不过圆心

5. 以点 $(1, -2)$ 为圆心，且与直线 $x-y-1=0$ 相切的圆的方程是(　　).

A. $(x-1)^2+(y+2)^2=2$　　B. $(x-1)^2+(y+2)^2=1$

C. $(x+1)^2+(y-2)^2=2$　　D. $(x+1)^2+(y-2)^2=1$

6. 圆 $(x-1)^2+(y+2)^2=5$ 的圆心到直线 $3x+2y+2=0$ 的距离为(　　).

A. 3　　B. 13　　C. $\sqrt{13}$　　D. $\frac{\sqrt{13}}{13}$

二、填空题

7. 若倾斜角为 $45°$ 的直线 l 将圆 $x^2+y^2-2x-4y=0$ 平分，则直线 l 的方程为________.

8. 若直线 $y=kx+2$ 与圆 $(x-2)^2+(y-3)^2=1$ 有两个不同的交点，则 k 的取值范围是__________.

9. 直线 $x+y-4=0$ 与圆 $(x-3)^2+(y-3)^2=4$ 相交于 A，B 两点，则 $|AB|=$________.

10. 已知直线 l：$3x+4y=25$，圆 O：$x^2+y^2=25$，则直线 l 与圆 O 的位置关系是__________.

三、解答题

11. 求经过直线 $x+2y+1=0$ 与 $2x+y-1=0$ 的交点，且圆心坐标为 $(2,-3)$ 的圆的标准方程.

12. 已知圆的方程是 $x^2+y^2=2$，直线 l：$y=x+b$. 当 b 分别为何值时，圆与直线 l 相交、相切、相离？

【真题再现】

1. (2020年高考题) 已知直线 l 过点 $M(0,4)$ 和 $N(-2,0)$，直线 l_1 平行于 l 且过点 $P(1,1)$.

(1) 求 l_1 的一般式方程；

(2) 设圆 C 与 l_1 相切，且圆心为 l 与 x 轴的交点，求圆 C 的一般式方程.

2.（2022 年高考题）如下图，光线从点 $A(-2, 4)$ 射到 x 轴上点 $B(2, 0)$ 处，然后被 x 轴反射，记反射光线所在直线为 l.

（1）求 l 的方程；

（2）求以线段 AB 为直径的圆的方程，并判断该圆与 l 的位置关系.

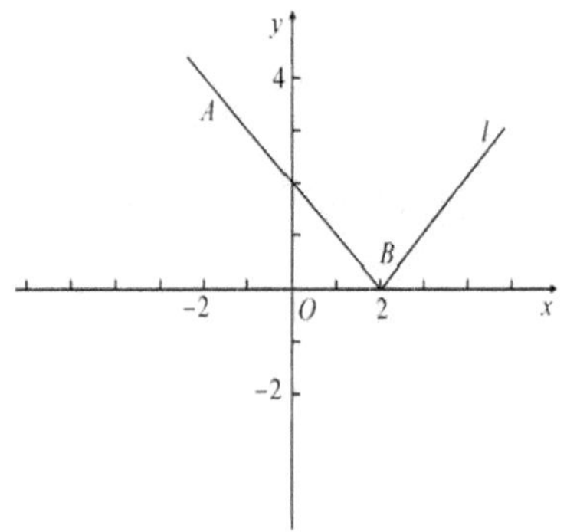

3.（2023 年高考题）已知圆 $x^2+y^2+2x-8=0$ 的圆心到直线 l 的距离为 1，直线 l 过点 $P(-2, 2)$.

（1）求圆心、半径以及直线 l 与圆的位置关系；

（2）求直线 l 的方程.

4.（2018 年高考题）解答下列问题：

（1）求以直线 $5x+3y-6=0$ 与 y 轴的交点为圆心，且经过点 $A(2, 3)$ 的圆的一般方程；

（2）已知直线 l：$x+\sqrt{3}y-2=0$，直线 l_1 与 l 垂直，且点 $B(0, 1)$ 到直线 l_1 的距离为 2，求 l_1 的一般式方程.

5.（2019 年高考题）解答下列问题：

（1）已知直线 $2x+3y-6=0$ 与 x 轴、y 轴的交点分别为 A，B，直线 l 经过线段 AB 的中点，且纵截距为 -5，求 l 的一般式方程；

（2）设直线 $5x+2y-6=0$ 与 y 轴的交点为 P，求以 P 为圆心，以点 $(3, -2)$ 到直线 $3x+4y+9=0$ 的距离为半径的圆的一般方程.

6.（2021 年高考题）已知直线 l 经过点 $A(2, -1)$，且与直线 l_1：$x+y-1=0$ 垂直.

（1）求直线 l 的方程；

（2）设圆 C 与直线 l 相切，且圆心为直线 l_1 与直线 l_2：$2x+y=0$ 的交点，求圆 C 的方程.

第9章　立体几何

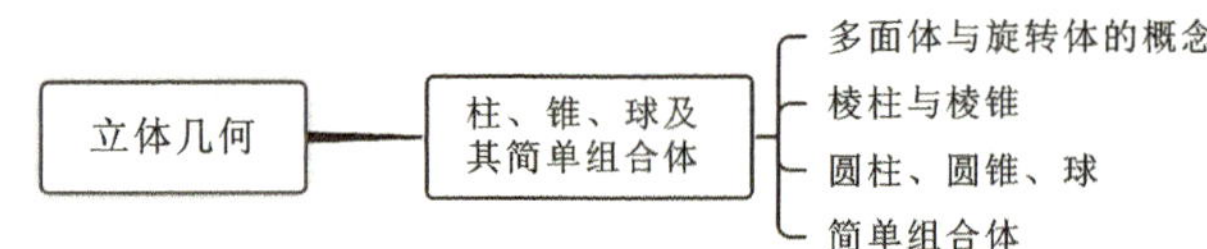

考点　柱、锥、球及其简单组合体

【知识点】

1. 几何体

(1) 多面体：由若干个平面多边形围成的封闭的几何体叫作多面体，如棱柱、棱锥.

(2) 旋转体：由一个平面图形绕它所在平面内的一条直线旋转所形成的封闭几何体叫作旋转体，如圆柱、圆锥、球，这条直线叫作旋转体的轴.

(3) 简单组合体：由柱体、锥体和球体等简单几何体组合而成的几何体叫作简单组合体.

2. 棱柱

(1) 棱柱的定义

有两个面互相平行，其余每相邻两个面的交线都互相平行的多面体叫作棱柱. 互相平行的两个面叫作棱柱的底面，其余各面叫作棱柱的侧面. 相邻两个侧面的公共边叫作棱柱的侧棱，两个底面间的距离叫作棱柱的高.

(2) 棱柱的分类

侧棱与底面斜交的棱柱叫作斜棱柱；侧棱与底面垂直的棱柱叫作直棱柱；底面是正多边形的直棱柱叫作正棱柱，如下图所示.

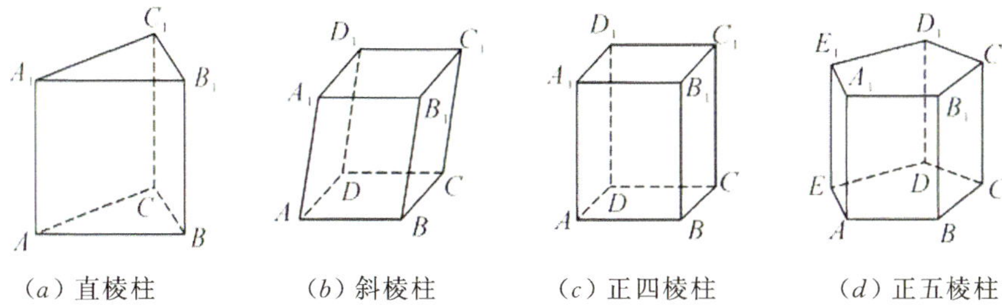

(a) 直棱柱　(b) 斜棱柱　(c) 正四棱柱　(d) 正五棱柱

(3) 正棱柱的性质

① 侧棱垂直于底面，各侧棱长都相等，并且等于正棱柱的高；

② 两个底面中心的连线是正棱柱的高.

(4) 正棱柱的侧面积、全面积及体积的计算公式

①$S_{正棱柱侧}=ch$.

②$S_{正棱柱全}=ch+2S_{底}$.

③$V_{正棱柱}=S_{底}h$(也适用于一般棱柱).

其中，c 表示正棱柱底面的周长，h 表示正棱柱的高，S 表示正棱柱底面的面积.

3. 棱锥

(1) 棱锥的定义

有一个面是多边形，其余各面都是三角形，并且这些三角形有一个公共顶点，这样的多面体叫作棱锥. 其中的多边形叫作棱锥的底面，有公共顶点的三角形面叫作棱锥的侧面，各侧面的公共顶点叫作棱锥的顶点，顶点到底面的距离叫作棱锥的高.

(2) 正棱锥

底面是正多边形，其余各面是全等的等腰三角形的棱锥叫作正棱锥.

(3) 正棱锥的性质

① 各侧棱的长相等.

② 各侧面都是全等的等腰三角形. 各等腰三角形底边上的高都叫作正棱锥的斜高.

③ 顶点到底面中心的连线垂直于底面，是正棱锥的高.

④ 正棱锥的高、斜高与斜高在底面的射影组成一个直角三角形.

⑤ 正棱锥的高、侧棱与侧棱在底面的射影也组成一个直角三角形.

(4) 正棱锥的侧面积、全面积及体积的计算公式.

如下图所示，有如下计算公式.

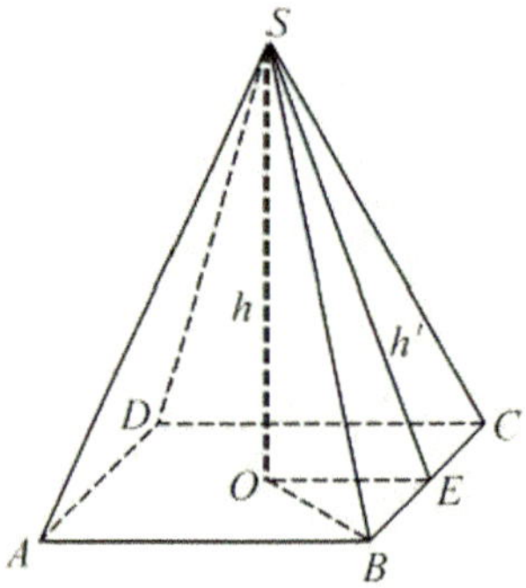

①$S_{正棱柱侧}=\frac{1}{2}ch$.

②$S_{正棱柱全}=\frac{1}{2}ch'+2S_{底}$.

③$V_{正棱柱}=\frac{1}{3}S_{底}h$(也适用于一般棱柱).

且$C_{正棱锥侧}=\frac{1}{2}ch'$，其中，c 表示正棱锥底面的周长，h' 表示正棱锥的斜高，h 表示正棱锥的高，S 表示正棱锥的底面面积.

4. 圆柱

(1) 圆柱的定义

以矩形的一边所在直线为旋转轴，其余各边旋转形成的曲面(或平面) 所围成的几何体叫作圆柱. 旋转轴叫作圆柱的轴，垂直于轴的边旋转形成的圆面叫作圆柱的底面，平行于轴的边旋转形成的曲面叫作圆柱的侧面，无论旋转到什么位置，这条边都叫作侧面的母线. 两个底面间的距离叫作圆柱的高.

(2) 圆柱的性质.

① 圆柱的两个底面是半径相等的圆，且互相平行；

② 圆柱的母线平行且相等，并且等于圆柱的高；

③ 平行于底面的截面是与底面半径相等的圆；

④ 轴截面是宽为底面的直径、长为圆柱的高的矩形；

⑤ 圆柱的侧面展开图是一个矩形，矩形的边长分别是圆柱底面的周长和母线的长.

(3) 圆柱的侧面积、全面积(表面积) 及体积的计算公式

如下图所示，有如下计算公式.

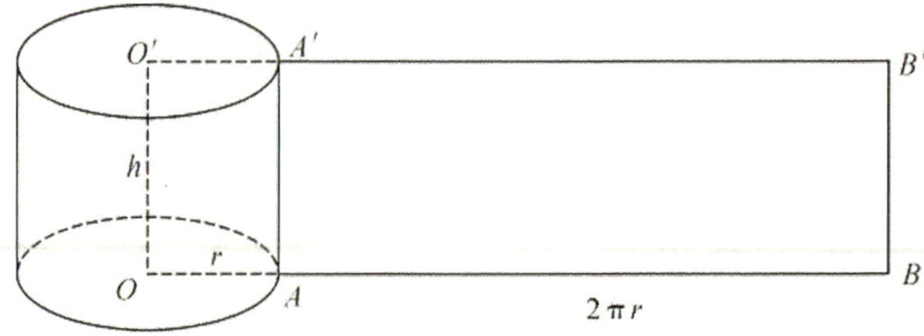

①$S_{圆柱侧}=2\pi rh$.

②$S_{圆柱全}=2\pi rh+2\pi r^2=2\pi r(h+r)$.

③$V_{圆柱}=\pi r^2h$.

其中，r 为底面半径，h 为圆柱的高.

5. 圆锥

(1) 圆锥的定义

以直角三角形的一条直角边为旋转轴旋转一周，其余各边旋转而形成的曲面（或平面）所围成的几何体叫作圆锥. 旋转轴叫作圆锥的轴. 另一条直角边旋转而形成的圆面叫作底面. 斜边旋转而形成的曲面叫作侧面，无论旋转到什么位置，斜边都叫作侧面的母线. 母线与轴的交点叫作顶点. 顶点到底面的距离叫作圆锥的高.

(2) 圆锥的性质

① 平行于底面的截面是圆；

② 顶点与底面圆周上任意一点的距离都相等，且等于母线的长度；

③ 轴截面为等腰三角形，其底边上的高等于圆锥的高，其两腰都等于母线长；

④ 侧面展开图为扇形，扇形的面积等于圆锥的侧面积，扇形的弧长 c 是圆锥底面圆的周长，扇形的半径 l 是圆锥的母线长.

(3) 圆锥的侧面积、全面积(表面积) 及体积的计算公式

如图所示，有如下计算公式：

①$S_{圆锥侧}=\pi rl$.

②$S_{圆锥全}=\pi rl+\pi r^2=\pi r(l+r)$.

③$V=\dfrac{1}{3}\pi r^2h$.

其中，r 为底面半径，l 为母线长，h 为圆锥的高.

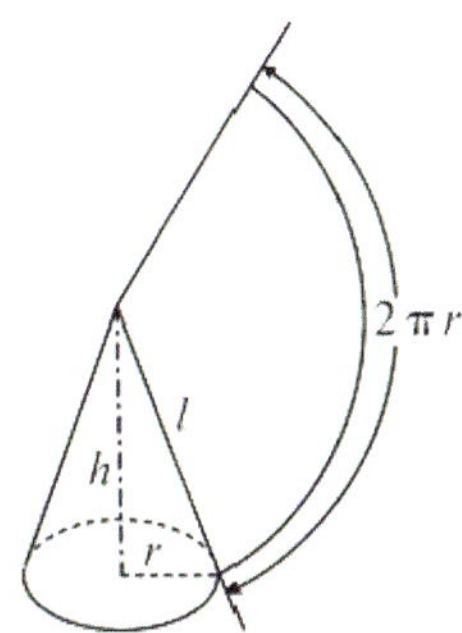

6. 球

(1) 球的定义

以半圆直径所在的直线为旋转轴旋转一周，所形成的曲面叫作球面，球面所围成的几何体叫作球体，简称球. 半圆的圆心叫作球心，半圆的半径叫作球的半径. 如图所示的球可记为球 O.

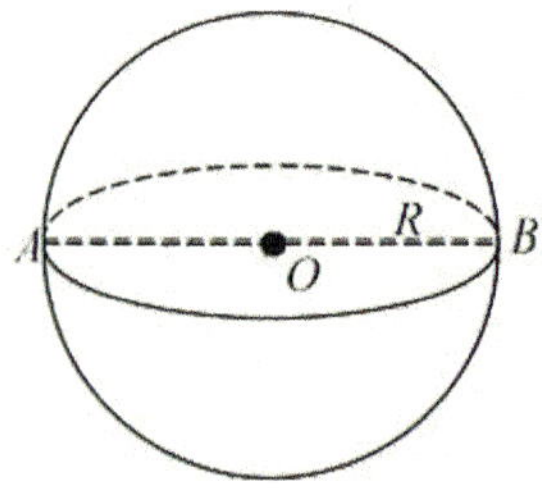

(2) 球的性质

① 球的截面是圆面，并且球心与截面圆心的连线垂直于截面. 设球心到截面的 距离为 d，球的半径为 R，截面上圆的半径为 r，则有 $R^2=r^2+d^2$.

② 经过球心的平面截球面所得的圆叫作球的大圆；不经过球心的平面截球面所得的圆叫作球的小圆.

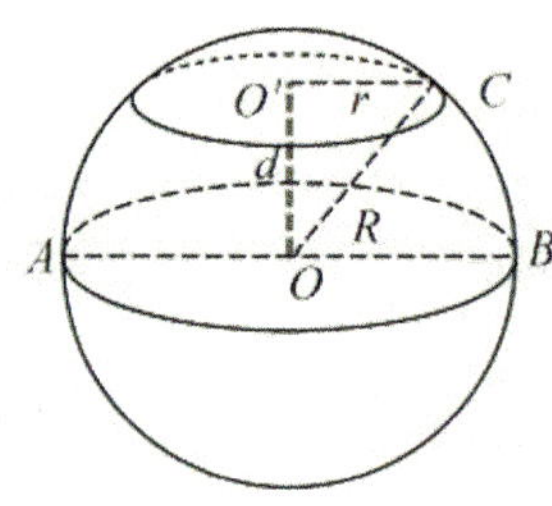

(3) 球的表面积及体积的计算公式

①$S_{球}=4\pi R^2$，其中 R 为球的半径.

②$V_{球}=\frac{4}{3}\pi R^2$， 其中 R 为球的半径.

【例题讲解】

例 1. 已知一个正四棱柱的底面边长为 4cm，高为 5cm，求这个正四棱柱的侧面积、表面积和体积.

【解析】因为正棱柱的 $S_m= ch$，$S_{表}= ch+2S_{底}$，$V_{\pi}= S_{底}h$，所以正四棱柱的侧面积 $S_{侧}= ch= 4\times 4\times 5= 80(\text{cm}^2)$，

表面积 $S_{表}=ch+2S_{底}=80+2\times 4\times 4=112(\text{cm}^2)$，

体积 $V=S_{底}h=4\times 4\times 5=80(\text{cm}^3)$.

【点评】本题主要考查正棱柱的侧面积、表面积及体积的计算公式，需准确记忆代值即可.

例 2. 已知正三棱锥的高为 1，底面边长为 1，求它的斜高、侧面积、表面积及体积.

【解析】如图所示，三棱锥 $S-ABC$ 为正三棱锥，过 S 作 $SO\perp$ 平面 ABC 于点 O，连接 AO 并延长交 BC 于点 D，连接 SD.

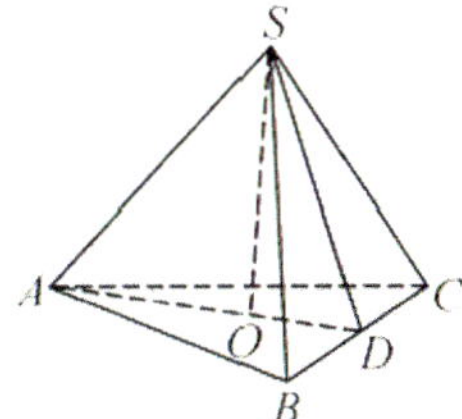

由题意知，$\triangle ABC$ 是正三角形，O 是其中心，且 $AB=1$，

在 $\triangle SOD$ 中，$OD=\frac{1}{3}AD=\frac{\sqrt{3}}{6}AB=\frac{\sqrt{3}}{6}$，所以斜高 $SD=\sqrt{SO^2+OD^2}=\sqrt{1^2+(\frac{\sqrt{3}}{6})^2}$ $=\frac{\sqrt{39}}{6}$. 所以 $S_{侧}=3\triangle SBC=3\times\frac{1}{2}\times1\times\frac{\sqrt{39}}{6}=\frac{\sqrt{39}}{4}$. $S_{表}=S_{侧}+S_{底}=\frac{\sqrt{39}+\sqrt{3}}{4}$，$V=\frac{1}{3}\triangle ABC\cdot SO=\frac{1}{3}\times\frac{\sqrt{3}}{4}\times1=\frac{\sqrt{3}}{12}$.

【点评】本题中求斜高是关键，将斜高、高和底面中线构造在一个直角三角形中，利用勾股定理进行求解.

例 3. 如图所示，圆锥的母线长为 l，$\angle ABC=60°$，求圆锥的侧面积和体积.

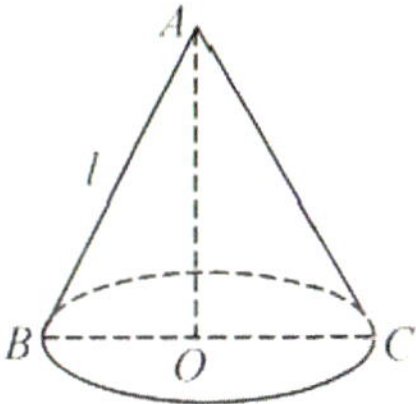

【解析】由题意知，底面半径 $r=\frac{l}{2}$，高 $h=\frac{\sqrt{3}}{2}l$，

所以 $S_{侧}=\pi Rl=\pi\cdot\frac{l}{2}\cdot l=\frac{\pi l^2}{2}$.

$V=\frac{1}{3}\pi R^2h=\frac{\pi}{3}\times(\frac{l}{2})^2\times\frac{\sqrt{3}}{2}l=\frac{\sqrt{3}\pi}{24}l^3$.

【点评】本题主要是在由圆锥的母线、高和底面圆的半径组成的直角三角形中进行计算，以及考查了圆锥的侧面积和体积的计算公式.

例 4. 圆锥的侧面展开图是面积为 18π 的半圆，求圆锥的母线长和高.

【解析】设圆锥的底面圆半径为 r，母线长为 l.

由题意得 $\begin{cases}\frac{1}{2}\pi l^2=18\pi,\\ \pi l=2\pi r.\end{cases}$ 解得 $\begin{cases}l=6,\\ r=3.\end{cases}$

所以圆锥的高 $h=\sqrt{l^2-r^2}=3\sqrt{3}$，

所以圆锥的母线长为 6，高为 $3\sqrt{3}$.

【点评】本题主要考查圆锥的侧面展开图的知识点，找准两个等量关系式是解题的关键.

例 5. 球的大圆周长是 100cm，求这个球的表面积和体积(π 取 3.14).

【解析】设球的半径为 R，则球的大圆的周长为 $2\pi R$. 所以 $2\pi R=100$，所以 $R=\frac{50}{\pi}$，所以 $S_{球}=4\pi R^2=4\pi(\frac{50}{\pi})^2=\frac{4\times 50^2}{\pi}\approx 3185(\text{cm}^2)$，

$V_{球}=\frac{4}{3}\pi R^3=\frac{4}{3}\pi(\frac{50}{\pi})^3=\frac{4}{3}\times\frac{50^3}{\pi^2}\approx 16904(\text{cm}^2)$.

【点评】本题主要考查的知识点是球体的表面积及体积的计算公式，根据已知条件，求出球的半径是关键.

例 6. 已知球的半径为 5，一个平面截球得一小圆的半径为 $r\pi$，且球心到截面的距离为 3，求小圆的面积.

【解析】设球的半径为 R，球心到截面的距离为 d，则 $R=5$，$d=3$. 所以 $r=\sqrt{R^2-d^2}=4$，所以 $S=r^2=16\pi$.

【点评】本题主要考查的知识点是小圆半径的计算公式.

【强化训练】

一、选择题

1. 有下列三个结论，其中正确结论的个数是(　　).

① 圆柱是多面体；

② 正棱锥的侧棱长与底面边长相等；

③ 球面上任意一点与球心的连线是球的半径.

A. 0 个　　B. 1 个　　C. 2 个　　D. 3 个

2. 已知正四棱锥的底面边长为 2，侧棱长为$\sqrt{5}$，则它的侧面积为(　　).

A. 4　　B. $4\sqrt{5}$　　C. 8　　D. 12

3. 圆柱的底面半径为 2，母线长为 3，则该圆柱的全面积和体积分别为(　　).

A. 20π，12π　　B. 12π，20π　　C. 4π，12π　　D. 20π，24π

4. 若轴截面(过圆锥顶点和底面中心的截面)是直角三角形的圆锥的底面半径为 4，则该圆锥的侧面积等于(　　).

A. $32\sqrt{2}\pi$　　B. $16\sqrt{2}\pi$　　C. $8\sqrt{2}\pi$　　D. 32π

5. 若球的体积与其表面积的数值相等，则球的大圆面积等于(　　).

A. π　　B. 3π　　C. 6π　　D. 9π

6. 圆柱内有一个球 O，该球与圆柱的上、下底面及母线均相切，若圆柱的体积为 54π，则球 O 的体积为(　　).

A. 36π　　B. $\frac{64}{3}\pi$　　C. 16π　　D. 12π

7. 如图所示，四边形 $ABCD$ 是直角梯形，$AD \parallel BC$，$\angle A$ 为直角，$AB=AD=2$，$BC=3$，它绕 BC 边旋转一周所围成的图形的体积为(　　).

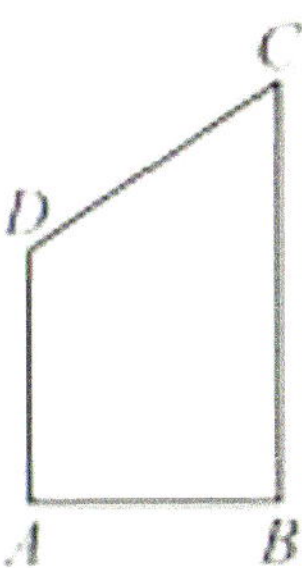

A. $\frac{14}{3}\pi$　　B. $\frac{56}{3}\pi$　　C. $\frac{28}{3}\pi$　　D. $\frac{11}{3}\pi$

8. 若一个球的体积增大为原来的 8 倍，则球的半径增大为原来的(　　).

A. 4 倍　　B. 3 倍　　C. 2 倍　　D. $2\sqrt{2}$ 倍

二、填空题

9. 如图所示，一圆柱粮仓，直径为 6m，高为 3m，上面的圆锥高 1m，则粮仓的体积为________.

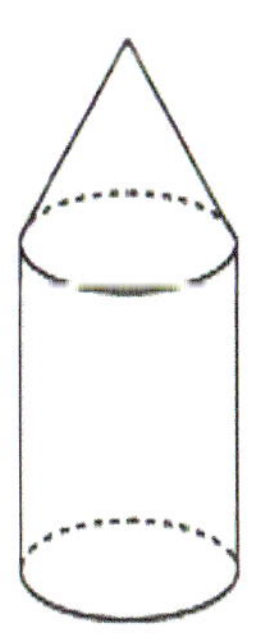

10. 若正四棱柱的高为 5cm，底面正方形的对角线的长为 $2\sqrt{2}$cm，则该正四棱柱的全面积是________cm^2，体积是________cm^3.

11. 已知圆锥的底面半径为 1cm，母线长为 3cm，则该圆锥的体积是________cm^3.

12. 若一个圆柱的侧面展开图是一个边长为 3cm 的正方形，则这个圆柱的体积是________，表面积是________.

13. 一平面截球所得小圆的面积为 4π，球心与小圆之间的距离为球的半径的一半，则此球的体积为________.

三、解答题

14. (1) 若正三棱柱的高为 5cm，侧面积为 $60cm^2$，求该正三棱柱的体积；

(2) 已知正三棱锥 $P-ABC$ 中，$AB=3$，侧棱 $PA=PB=PC=3$，求三棱锥 $P-ABC$ 的全面积和体积.

15. (1) 已知球 O 的半径 $r=\sqrt[3]{\frac{36}{\pi}}$，正四棱柱 $ABCD-A_1B_1C_1D_1$ 的底面边长为 4，若球 O 的体积和正四棱柱 $ABCD-A$ 的体积相等，求正四棱柱 $ABCD-A_1B_1C_1D_1$ 的侧面积；

(2) 若一个圆锥的轴截面是面积为 $\sqrt{3}$ 的正三角形，求这个圆锥的全面积和体积.

【真题再现】

1. (2022 年高考题) 把一个高为 12cm 的圆锥形容器装满水，然后将水全部倒入一个与它同底等高且底面水平放置的圆柱形容器中，则圆柱形容器中的水面高度为(　　).

A. 12cm　　B. 6cm　　C. 4cm　　D. 3cm

2. (2021 年高考题) 要把直径分别为 6cm，8cm，10cm 的三个铸铁球熔成一个球，不考虑损耗，则这个熔成球的半径为(　　).

A. 4cm　　B. 5cm　　C. 6cm　　D. 7cm

3. (2020 年高考题) 若 一个球的体积为 $36\pi cm^3$，则该球的表面积 $S=$____cm^2.

第10章 概率与统计

知识框架

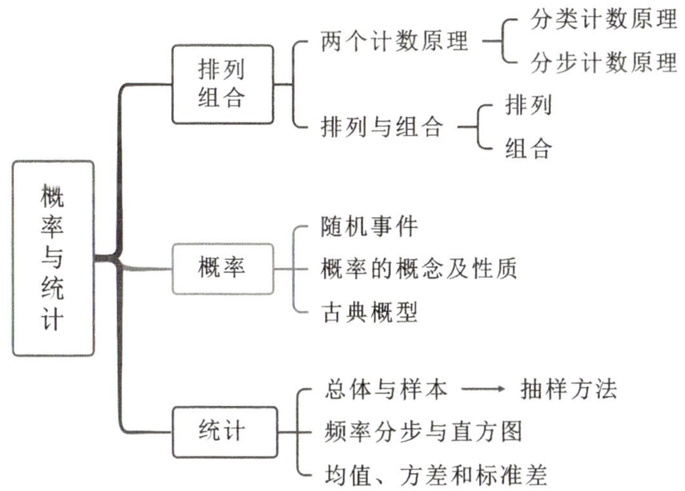

考纲要求

1. 理解分类、分步计数原理
2. 理解排列与组合
3. 理解随机事件和古典概型概率
4. 理解概率的简单性质
5. 了解直方图与频率分布
6. 了解总体与样本
7. 了解抽样方法
8. 了解总体均值、标准差及用样本均值、标准差估计总体均值、标准差

考点 1　计数原理

【知识点】

1. 分类计数原理

完成一件事情，有 n 类办法，在第 1 类办法中有 m_1 种不同的方法，在第 2 类办法中有 m_2 种不同的方法…… 在第 n 类办法中有 m_n 种不同的方法，那么完成这件事情，共有 $N = m_1 + m_2 + \cdots + m_n$ 种不同的方法.

2. 分步计数原理

完成一件事情，需要分成 n 个步骤，做第 1 步有 m_1 种不同的方法，做第 2 步有 m_2 种不同的方法…… 做第 n 步有 m_n 种不同的方法，那么完成这件事情，共有 $N = m_1 \times m_2 \times \cdots \times m_n$ 种不同的方法.

3. 排列组合

(1) 排列的概念

一般从 n 个不同元素中，任取 $m(m \leqslant n)$ 个元素，按照一定的顺序排成一列，叫作从 n 个不同元素中取出 m 个元素的一个排列.

(2) 排列数

① 一般从 n 个不同的元素中取出 $m(m \leqslant n)$ 个不同元素的所有排列的个数，叫作从 n 个不同的元素中取出 m 个不同元素的排列数，用符号 A_n^m 表示.

②$A_n^m = n(n-1)(n-2)\cdots(n-m+1)(m \leqslant n)$.

③ 自然数 1 到 n 的连乘积，叫作 n 的阶乘，记作 $n!$.

$n! = n(n-1)(n-2)\cdots 2 \times 1$，规定 $0! = 1$.

此外，排列数公式还可以写成 $A_n^m = \dfrac{n!}{(n-m)!}$.

4. 组合数

(1) 一般从 n 个不同的元素中取出 $m(m \leqslant n)$ 个不同元素的所有组合的个数，叫作从 n 个不同的元素中取出 m 个不同元素的组合数，用符号 C_n^m 表示.

(2) $C_n^m=\dfrac{n(n-1)(n-2)\cdots(n-m+1)}{m!}(m \leqslant n)$，规定 $C_n^0=1$.

(3) $C_n^m=\dfrac{n!}{m!\ (n-m)!}(m \leqslant n)$.

【例题讲解】

例 1. 从甲地到乙地，一天内有 3 班火车、4 班汽车开出，则在一天中，不同的乘车方法有(　　).

A. 34 种　　B. 43 种　　C. 12 种　　D. 7 种

【解析】从甲地到乙地，可以坐火车的任何一班，也可以坐汽车的任何一班，因此分两类. 从而有 7 种不同的乘车方法.

例 2. 要从甲、乙、丙 3 名工人中选出 2 名分别上日班和晚班，有多少种不同的选法?

【解析】从 3 名工人中选出 2 名分别上日班和晚班，可以看成是经过先选 1 名上日班，再选 1 名上晚班这两个步骤完成. 先选 1 名上日班，共有 3 种选法；上日班的工人选定后再选 1 名上晚班，上晚班的工人有 2 种选法，根据分步计数原理，所求的不同的选法数是 $3 \times 2=6$ 种.

例 3. 某单位职工义务献血，在体检合格的人中，O 型血的共有 15 人，A 型血的共有 12 人，B 型血的共有 8 人，AB 型血的共有 2 人.

(1) 从中选取 1 人，共有多少种不同的选法?

(2) 从这四种血型的人中各选 1 人去献血，有多少种不同的选法?

【解析】从 O 型血的人中选取 1 人有 15 种选法，从 A 型血的人中选取 1 人有 12 种选法，从 B 型血的人中选取 1 人有 8 种选法，从 AB 型血的人中选取 1 人有 2 种选法.

(1) 任选 1 人去献血，即无论选取哪种血型的人，这件事都可以完成，所以用分类计数原理，有 $N=15+12+8+2=37$(种) 不同的选法.

(2) 要从四种血型的人中各选 1 人，即选 4 人，要从每种血型的人中依次选出 1 人，这件事才算完成，所以用分步计数原理，有 $N=15 \times 12 \times 8 \times 2=2880$(种) 不同的选法.

【强化训练】

一、选择题

1. 高一某班的学生分为三个小组，第一组有 10 人，第二组有 9 人，第三组有 8 人，现要选出 1 人参加学校的演讲比赛，有(　　) 种不同的选法.

A. 10　　B. 9　　C. 8　　D. 27

2. 两个袋子里分别装 10 个红球，20 个白球，从中任取一个球，有(　　) 种不同的取法 .

A. 10　　B. 20　　C. 30　　D. 200

3. 两个袋子里分别装 10 个红球，20 个白球，从中任取一个红球和一个白球，有(　　)种不同的取法。

A. 10　　B. 20　　C. 30　　D. 200

4. 由 1，2，3，4，5 五个数字组成没有重复数字的二位数，共有(　　)个.

A. 15　　B. 20　　C. 25　　D. 30

5. 某商业大厦共有 5 层，每层均有两个楼梯，由一层到五层的走法有(　　)种.

A. 10　　B. 24　　C. 25　　D. 52

6. 掷一枚硬币可能出现正面(有币值的一面)和反面两种结果，如果一次抛掷 3 枚相同的硬币，则可能出现的结果有(　　)种.

A. 5　　B. 6　　C. 8　　D. 9

7. 某班有男生 25 人，女生 20 人，从男生和女生中各选 1 人参加县里的演讲比赛，共有方法(　　)种.

A. 45　　B. 125　　C. 500　　D. 600

8. 一个口袋中有 5 封信，另一个口袋中有 4 封信，各封信内容均不相同. 从两个口袋里各取一封信，有(　　)种不同的取法.

A. 9　　B. 16　　C. 25　　D. 20

9. 某校选修乒乓球课程的学生中，高一年级有 30 人，高二年级有 40 人，已知高一学生中抽了 6 人，则高二年级学生中应抽中的人数是(　　).

A. 6 人　　B. 8 人　　C. 10 人　　D. 12 人

10. 从 5 名男生和 5 名女生中任选 1 人参加校合唱队，那么不同的选法有(　　)种.

A. 1 种　　B. 5 种　　C. 10 种　　D. 25 种

11. 从 4 台 A 型电脑和 5 台 B 型电脑中任选一台，则选中 A 型电脑的选法有(　　).

A. 0　　B. 1　　C. 4　　D. 5

12. 在 100 张奖券中有 2 张中奖，从中任抽一张，则中奖的概率是(　　).

A. $\frac{1}{100}$　　B. $\frac{1}{50}$　　C. $\frac{1}{25}$　　D. $\frac{1}{5}$

13. 任选一个两位数，它既是奇数，又是偶数的概率是(　　).

A. $\frac{1}{2}$　　B. $\frac{1}{3}$　　C. $\frac{1}{4}$　　D. 0

14. 6 名学生排成两排，每排 3 人，则不同的排法种数为(　　)种.

A. 36　　B. 120　　C. 720　　D. 240

15. 在 10 件产品中有 2 件次品，从这 10 件产品中任意抽取 3 件，其中恰有 1 件次品的抽法种数是(　　)种.

A. 15　　B. 56　　C. 2　　D. 28

二、填空题

16. 如果某人在进小学、初中和高中时都分别有两所学校可以任意选择，那么他由小学读到高中毕业有 ________ 种选择方式.

17. 5 个应届高中毕业生报考三所重点院校，每人报且仅报一所院校，则有 ________ 种不同的报法.

18. 三人争夺歌唱、舞蹈、独奏和诗朗诵四项比赛的冠军，则冠军得主的可能性有 ________ 种.

19. 由 0，1，2，3 组成比 300 大的三位数共有 ________ 个.（无重复数字）

20. 从 6 名男生和 6 名女生中任选 1 人参加校合唱队，那么不同的选法有 ________ 种.

三、解答题

21. 学校组织一项活动，要从 5 名男同学、3 名女同学中选 4 名..

(1) 共有多少种选法？

(2) 若甲同学必须去，有多少种选法？

(3) 若甲、乙两人只能且必须去一人，有多少种选法？

22. 某学校要排一张有 6 个歌曲节目和 5 个小品节目的节目单.

(1) 若要求任何两个小品节目不相邻，则不同的排法有多少种？

(2) 若要求歌曲节目和小品节目间隔排列，则不同的排法有多少种？

考点 2　随机事件的概率与古典概型

【知识点】

在一定条件下，发生的结果事先能够确定的现象称为必然现象，发生的结果事先不能确定的现象称为随机现象.

我们把在相同条件下，对随机现象进行观察的试验称为随机试验，简称试验.

随机试验中每一种可能出现的结果都称为样本点，常用小写希腊字母 ω 表示.

所有样本点组成的集合称为样本空间，通常用大写希腊字母 Ω 表示.

如果随机试验的样本空间是 Ω，那么 Ω 的任意一个非空真子集称为随机事件，简称事件，常用大写字母 A，B，C 等表示，事件中的每一个元素都称为基本事件.

样本空间 Ω 是其自身的子集，因此 Ω 也是一个事件，又因为 Ω 包含所有的样本点，每次试验无论哪个样本点出现，Ω 都必然发生，因此称 Ω 为必然事件.

Φ 也是 Ω 的子集，可以看作一个事件，但由于空集 Φ 不包含任何样本点，在每次试验中都不会发生，因此称空集 Φ 为不可能事件.

在相同条件下进行 n 次试验，事件 A 发生的次数 $m(0\leqslant m\leqslant n)$ 称为事件 A 发生的**频数**，比值 $\frac{m}{n}$ 称为事件 A 发生的**频率**.

一般地，在 n 次重复试验中，事件 A 发生的频率 $\frac{m}{n}$ 总稳定在某个常数附近，就把这个常数称为事件 A 发生的**概率**，记作 $P(\mathrm{A})$.

$$P(\mathrm{A})=\frac{\text{事件 A 包含的样本点个数}}{\text{样本空间 }\Omega\text{ 包含的样本点个数}}=\frac{m}{n}$$

古典概型

(1) 有限性：样本空间 Ω 的样本点总数有限.

(2) 等可能性：在每次试验中，样本空间中的各个样本点出现的可能性相等.

【例题讲解】

例 1. 从含有 4 件次品的 50 件产品中任意抽取 6 件，观察抽到的次品数，写出这个随机试验的样本空间，并说出事件 $\mathrm{A}=\{1\}$ 的实际含义.

【解析】样本空间 $\Omega=\{0，1，2，3，4\}$

$\mathrm{A}=\{1\}$ 的实际含义是抽取的 6 件产品中有 1 件次品.

例 2. 小明投篮 10 次，观察小明投篮命中的次数，写出这个随机试验的样本空间，并用集合表示事件 A“投篮命中次数不少于 6 次”.

【解析】样本空间 $\Omega=\{0, 1, 2, 3, 4, 5, 6, 7, 8, 9, 10\}$，事件 $A=\{6, 7, 8, 9, 10\}$.

例 3. 抛掷一颗质地均匀的骰子，观察向上一面的点数，求事件 A＝{点数是奇数} 的概率.

【解析】抛掷一颗质地均匀的骰子，样本空间的样本点总数为 6，向上一面 6 个点数出现的可能性相等，这个随机试验是一个古典概型. 样本空间 Ω 包含的样本点总数 $n=6$，事件 A＝{点数是奇数}，包含的样本点个数 $m=3$. $P(A)=\dfrac{3}{6}=\dfrac{1}{2}$.

例 4. 从 1，2，3，4 四个数中任取两个数求和，计算和不大于 4 的概率.

【解析】在 1，2，3，4 这四个数中任取两个数求和，样本空间 Ω 中包含的样本点为：

$1+2=3$，$1+3=4$，$1+4=5$，$2+1=3$，$2+3=5$，$2+4=6$，$3+1=4$，$3+2=5$，$3+4=7$，$4+1=5$，$4+2=6$，$4+3=7$. 样本点总数为 12，和不大于 4 有 4 个样本点：$1+2=3$，$1+3=4$，$2+1=3$，$3+1=4$，所以，从 1，2，3，4 这四个数中任取两个数求和，和不大于 4 的概率为 $P(A)=\dfrac{4}{12}=\dfrac{1}{3}$

【强化训练】

一、选择题

1. 先后抛掷两枚硬币，先正后反的概率是(　　).

A. $\dfrac{1}{4}$　　B. $\dfrac{1}{3}$　　C. $\dfrac{1}{2}$　　D. $\dfrac{3}{4}$

2. 下列事件中，概率为 1 的是(　　).

A. 随机事件　　B. 必然事件　　C. 不可能事件　　D. 对立事件

3. 下列现象不是随机现象的是(　　).

A. 掷一枚硬币着地时反面朝上　　B. 明天下雨

C. 三角形的内角和为 180°　　D. 买一张彩票中奖

4. 一枚硬币连掷 2 次，恰好有一次正面朝上的概率是(　　).

A. $\dfrac{2}{3}$　　B. $\dfrac{1}{4}$　　C. $\dfrac{1}{3}$　　D. $\dfrac{1}{2}$

5. 从 4 台 A 型电脑和 5 台 B 型电脑中任选一台，则选中 A 型电脑的概率为(　　).

A. 0　　B. $\dfrac{1}{2}$　　C. $\dfrac{4}{9}$　　D. 1

6. 下列事件中是必然事件的是(　　).

A. 早晨的太阳一定从东方升起　　B. 中秋节的晚上一定能看到月亮

C. 打开电视机，正在播少儿节目　　　　D. 小红今年 14 岁，她一定是初中学生

7. 一个口袋内装有大小和形状相同的一个白球和两个红球，“从中任取一个球得到白球”，这个事件是(　　).

A. 必然事件　　B. 不可能事件　　C. 不确定事件　　D. 随机事件

8. 在 100 张奖券中有 2 张中奖，从中任抽 2 张，则中奖的概率是(　　).

A. $\frac{1}{100}$　　B. $\frac{1}{50}$　　C. $\frac{1}{25}$　　D. $\frac{1}{5}$

9. 向桌面掷骰子 1 次，则向上的数是 4 的概率是(　　).

A. $\frac{1}{6}$　　B. $\frac{1}{4}$　　C. $\frac{1}{3}$　　D. $\frac{1}{2}$

10. 下列事件为必然事件的是(　　).

A. 买一张电影票，座位号是偶数

B. 抛掷一枚普通的正方体骰子 1 点朝上

C. 百米短跑比赛，一定产生第一名

D. 明天会下雨

11. 8 名学生和两位老师站成一排合影，2 位老师不相邻的排法有(　　)种.

A. $A_8^8A_9^2$　　B. $A_8^8C_9^2$　　C. $A_8^8A_7^2$　　D. $A_8^8A_7^2$

12. 一个集合由 7 个不同元素组成，这个集合包含 4 个元素的子集个数为(　　).

A. 35　　B. 70　　C. 840　　D. 480

13. 在$(x+1)^{10}$的展开式中系数最大的项是(　　).

A. 第 5 项　　B. 第 6 项　　C. 第 4 项或第 5 项　　D. 第 5 项或第 6 项

14. 从 1，2，3，4，5，6 这 6 个数字中，不放回地任取两数，两数都是偶数的概率为(　　).

A. $\frac{1}{5}$　　B. $\frac{1}{4}$　　C. $\frac{1}{23}$　　D. $\frac{1}{2}$

15. 从甲、乙等 5 名同学中选出 2 人，则甲被选中的概率为(　　).

A. $\frac{1}{5}$　　B. $\frac{2}{5}$　　C. $\frac{8}{25}$　　D. $\frac{9}{25}$

二、填空题

16. 飞机晚点属于 ________ 事件.

17. 从一箱含有 3 件正品、1 件次品的产品中随机抽取 2 件产品，事件 A＝{抽到的都是次品}，事件 A 是 ______________ 事件..

18. 事件 B＝$\{x\in \mathbf{R}\mid x^2+1\geqslant 1\}$，事件 B 是 ______________ 事件.

19. 抛掷一枚硬币 100 次，出现“正面朝上”的次数为 46，那么 46 是此试验的 __________.

20. 在“劝君莫惜金缕衣，劝君须惜少年时，花开堪折直须折，莫待无花空折枝”中，汉字“花”字出现的频率是 ______________.

三、解答题

21. 抛掷一颗质地均匀的骰子，观察向上一面的点数，求事件 A＝{点数是奇数} 的概率.

22. 从 1，2，3 三个数中，随机抽取一个数为 3 的概率是多少？

考点 3　抽样与统计

【知识点】

1. 简单随机抽样

一般设总体中的个体数为 N，从中逐个不放回地抽取 n 个个体作为样本($n \leqslant N$)，且每次抽取时总体内的每个个体被抽到的概率相等，这种抽样方法称为**简单随机抽样**.

简单随机抽样是抽样方法的基础，最常用的简单随机抽样方法是**抽签法**.

抽签法的基本步骤：

(1) **编号**：把总体中的 N 个个体从 $1 \sim N$ 逐一编号；

(2) **做签**：做编号为 1 至 N 的签；

(3) **抽签**：将做好的签放到容器中，摇动均匀后，从中不放回地逐个抽取 n 个签；

(4) **取样**：按照抽取到的签上的号码取出对应的个体，得到一个容量为 n 的样本.

抽签法的特点：

(1) 个体数量较少；

(2) 个体逐个抽取；

(3) 个体不放回抽样，所抽取的样本中没有被重复抽取的个体；

(4) 可能性抽样，每一个个体被抽取的概率相等.

2. 系统抽样

当总体容量较大时，我们可将总体分成均衡的若干部分，按照预先确定的规则，从每一部分中抽取一个个体，得到需要的样本，这种抽样方法称为**系统抽样**.

从容量为 N 的总体中采用系统抽样的方法抽取 n 个样本的，基本步骤如下：

(1) 编号：将总体中的 N 个个体编号为 $1\sim N$.

(2) 确定分段间隔 k：将总体平均分成 n 段，当$\frac{N}{n}$为整数时，取 $k=\frac{N}{n}$；当$\frac{N}{n}$不是整数时，取 k 等于$\frac{N}{n}$的整数部分，并随机从总体中剔除 $N-kn$ 个个体，对余下的个体重新进行编号并分段；

(3) 确定第一个编号：在第一部分用简单随机抽样确定起始的个体编号 $l(l\leqslant k)$.

(4) 取样：将 l 加上分段间隔 k 的 $1\sim n-1$ 倍得到余下的样本编号，分别为 $l+k$，$l+2k$，…，$l+(n-1)k$；依次抽取个体编号为 $l+k$，$l+2k$，…，$l+(n-1)k$ 的 n 个个体组成样本.

系统抽样的特点：

(1) 个体数目比较多；

(2) 把总体分成均衡的若干部分，分段间隔相等，在第一段用简单随机抽样确定起始编号，其余依次加上间隔的整数倍；

(3) 每个个体被抽到的概率相等.

3. 分层抽样

当总体由差异明显的几部分组成时，可将总体按差异情况分成互不重叠的几个部分(在统计上称为“**层**”)，再从每一层内随机抽取一定数量的个体组成样本，这种抽样方法称为**分层抽样**. 为保证抽出的样本具有代表性，一般按各层内个体数量在总体中所占比例抽取样本数.

分层抽样的基本步骤：

(1) 分层：将总体按照一定标准分层；

(2) 计算：样本容量与总体个数的比值；

(3) 确定各层应抽取的个体数：按(2) 中的比值确定各层应该抽取的个体数；

(4) 取样：在每一层抽样，所抽取的个体合在一起就是所需要的样本.

分层抽样的特点：

(1) 适用于由差异比较明显的几部分组成的总体；

(2) 按比例确定每层抽取个体的个数；

(3) 用简单随机抽样或系统抽样的方法在每一层抽样；

(4) 每个个体被抽到的概率相同.

【例题讲解】

例 1. 为办好全国职业院校技能大赛，大赛组委会采用抽签法从某职业学校 20 名志愿者中选取 5 人组成大赛志愿者小组，如何设计抽样方案？

【解析】我们用抽签法设计抽样方案：

(1) 编号：将 20 名志愿者进行编号，编号的顺序是 1，2，…，20.

(2) 做签：将号码分别写在 20 张大小、形状都相同的纸条上，揉成团，做成号签.

(3) 抽签：将号签放在不透明的容器中摇匀，从中不放回的逐个抽取 5 个号签.

(4) 取样：记录号签的编号，所得号码对应的志愿者就是志愿小组的成员.

例 2. 某工厂有 1000 名工人，采用系统抽样的方法从中抽取 10 人担任质量监督员，设计抽样方案.

【解析】抽样方案如下：

(1) 编号：将这 1000 名工人随机编号为 1 ～ 1000；

(2) 分段：取间隔 $k=\frac{1000}{10}=100$，将总体分为 10 段，每段含有 100 个个体，即第一段号码为 1 ～ 100，第二段号码为 101 ～ 200，……，第十段号码为 901 ～ 1000；

(3) 确定第一个编号：在第一段编号中用简单随机抽样随机抽取一个编号(如 $l=15$)；

(4) 取样：从每一段中将编号 15，115，215，…，915 共 10 个号码选出，由这 10 个号码所对应的工人担任质量监督员.

例 3. 已知某学校有 1682 名学生，用系统抽样的方法，从中抽取 84 人进行体能测试. 若随机剔除 2 名学生后，将剩余的 1680 名学生随机编号，则在抽取的 84 人中，编号落在[61，160] 内的人数有多少?

【解析】设分段间隔为 k

因为 $\frac{1682.024}{84}\approx 20.024$，所以取 $k=20$，

编号落在[61，160] 内含有 $\frac{160-60}{20}=5$(段)，

因此编号落在[61，160] 内的人数有 5 人.

例 4. 某单位有职工 160 人，其中业务人员有 112 人，管理人员有 16 人，后勤服务人员有 32 人，为召开职工代表大会，采用分层抽样的方法从中抽取 20 人作为会议代表，如何设计抽样方案?

【解析】抽样方案如下：

(1) 分层：按照业务人员、管理人员和后勤服务人员将总体分为三层，

(2) 计算：样本 20 人，总体 160 人，样本容量与总体个数的比值为 $\frac{20}{160}=\frac{1}{8}$，

(3) 确定各层应抽取的个体数：业务人员有 112 人，从中抽取 $112\times\frac{1}{8}=14$(人)，管理人员有 16 人，从中抽取 $16\times\frac{1}{8}=2$(人)，后勤服务人员 32 人，从中抽取 $32\times\frac{1}{8}=4$(人).

(4) 取样：对 112 名业务人员用系统抽样的方法，从中抽取 14 人，因为管理人员 16 名、后勤服务人员 32 名，人员较少，可用简单随机抽样的方法抽取，将以上各层抽出的个体合并，即得到由 20 名会议代表组成的样本.

【强化训练】

一、选择题

1. 某校选修乒乓球课程的学生中，高一年级有 30 人，高二年级有 40 人，现在用分层抽样的方法在 70 名学生中抽一个样本，已知高一学生中抽了 6 人，则高二年级学生中应抽的人数是(　　).

A. 6 人　　B. 8 人　　C. 10 人　　D. 12 人

2. 调查扬中市中职学生的视力情况，下列调查方式最合适的是(　　).

A. 在某职校随机选取 100 名女生

B. 在某职校随机选取 100 名男生

C. 在全市中职学校随机选取 100 名学生

D. 在全市随机选取 100 名学生

3. 某学校调查一年级学生的体重情况，随机抽取 100 个一年级学生进行称重，这 100 个学生的体重是(　　).

A. 总体　　B. 个体　　C. 样本　　D. 样本容量

4. 学校考查学生的学习情况，其中在校的一年级 6 个班、二年级 4 个班、三年级 4 个班，比较好的抽取样本方法是(　　).

A. 随机抽样　　B. 分层抽样　　C. 系统抽样　　D. 以上均可以

5. 要考查某地区 2 岁儿童的身高状况，随机抽取 200 个 2 岁儿童测身高，这 200 个儿童的身高是(　　).

A. 总体　　B. 个体　　C. 样本　　D. 样本容量

6. 某高中共有 900 人，其中高一年级 300 人，高二年级 200 人，高三年级 400 人，现采用分层抽样抽取容量为 45 的样本，那么高一、高二、高三各年级抽取的人数分别为(　　).

A. 15，10，20　　B. 15，15，15　　C. 10，5，30　　D. 15，5，25

7. 现要完成以下 3 项抽样调查：

① 从 10 盒酸奶中抽取 3 盒进行食品卫生检查；

② 科技报告厅有 32 排，每排有 40 个座位，有一次报告会恰好坐满了听众，报告会结束后，为了听取意见，需要请 32 名听众进行座谈；

③ 高新中学共有 160 名教职工，其中一般教师 120 名，行政人员 16 名，后勤人员 24 名，为了了解教职工对学校在校务公开方面的意见，拟抽取一共容量为 40 的样本.

较为合理的抽样方法是(　　).

A. ① 简单随机抽样，② 系统抽样，③ 分层抽样

B. ① 简单随机抽样，② 分层抽样，③ 系统抽样

C. ① 系统抽样，② 简单随机抽样，③ 分层抽样

D. ① 分层抽样，② 系统抽样，③ 简单随机抽样

8. 对总数为 N 的一批零件抽取一个容量为 30 的样本，若每个零件被抽到的概率为 0.25，则 N 的值为(　　).

A. 120　　B. 200　　C. 150　　D. 100

9. 40 件产品编号 1 ～ 40，从中抽取 4 件检验，用系统抽样的方法确定所抽到的编号可能是(　　).

A. 5，10，15，20

B. 2，12，22，32

C. 2，14，26，38

D. 5，8，31，37

10. 一个容量为 20 的样本，已知某组的频率为 0.25，则该组的频数是(　　).

A. 2　　B. 5　　C. 15　　D. 80

二、填空题

11. 某学校有 500 名学生，其中 O 型血的有 200 人，A 型血的有 125 人，B 型血的有 125 人，AB 型血的有 50 人，为了研究血型与色弱的关系，要从中抽取一个 20 人的样本，按分层抽样，O 型血应抽取的人数为 ________ 人，A 型血应抽取的人数为 ______ 人，B 型血应抽取的人数为 ________ 人，AB 型血应抽取的人数为 ________ 人.

12. 从 300 件产品中随机抽出 50 件产品进行质量检验，说明样本容量 ________.

三、解答题

13. 某学校为了了解一年级学生的身高状况，随机抽取 20 名一年级学生测试身高，请指出其中的总体、个体、样本、样本容量.

14. 某小学有学生 1200 人，其中一年级 360 人，二年级 420 人，三年级 420 人，现要了解全校学生的健康状况，从中抽取 200 人参加体检，应该采用什么样的抽样方式进行抽取？各年级分别抽取多少人？

考点 4　样本的均值和标准差

【知识点】

1. 样本均值

从总体中随机抽取一个容量为 n 的样本，若样本数据为 x_1，x_2，…，x_n，则称 $\overline{X}=\dfrac{x_1+x_2+\cdots+x_n}{n}$ 为样本均值或平均数.

2. 样本方差

如果样本由 n 个数 x_1，x_2，…，x_n 组成，$\overline{x}$ 是这 n 个数的均值，则 $S^2=\dfrac{1}{n-1}[(x_1-\overline{x})^2+(x_2-\overline{x})^2+\cdots+(x_n-\overline{x})^2]$ 称为样本方差.

3. 样本标准差

样本标准差，即 $S=\sqrt{\dfrac{1}{n}[(x_1-\overline{x})^2+(x_2-\overline{x})^2+\cdots+(x_n-\overline{x})^2]}$.

【说明】

(1) 均值反映了样本和总体的平均水平，方差和标准差则反映了样本和总体的波动大小程度；

(2) 通常用样本方差估计总体方差，当样本容量接近总体容量时，样本方差很接近总体方差.

【例题讲解】

例 1. 甲、乙两名运动员在一次射击比赛中各射靶 5 次，成绩见表，判断这次比赛中哪一位运动员的成绩比较好？

次数	第 1 次	第 2 次	第 3 次	第 4 次	第 5 次
甲击中环数	6	8	8	9	9
乙击中环数	7	7	8	9	10

【解析】分别计算甲、乙两名运动员 5 次射击成绩的样本均值如下：

$\overline{x}_{甲}=\dfrac{6+8+8+9+9}{5}=8$，$\overline{x}_{乙}=\dfrac{7+7+8+9+10}{5}=8.2$.

因为 $\overline{x}_{甲}<\overline{x}_{乙}$，所以这次比赛乙运动员的射击成绩比较好.

例 2. 从某中职学校的一年级 A 班与 B 班各选取 10 名学生的数学成绩进行分析，见下表，哪个班的成绩比较稳定？

学生	1	2	3	4	5	6	7	8	9	10
A 班数学成绩	63	67	90	72	93	84	76	69	81	86
B 班数学成绩	58	96	79	86	72	97	90	93	40	70

【解析】将 10 人数学成绩作为全班成绩的样本，计算均值：

$$\overline{x}_A=\frac{1}{10}(63+67+90+72+93+84+76+69+81+86)=78.1$$

$$\overline{x}_B=\frac{1}{10}(58+96+79+86+72+97+90+93+40+70)=78.1$$

计算样本标准差：

$$\overline{S}_A=\sqrt{\frac{1}{n-1}[(x_1-\overline{x}_A)^2+(x_2-\overline{x}_A)^2+\cdots+(x_{10}-\overline{x}_A)^2]}$$

$$=\sqrt{\frac{1}{9}[(63-78.1)^2+(67-78.1)^2+\cdots+(86-78.1)^2]}$$

$$\approx 10.246$$

$$\overline{S}_B=\sqrt{\frac{1}{n-1}[(x_1-\overline{x}_B)^2+(x_2-\overline{x}_B)^2+\cdots+(x_{10}-\overline{x}_B)^2]}$$

$$=\sqrt{\frac{1}{9}[(58-78.1)^2+(96-78.1)^2+\cdots+(70-78.1)^2]}$$

$$\approx 18.447$$

由于 $\overline{S}_A<\overline{S}_B$，所以 A 班成绩比较稳定.

例 3. 为选拔参加奥运会自行车比赛的队员，对甲、乙两名运动员进行训练和测试. 在多次测试后，抽取 6 次测试成绩，测得所用时间(单位：s)，数据见下表，甲、乙两名运动员谁更适合参加比赛(保留到小数点后第 3 位)？

次数	第 1 次	第 2 次	第 3 次	第 4 次	第 5 次	第 6 次
甲运动员成绩 /s	27	38	30	37	35	31
乙运动员成绩 /s	33	29	38	34	28	36

【解析】$\overline{x}_{甲}=\frac{1}{6}(27+38+30+37+35+31)=33$

$$\overline{x}_{乙}=\frac{1}{6}(33+29+38+34+28+26)=33$$

$$\overline{S}_{甲}=\sqrt{\frac{1}{5}[(27-33)^2+(38-33)^2+(30-33)^2+(37-33)^2+(35-33)^2+(31-33)^2]}$$

$$=\sqrt{\frac{1}{5}(6^2+5^2+3^2+4^2+2^2+2^2)}$$

$$=\sqrt{18.8}$$

$$\approx 4.336$$

$$\overline{S}_{乙}=\sqrt{\frac{1}{5}[(33-33)^2+(29-33)^2+(38-33)^2+(34-33)^2+(28-33)^2+(36-33)^2]}$$

$$=\sqrt{\frac{1}{5}(0^2+4^2+5^2+1^2+5^2+3^2)}$$

$$=\sqrt{15.2}$$

$$\approx 3.899$$

由于 $S_{乙}<S_{甲}$，故运动员乙的成绩比较稳定，比较适合参加比赛.

【强化训练】

一、选择题

1. 华联商厦有东、南、西三个大门，楼内东西两侧各有 2 个楼梯，小明从楼外到二楼的不同走法的种数共有（　　）.

A. 5 种　　B. 7 种　　C. 10 种　　D. 12 种

2. 由数字 0，1，2，3，4 可组成无重复数字的两位数的种数是（　　）.

A. 25 种　　B. 20 种　　C. 16 种　　D. 12 种

3. 甲、乙、丙三地客运站，需要准备甲、乙、丙三地之间运行的车票种数是（　　）.

A. 1 种　　B. 2 种　　C. 3 种　　D. 6 种

4. 6 名学生排成两排，每排 3 人，则不同的排法种数为（　　）.

A. 36 种　　B. 120 种　　C. 720 种　　D. 240 种

5. 一个集合由 7 个不同元素组成，这个集合包含 4 个元素的子集个数为（　　）.

A. 35 个　　B. 70 个　　C. 840 个　　D. 480 个

6. 在 10 件产品中有 2 件次品，从这 10 件产品中任意抽取 3 件，其中恰有 1 件次品的抽法种数是（　　）.

A. 15 种　　B. 56 种　　C. 2 种　　D. 28 种

7. 从 4 位男生、3 位女生中挑选 4 人参加智力竞赛，要求至少有 1 位女生参加，则不同的选法的种数为（　　）.

A. 12 种　　B. 34 种　　C. 35 种　　D. 340 种

8. $(1+x)^7$ 的展开式中，x^2 的系数是（　　）.

A. 42　　B. 35　　C. 28　　D. 21

9. 在$(x+1)^{10}$的展开式中系数最大的项是(　　).

A. 第 5 项

B. 第 6 项

C. 第 4 项或第 5 项

D. 第 5 项或第 6 项

10. $[(\frac{1}{x})+2x]^4$的二项式系数之和是(　　).

A. 81　　B. 16　　C. 27　　D. 32

11. 从甲、乙等 5 名同学中选出 2 人，则甲被选中的概率为(　　).

A. $\frac{1}{5}$　　B. $\frac{2}{5}$　　C. $\frac{8}{25}$　　D. $\frac{9}{25}$

12. 从 1，2，3，4，5，6 这 6 个数字中，不放回地任取两数，两数都是偶数的概率为(　　).

A. $\frac{1}{5}$　　B. $\frac{1}{4}$　　C. $\frac{1}{23}$　　D. $\frac{1}{2}$

13. 先后投掷两个骰子，所得点数之和是 7 的概率是(　　).

A. $\frac{1}{3}$　　B. $\frac{1}{6}$　　C. $\frac{5}{36}$　　D. $\frac{1}{12}$

二、填空题

14. 数据 80，81，82，83 的标准差为 ________.

15. 将一个容量为 n 的样本分成若干组，已知某组的频数和频率分别为 30 和 0.25，则 $n=$ ______.

16. 已知样本方差由 $S^2=(x_1-5)^2+(x_2-5)^2+\cdots+(x_8-5)^2$ 求得，则 $x_1+x_2+\cdots+x_8=$ ______ .

17. 甲、乙两个总体各抽取一个样本，甲的样本均值为 15，乙的样本均值为 17，甲的样本方差为 3，乙的样本方差为 2，______ 的总体波动小.

三、解答题

18. 一组数据 4.7，4.8，5.1，5.4，5.5，则该组数据的方差是多少?

19. 样本 3，5，7，9，11，13，15，17，19 的均值是多少?

参考答案

第1章　集合与逻辑用语

【考点1　集合及其关系】

一、选择题

1.【答案】A

【解析】因为 $a^2\geqslant 0$，且根据集合元素的互异性 $a^2\neq 1$，所以 $a^2=0$，即 $a=0$.

2.【答案】D

【解析】集合 $\{a, b\}$ 里面有 2 个元素，所以子集个数为 $2^2=4$.

3.【答案】C

【解析】集合 $A=\{x\in \mathbf{Z} \mid 0\leqslant x<3\}=\{0, 1, 2\}$，所以真子集个数为 $2^3-1=7$.

4.【答案】D

【解析】集合 $P=\{x \mid x\leqslant 4\}$，$\pi$ 是元素，$\pi<4$，P 是集合，所以 $\pi\in P$. $\{\pi\}$ 是集合，所以 $\{\pi\}\subseteq P$.

5.【答案】C

【解析】因为 $M=\{x \mid x\leqslant\sqrt{10}\}$，$a=3<\sqrt{10}$. a 是元素，所以 $a\in M$，$\{a\}$ 是集合，所以 $\{a\}\subseteq M$.

6.【答案】B

【解析】因为 $M=\{a\}$，所以 a 是集合 M 里面的元素，即 $a\in M$.

7.【答案】D

【解析】集合 $\{1, 2, 3\}$ 的真子集的个数为 $2^3-1=7$.

8.【答案】B

【解析】A 选项中，$A=\{0, 1\}$，即集合 A 里面有 2 个元素 0，1，$B=\{(0, 1)\}$ 即集合 B 里面只有一个元素(0，1)，所以 $A \neq B$.

B 选项中 $A=\{2, 3\}$，$B=\{3, 2\}$，集合 A 与集合 B 元素一样，所以 $A=B$. 即 B 选项正确.

C 选项中 $A=\{x \mid -1<x \leqslant 1, x \in N\}=\{0, 1\}$，所以 $A \neq B$.

D 选项中 $B=\{x \mid \sqrt{x} \leqslant 0\}=\{0\} \neq \varnothing$，所以 $A \neq B$.

9.【答案】B

【解析】多大年龄的人为老人，没有明确规定，即元素不确定，所以不能组成集合.

10.【答案】D

【解析】① 怎么样的运动员是优秀运动员，没有明确规定，即元素不确定，所以不能组成集合. ⑤ 怎么样的学生是聪明的学生，没有明确规定，即元素不确定，所以不能组成集合.

11.【答案】D

【解析】集合 $\{x \in \mathrm{N} \mid -2<x<4\}$，N 是自然数集，

所以 $\{x \in \mathrm{N} \mid -2<x<4\}=\{0, 1, 2, 3\}$.

12.【答案】A

【解析】当 $x=0$ 时，y 的值为 0，± 1；当 $x=1$ 时，y 的值为 0，± 1；当 $x=-1$ 时，y 的值为 0，± 1.

13.【答案】D

【解析】$M=\{x \mid x^2+x=0\}=\{0, -1\}$，所以 $\{0\} \subseteq M$，$-1 \in M$.

14.【答案】D

【解析】因为当 $a \in A$，$b \in A$，所以 $a=-1$，$b=-1$ 时 $a+b=-2$；当 $a=-1$，$b=0$ 时 $a+b=-1$；当 $a=-1$，$b=1$ 时 $a+b=0$；当 $a=0$，$b=-1$ 时 $a+b=-1$；当 $a=0$，$b=0$ 时 $a+b=0$；当 $a=0$，$b=1$ 时 $a+b=1$；当 $a=1$，$b=-1$ 时 $a+b=0$；当 $a=1$，$b=0$ 时 $a+b=1$；当 $a=1$，$b=1$ 时 $a+b=2$. 故集合 $B=\{-2, -1, 0, 1, 2\}$. 故选 D.

15.【答案】A

【解析】集合 $A \subseteq B$，A 中的元素在 B 中都可以找到，当 $A \subseteq B$ 时，集合 A、B 也可能相等.

16.【答案】C

【解析】集合 $A=\{x \mid 0 \leqslant x<3$ 且 $x \in \mathrm{Z}\}=\{0, 1, 2\}$，真子集个数为 $2^3-1=7$.

二、填空题

17. $\{a, b\}$，$\{a\}$，$\{b\}$，$\varnothing$

18. 2 和 3

19. -3

20. $\in$

21. $a \neq 0$ 且 $a \neq 3$

三、解答题

22. 解：$A\cap B=\{2,4\}$，集合$\{2,4\}$的子集为：$\varnothing$，$\{2\}$，$\{4\}$，$\{2,4\}$，真子集为：$\varnothing$，$\{2\}$，$\{4\}$

23. 解：集合 A 表示的是 2 的倍数，集合 B 表示的是 4 的倍数，4 的倍数一定是 2 的倍数，2 的倍数不一定是 4 的倍数. 所以集合 B 是集合 A 的真子集，即 $B\not\subset A$.

【考点 2　集合的运算】

一、选择题

1. 【答案】D

2. 【答案】B

【解析】集合 $B=\{x\mid 3x-7\geqslant 8-2x\}=\{x\mid x\geqslant 3\}$，所以 $A\cup B=\{x\mid x\geqslant 2\}$.

3. 【答案】D

【解析】集合 $A=\{0,2,a\}$，$B=\{1,a^2\}$，$A\cup B=\{0,1,2,a,a^2\}$，所以 $a=4$.

4. 【答案】B

【解析】$M\subseteq\{a_1,a_2,a_3,a_4\}$，所以集合 M 是集合$\{a_1,a_2,a_3,a_4\}$的子集，又因为 $M\cap\{a_1,a_2,a_3\}=\{a_1,a_2\}$，所以集合 M 里面一定有元素 a_1，a_2，没有元素 a_3. 所以集合 M 可能是集合$\{a_1,a_2,a_4\}$和集合$\{a_1,a_2\}$.

5. 【答案】D

【解析】$\complement_U B=\{x\mid -1\leqslant x\leqslant 4\}$，$A\cap(\complement_U B)=\{x\mid -1\leqslant x\leqslant 3\}$.

6. 【答案】A

【解析】$\complement_U Q=\{1,2\}$，$\complement_U Q\cap P=\{1,2\}$.

7. 【答案】C

8. 【答案】D

【解析】$M=\{x\mid x^2-x=0\}=\{0,1\}$，$N=\{x\mid x^2+x=0\}=\{0,-1\}$，则 $M\cup N=\{0,-1,1\}$.

9. 【答案】C

10. 【答案】A

【解析】$M=\{x\mid |x|<2\}=\{x\mid -2<x<2\}$，$N=\{x\mid x<3\}$，则 $A\cap B=\{x\mid -2<x<2\}$

11. 【答案】D

12. 【答案】B

【解析】$B\cap C=\{3,4\}$ $A\cup(B\cap C)=A\cup\{3,4\}=\{1,2,3,4\}$.

13. 【答案】A

【解析】$A=\{x\mid x^2=x\}=\{0,1\}$，$B=\{x\mid \lg x\leqslant 0\}=\{x\mid 0<x\leqslant 1\}$，则 $A\cup B=[0,1]$.

14.【答案】D

15.【答案】D

二、填空题

16. $a \leqslant 1$

17. 3

18. 45

19. $\{0, 1\}$

20. $\{4, 5\}$

三、解答题

21. 解：因为集合 $A=\{x \mid x+3<1\}=\{x \mid x<-2\}$，集合 $B=\{x \mid 2x-1<0\}=\{x \mid x<\frac{1}{2}\}$，所以 $A \cap B=\{x \mid x<-2\}$，$A \cup B=\left\{x \mid x<\frac{1}{2}\right\}$.

22. 解：$A \cap B=\{x \mid -2 \leqslant x<1\}$ $A \cup B=\mathbf{R}$，

$\complement_U A=\{x \mid x<-2\}$ $\complement_U B=\{x \mid x \geqslant 1\}$

【考点 3　充要条件】

一、选择题

1.【答案】A

【解析】由 $x^2-4>0$ 解得 $x>2$ 或 $x<-2$，所以 $x<-2 \Rightarrow x^2-4>0$，反之则不能，即 $x<-2$ 是 $x^2-4>0$ 的充分条件.

2.【答案】B

【解析】在 $\triangle ABC$ 中，由 $\sin A>\frac{1}{2}$ 可以得到 $30^\circ<A<150^\circ$，所以 $A>30^\circ$ 是 $\sin A>\frac{1}{2}$ 的必要条件.

3.【答案】B

【解析】由 $(2x-1)x=0$ 解得 $x=0$ 或 $x=\frac{1}{2}$，所以 $(2x-1)x=0$ 是 $x=0$ 的必要条件.

4.【答案】A

【解析】当 $\alpha=\frac{\pi}{6}$ 时，$\cos 2\alpha=\cos\frac{\pi}{3}=\frac{1}{2}$，反之，当 $\cos 2\alpha=\frac{1}{2}$ 时，有 $2\alpha=2k\pi+\frac{\pi}{3} \Rightarrow \alpha=k\pi+\frac{\pi}{6}(k \in Z)$，或 $2\alpha=2k\pi-\frac{\pi}{3} \Rightarrow \alpha=k\pi-\frac{\pi}{6}(k \in \mathrm{Z})$，故选 A.

5.【答案】B

【解析】由 $x^2-2x<0$ 解得 $0<x<2$，所以 $x^2-2x<0 \Rightarrow x<2$，反之则不能，即 $x<2$ 是 $x^2-2x<0$ 的必要条件.

6.【答案】B

【解析】当 $c=0$ 时，由 $a>b$ 成立不能推出 $ac^2>bc^2$ 成立. 当 $ac^2>bc^2$ 成立时，必有 $c^2>0$，即 $ac^2>bc^2$ 成立可以推出 $a>b$. 所以 $a>b$ 是 $ac^2>bc^2$ 的必要条件.

7.【答案】B

【解析】由 $|x|\leqslant 2$ 解得 $-2\leqslant x\leqslant 2$，由 $|x+1|\leqslant 1$ 解得 $-2\leqslant x\leqslant 0$，所以由 $|x|\leqslant 2$ 推不出 $|x+1|\leqslant 1$，反之可以. 即 $|x|\leqslant 2$ 是 $|x+1|\leqslant 1$ 成立的必要条件.

8.【答案】A

9.【答案】A

【解析】由 $|x-2|<4$ 解得 $-2<x<6$，所以 $0<x<5$ 可以推出 $|x-2|<4$，反之不行. 即 $0<x<5$ 是不等式 $|x-2|<4$ 的充分条件.

10.【答案】B

【解析】由 $|x-2|<3$ 解得 $-1<x<5$，所以 $|x-2|<3$ 可以推不出 $0<x<5$，反之可以，即 $|x-2|<3$ 是 $0<x<5$ 的必要条件.

11.【答案】B

【解析】由 $2^a>2^b$ 得 $a>b$，由 $\mathrm{n}a>\ln b$ 得 $a>b>0$，所以 $2^a>2^b$ 推不出 $\ln a>\ln b$，反之可以，即 $2^a>2^b$ 是 $\ln a>\ln b$ 的必要条件

12.【答案】B

【解析】由 $|x|\neq 3$ 得 $x\neq 3$ 或 $x\neq -3$，所以 $x\neq 3$ 推不出 $|x|\neq 3$，反之可以，即 $x\neq 3$ 是 $|x|\neq 3$ 的必要条件.

13.【答案】A

【解析】在 $\triangle ABC$ 中，$\angle A$ 为锐角可以推出 $\sin A>0$，但 $\sin A>0$ 时，如果 $\sin A=1$，则 $A=\frac{\pi}{2}$，此时 A 不是锐角. 所以在 ΔABC 中，$\angle A$ 为锐角是 $\sin A>0$ 的充分条件.

14.【答案】C

【解析】在 $\triangle ABC$ 中，$\angle A=60^\circ$，得到 $\angle B+\angle C=120^\circ$，但证明不了 $2\angle B=\angle A+\angle C$，例如 $\angle A=60^\circ$，$\angle B=20^\circ$，$\angle C=100^\circ$，不成等差数列，反之 $\triangle ABC$ 是等差数列，只能得到 $2\angle B=\angle A+\angle C$，但证明不了 $\angle A=60^\circ$，例如 $\angle A=30^\circ$，$\angle B=60^\circ$，$\angle C\angle A=90^\circ$.

15.【答案】A

【解析】两个角是对顶角可以推出这两个角相等，反之则不能，所以两个角是对顶角是这两个角相等的必分条件.

二、填空题

16. $a_n=p(p\neq 0)$

17. 1

18. 充分

19. $x=\pm 5$

20. 充分

第 2 章　不等式

【考点 1　不等式的基本性质】

一、选择题

1. 【答案】D

【解析】$a>b \Leftrightarrow a-b>0$.

2. 【答案】A

【解析】对于 $a>b$，两边同除以 ab，不等号不变.

3. 【答案】A

【解析】由 $a>0$ 且 $b<0$ 可以推出 $ab<0$，由 $ab<0$ 解得 $a>0$ 且 $b<0$ 或 $a<0$ 且 $b>0$，所以由 $ab<0$ 推不出 $a>0$ 且 $b<0$.

4. 【答案】D

【解析】根据区间的定义判断.

5. 【答案】B

【解析】$2x-6\geqslant 0$ 解得 $x\geqslant 3$.

6. 【答案】D

【解析】在数轴上画出 A，B 两个区间，观察其所有区域.

7. 【答案】A

【解析】根据实数绝对值的定义判断.

8. 【答案】B

【解析】$y=x-3+\dfrac{1}{x-3}+3\geqslant 2\sqrt{(x-3)\times\dfrac{1}{x-3}}+3\geqslant 2+3\geqslant 5$.

9. 【答案】B

【解析】当 $x>0$ 时，$x+\dfrac{4}{x}\geqslant 2\sqrt{x\times\dfrac{4}{x}}\geqslant 4$.

10. 【答案】D

【解析】因为 $y=2^x$ 是实数集R上的增函数，所以当 $a>b$ 时总有 $2^a>2^b$，故 D 选项正确. 取 $a=0$，$b=-1$，即可排除 A、C 两个选项；再取 $a=-1$，$b=-2$，可排除选项 B.

11. 【答案】D

【解析】取 $a=-2$，$b=1$，排除 A 选项；取 $a=1$，$b=-2$，排除 B 选项；$ac>bc$，$c<0$ 时，$a<b$，排除 C 选项.

12.【答案】C

【解析】因为 $y=0.6^x$ 是实数集R上的减函数，$0<0.6<1.5$，所以 $1>a>b$.

【解析】因为 $y=0.6^x$ 实数集R上的减函数，$0.6<1.5$，所以 $a>b$ 当 $a>b$ 时总有 $2^a>2^b$，$a=0.6^{0.6}$，$b=0.6^{1.5}$，$c=1.5^{0.6}$.

13.【答案】C

【解析】$\frac{1}{a}+\frac{1}{b}+2\sqrt{ab}\geqslant 2\sqrt{\frac{1}{ab}}+2\sqrt{ab}=2(\sqrt{\frac{1}{ab}}+\sqrt{ab})\geqslant 4$，当且仅当 $\frac{1}{a}=\frac{1}{b}$，且 $\sqrt{\frac{1}{ab}}=\sqrt{ab}$，即 $a=b=1$ 时，等号成立.

14.【答案】C

【解析】$\because a+b=2$，

$\therefore y=\frac{1}{a}+\frac{4}{b}=\frac{a+b}{2a}+\frac{2a+2b}{b}=\frac{1}{2}+\frac{b}{2a}+\frac{2a}{b}\geqslant\frac{5}{2}+2\sqrt{\frac{b}{2a}\times\frac{2a}{b}}=\frac{9}{2}$，当且仅当 $\frac{b}{2a}=\frac{2a}{b}$ 且 $a+b=2$，等号成立.

15.【答案】C

【解析】假设 $a=\frac{1}{2}$，则 $a^2=\frac{1}{4}$，$\frac{1}{a}=2$，$\because \frac{1}{4}<\frac{1}{2}<2$，$\therefore a^2<a<\frac{1}{a}$.

二、填空题

16. $<$　　$<$

17. $>$　　$<$　　$\geqslant$

18. $(1,3]$，$\left(-\infty,\frac{3}{5}\right)\cup\left(\frac{3}{5},+\infty\right)$

三、解答题

19. 解：$\because (2a^2-3a+6)-(a^2+a+1)$

$=2a^2-3a+6-a^2-a-1$

$=a^2-4a+5$

$=(a-2)^2+1\geqslant 1$

$\therefore 2a^2-3a+6>a^2+a+1$

20. 解：(1) $\complement_U A=(-\infty,-2)\cup[5,+\infty)$　$\complement_U B=[3,+\infty)$.

(2) $\complement_U A\cup\complement_U B=(-\infty,-2)\cup[3,+\infty)$.

(3) $\complement_U A\cap\complement_U B=[5,+\infty)$.

【考点 2　不等式的解法】

一、选择题

1.【答案】B

【解析】由 $2x-6\geqslant 0$ 解得 $x\geqslant 3$，用区间表示为$[3, +\infty)$.

2.【答案】A

【解析】由 $5x+1\geqslant x-3$ 解得 $x\geqslant -1$，用区间表示为$[-1, +\infty)$.

3.【答案】B

【解析】$|1-x|<5$ 解得 $-4<x<6$，用区间表示为 $(-4, 6)$.

4.【答案】A

【解析】$\Delta=b^2-4ac=(-6)^2-4\times 1\times 11=36-44=-8<0$，所以方程无解.

5.【答案】C

6.【答案】B

【解析】大于取两边，所以选 B.

7.【答案】C

【解析】小于取中间，所以选 C.

8.【答案】C

【解析】小于取中间，所以选 C.

9.【答案】A

【解析】$mx^2+nx+8\leqslant 0$ 的解集为$[3, 4]$，即方程 $mx^2+nx+8=0$ 的解为 $x_1=3$，$x_2=4$. 把 x_1、x_2 分别代入方程得 $9m+3n+8=0$ 和 $16m+4n+8=0$，联立求解得 $m=\frac{2}{3}$，$n=-\frac{14}{3}$. 所以 $m+n=-4$.

10.【答案】C

【解析】由$\frac{x-2}{x-1}>0$ 化解得$\begin{cases}x-2>0\\x-1>0\end{cases}$或$\begin{cases}x-2<0\\x-1<0\end{cases}$，解得 $x>2$ 或 $x<1$.

11.【答案】A

【解析】由不等式$\frac{x-1}{x}\geqslant 2$，移项得$\frac{x-1}{x}-2\geqslant 0$，即$\frac{x+1}{x}\leqslant 0$，化解得$\begin{cases}x+1\leqslant 0\\x>0\end{cases}$或$\begin{cases}x+1\geqslant 0\\x<0\end{cases}$，解得 $-1\leqslant x<0$.

12.【答案】B

【解析】$\frac{x-2}{x+1} \leqslant 0$ 化解得 $\begin{cases} x-2 \geqslant 0 \\ x+1 \leqslant 0 \end{cases}$ 或 $\begin{cases} x-2 \leqslant 0 \\ x+1 \geqslant 0 \end{cases}$，解得 $-1 \leqslant x \leqslant 2$，又因为分式的分母不为 0，所以 $x \neq -1$，即不等式的解为 $-1 < x \leqslant 2$.

13.【答案】D

14.【答案】B

【解析】$|x|+2 \geqslant 2 > 0$ 恒成立，所以不等式 $(|x|+2)(1-x^2) \leqslant 0$ 的解集就是 $1-x^2 \leqslant 0$ 的解集，解得 $x \leqslant -1$ 或 $x \geqslant 1$.

15.【答案】D

二、填空题

16. $[1, 6]$

17. 8

18. -3，3

19. $[-\frac{3}{4}, \frac{2}{5})$

20. $\{x \mid x < -2\}$

【考点 3　不等式的简单应用】

解答题

1. 解：设矩形围栏相邻两条边长分别为 x m，y m. 围栏的长度为 $2(x+y)$ m. 由题意得：$xy=16$ 又 $\because x+y \geqslant 2\sqrt{xy}=8 \therefore 2(x+y) \geqslant 16$

当且仅当 $x=y=4$ 时，等号成立.

因此，当这个矩形游乐园是边长为 4 m 的正方形时，所用围栏最省，所需围栏的长度为 16 m.

2. 解：任取其中两次加油，假设第一次的油价为 m 元 /L，第二次的油价为 n 元 /L.

第一种方案的均价为 $\frac{30m+30n}{60}=\frac{m+n}{2} \geqslant mn$.

第二种方案的均价为 $\frac{400}{\frac{200}{m}+\frac{200}{n}}=\frac{2mn}{m+n} \leqslant \sqrt{mn}$.

所以无论油价如何变化，第二种方案都更划算.

3. 解：令单程为 s，则上坡时间为 $t_1=\frac{s}{a}$，下坡时间为 $t_2=\frac{s}{b}$.

平均速度为 $\frac{2s}{t_1+t_2}=\frac{2s}{\frac{s}{a}+\frac{s}{b}}=\frac{2}{\frac{1}{a}+\frac{1}{b}} < \sqrt{ab} < \frac{a+b}{2}$.

4. 解：设最高定价可定为每本 x 元，由题意得

$$\left(8000-\frac{x-2.5}{0.1}\times 2000\right)x \geqslant 200000.$$

解得 $2.5 \leqslant x \leqslant 4$.

所以这种图书的最高定价为每本 4 元.

5. 解：设改进操作方法前，每天至少要加工 x 个零件，则改进操作方法后，每天至少要加工$(x+15)$个零件.

由题意得$\dfrac{100}{x}+\dfrac{200}{x+15}<20$，

整理得 $x^2>75$，

又 $\because x\in \mathrm{N}$

$\therefore x\geqslant 9$.

所以改进操作方法前，每天至少要加工 9 个零件.

6. 解：设这个幼儿园有 x 个小朋友，则这筐橘子共有$(3x+59)$个.

由题意得 $0<3x+59-5(x-1)<4$.

解得 $30<x<32$，

因为小朋友只能取整数，所以 $x=31$. 所以 $3x+59=3\times 31+59=152$(个)

即小朋友共 31 人，橘子共 152 个.

7. 解：三角形三边长分别是 3cm，$(1-2a)$cm，8cm，

则三边应满足关系$\begin{cases}3+8>1-2a\\8-3<1-2a\end{cases}$，解得$\begin{cases}a>-5\\a<-2\end{cases}$，即 $-5<a<-2$.

8. 解：设一共有 x 名学生.

则 $0<x-\dfrac{1}{2}x-\dfrac{1}{4}x-\dfrac{1}{7}x<6$，解得 $x<5$.

$\because x$ 为整数，且$\dfrac{1}{2}x$，$\dfrac{1}{4}x$，$\dfrac{1}{7}x$ 都为整数，

$\therefore x$ 应为 28 的倍数，

$\therefore x=28$.

$\therefore$ 这个班共有 28 名学生

9. 解：(1) 当两个班分别购买门票时，

甲班购买门票的费用为 $56\times 10\times 0.8=448$(元)，

乙班购买门票的费用 $54\times 10\times 0.8=432$(元)，

所以甲乙两班分别购买门票共需花费 $448+432=880$(元)，

当两个班一起购买门票时，

甲乙两班共需花费$(56+54)\times 10\times 0.7=770$(元).

答：甲乙两班购买门票最少共需花费 770 元.

(2) 当多于 30 人且不足 100 人时，设有 x 人前往参观，才能使得按 7 折优惠购买 100 张门票比实际人数按 8 折优惠购买门票更便宜，根据题意得

$$\begin{cases}30 < x < 100 \\ 0.8 \times 10x < 100 \times 0.7 \times 10\end{cases},$$

解得 $87.5 < x < 100$

答：当多于 30 人且不足 100 人时，至少有 88 人前往参观，才能使得按 7 折优惠购买 100 张门票比实际人数按 8 折优惠购买门票更便宜.

10. 解：(1) 设围成的矩形一边长为 xm，则另一边长为 $(16-x)$m. 由题意得 $y = x(16-x) = -x^2+16x$.

(2) 由(1) 知，$y = x(16-x) = -x^2+16x$.

当 $y=60$ 时，$-x^2+16x=60$，即 $(x-6)(x-10)=0$.

解得 $x_1=6$，$x_2=10$，即当 x 是 6 或 10 时，围成的养鸡场面积为 60m^2.

(3) 由(1) 知，$y=x(16-x)=-x^2+16x$，

当 $y=70$ 时，$-x^2+16x=70$，

即 $x^2-16x-70=0$，

$\because \Delta=(-16)^2-4\times1\times70=-24<0$，

$\therefore$ 方程无解，

即不能围成面积为 70m^2 的养鸡场.

第 3 章　函　　数

【考点 1　函数的定义】

一、选择题

1. 【答案】B

【解析】两个函数相同的充要条件是它们的定义域和对应法则完全相同.

2. 【答案】B

【解析】定义域、值域和对应法则.

3. 【答案】A

【解析】y 是 x 的函数.

4. 【答案】C

【解析】一次函数 k 为 -2，直接代入定义域的两个值可得 y 的两个值$(-3, -1]$.

5. 【答案】D

【解析】要使函数 $y=\sqrt{x+1}-\dfrac{1}{x}$ 有意义，则 x 做分母不为 0，即 $x+1\geqslant0$，所以函数等定义域为$[-1, 0)\cup(0, +\infty)$.

6.【答案】B

【解析】要使函数 $y=\frac{1}{\sqrt{x-2}}$ 有意义，则 $\sqrt{x-2}$ 做分母不为0，即 $x-2>0$，所以函数等定义域为 $[-2, +\infty)$.

7.【答案】A

【解析】将函数 $f(x)=2x-1$ 中的 x 替换成1，计算可得1.

8.【答案】B

【解析】将函数 $f(x)=1+\frac{x^2}{1+x^2}$ 中的 x 分别替换成2，计算可得 $\frac{9}{5}$.

9.【答案】B

【解析】将函数 $f(x)=1$，$(-1\leqslant x<10)$ 中的 x 替换成0，计算可得1.

10.【答案】C

【解析】将函数 $f(x)=2-3x$ 中的 x 替换成 -1，计算可得5.

11.【答案】C

【解析】函数 $f(x)=-2x+1$，$x\in[1, 2)$，代入1和2得值域为 $(-3, -1]$.

12.【答案】D

【解析】要使函数 $y=\sqrt{x^2-5x+4}$ 有意义，其定义域为 $(-\infty, 1]\cup[4, +\infty)$.

13.【答案】C

【解析】二次函数定义域为R.

14.【答案】D

【解析】函数表示方法的是解析式法、图像法、列表法.

15.【答案】A

【解析】x 为1，代入函数 $y=2x-1$ 得1.

三、填空题

16. 0

17. $\frac{9}{5}$

18. $(-2, +\infty)$

19. 是

20. 否

三、解答题

21. 解：将函数 $f(x)=x^2-2x$ 中的数 x 分别用2，-2，a，$-a$ 代入，得

$f(2)=2^2-2\times2=0$;

$f(-2)=(-2)^2-(-2)*2=8$;

$f(a)=a^2-2a$;

$f(-a)=(-a)^2-(-a)\times2=a^2+2a$.

22. 将函数 $f(x)=\frac{1-x}{1+x}$ 中的数 x 代入 $-\frac{1}{3}$ 得 $f(-\frac{1}{3})=\frac{1-(-\frac{1}{3})}{1-\frac{1}{3}}=2$.

【考点 2　函数的性质】

一、选择题

1.【答案】A

【解析】：结合 $y=x$ 的图像可以判断.

2.【答案】B

【解析】结合 $y=-3x+4$ 的图像可以判断.

3.【答案】D

【解析】：定义域关于原点不对称.

4.【答案】C

【解析】结合 $f(x)=-\frac{1}{x}(x\neq 0)$ 的图像可以判断.

5.【答案】B

【解析】一次函数是奇函数的必要条件是常数项为 0.

6.【答案】C

【解析】根据函数图像的对称性特征判断.

7.【答案】B

【解析】偶函数 $f(x)$ 在 $[-7, -3]$ 上单调递增，可知在 $[3, 7]$ 上函数单调递减，$f(4)>f(6)$.

8.【答案】B

【解析】结合 $y=-x^2$ 的图像可以判断.

9.【答案】A

【解析】结合 $y=-x^2$ 的图像可以判断.

10.【答案】C

【解析】奇函数的图像关于原点中心对称，$(-\infty, 0)$ 上是减函数，$(0, +\infty)$ 上是增函数.

11.【答案】A

【解析】偶函数的图像关于 y 轴对称.

12.【答案】C

【解析】偶函数的图像关于 y 轴对称.

13.【答案】C

14.【答案】D

【解析】奇函数的图像关于原点中心对称.

15.【答案】B

【解析】偶函数的图像关于 y 轴对称.

二、填空题(选填“增”或“减”)

16. 增

17. 减

18. 减

19. 增

20. 增

三、解答题

21. 函数 $f(x)=-x-2$ 在区间 $(-\infty, +\infty)$ 上是减函数.

证明：任取 x_1，x_2 在 $(-\infty, +\infty)$ 中且 $x_1<x_2$.

因为 $f(x_1)-f(x_2)=-x_1-2+x_2+2=x_2-x_1$，

有又因为 $x_1<x_2$，$x_2-x_1>0$，

所以 $f(x_1)-f(x_2)>0$，

即 $f(x_1)>f(x_2)$.

所以函数 $f(x)=-x-2$ 在区间 $(-\infty, +\infty)$ 上是减函数.

22. 函数 $f(x)=2x^2+1$ 在 $(-\infty, 0)$ 上是减函数.

证明：任取 x_1，x_2 在 $(-\infty, 0)$ 中且 $x_1<x_2$.

因为 $f(x_1)-f(x_2)=2x_1{}^2+1-2x_2{}^2-1=2[x_1{}^2-(x_2)^2]$，

又因为 $x_1<x_2$，在 $(-\infty, 0)$ 上，$x_1{}^2-x_2{}^2<0$，

所以 $f(x_1)-f(x_2)>0$，

即 $f(x_1)>f(x_2)$.

所以函数 $f(x)=2x^2+1$ 在区间 $(-\infty, 0)$ 上是减函数.

【考点 3　一次函数、反比例函数与二次函数】

一、选择题

1.【答案】C

【解析】$y=kx+b(k\neq 0)$ 是一次函数.

2.【答案】C

【解析】$y=\frac{k}{x}(k\neq 0)$ 是反比例函数，在$(-\infty, 0)\cup(0, +\infty)$ 上是减函数.

3.【答案】D

【解析】当$a<0$时，二次函数$y=ax^2+bx+c$的图像是一条开口向下的抛物线，定义域为R，值域为$(-\infty, \frac{4ac-b^2}{4a}]$. 把相应的数值代入可得$(-\infty, 4]$.

4.【答案】A

【解析】把函数 $y=(x-1)^2+2$ 换成二次函数的一般形式 $y=x^2-2x+3$，$a=1$，$b=-2$，$c=3$ 的顶点坐标公式$(-\frac{b}{2a}, \frac{4ac-b^2}{4a})$，可得（1，2）.

5.【答案】D

【解析】当$a>0$，函数图象开口向上，当$x=-\frac{b}{2a}$时，$y_{min}=\frac{4ac-b^2}{4a}$，$a=1$，$b=-3$，$c=2$代入可得$-\frac{1}{4}$

6.【答案】B

【解析】当$a<0$时，二次函数$y=-x^2+4$在$[-\frac{b}{2a}, +\infty)$是减函数；代入$a=-1$，$b=-0$，$c=4$可得$[0, +\infty)$是减区间.

7.【答案】A

【解析】一次函数，当$k<0$时，在R上是减函数.

8.【答案】C

【解析】一般地，当$a>0$时，二次函数$y=ax^2+bx+c$的图像是一条开口向上的抛物线，在$(-\infty, -\frac{b}{2a}]$上是减函数，代入$a=1$，$b=-1$，$c=-12$可得$(-\infty, \frac{1}{2})$.

9.【答案】D

【解析】$y=\frac{k}{x}(k\neq 0)$ 是反比例函数，函数是奇函数，图像关于原点中心对称，但是定义域 $x\in[-1,2]$ 不是关于原点对称.

10.【答案】C

【解析】奇函数在 $(-\infty,0)$ 上是减函数，关于原点对称，则有 $(0,+\infty)$ 是减函数，$\pi>3$，所以 $f(\pi)<f(3)$.

11.【答案】D

【解析】$y=kx+b(k\neq 0)$ 是一次函数，当 $k>0$ 时，在R上是增函数.

12.【答案】C

【解析】$y=kx+b(k\neq 0)$ 是一次函数，当 $k<0$ 时，在R上是减函数.

13.【答案】D

【解析】二次函数 $y=ax^2+bx+c(a\neq 0)$，无法判断开口向上还是向下.

二、填空题

14. R；$(-5,+\infty)$. $(0,+\infty)$，$(-\infty,0)$，偶

三、解答题

15. 解：由点 $A(1,m)$ 在函数 $y=2x$，代入 $x=1$ 可得 $m=y=2$，点 $A(1,2)$，点 A 关于 y 轴对称点的坐标为 $(-1,2)$.

16. 解：函数 $f(x)=x^2+bx-2$ 是R上的偶函数，所以该函数的对称轴是 y 轴即 $x=0$，$f(x)=x^2+bx-2$ 是二次函数，其图像是抛物线，对称轴方程为 $x=-\frac{b}{2a}$，代入 $a=1$，b，$c=-2$ 可得 $x=0.5\times b=0$，所以 $b=0$.

第 4 章　指数函数与对数函数

【考点 1　指数与指数函数】

变式训练 1

【解析】$\left(\sqrt[3]{(-5)^2}\right)^{\frac{3}{4}}=(-5)^{2\times\frac{1}{3}\times\frac{3}{4}}=5^{\frac{1}{2}}$.

变式训练 2

【解析】原式 $=1+\frac{4}{9}\times 3\times\frac{3}{8}=\frac{3}{2}$.

变式训练 3

【解析】$\left(\frac{1}{2}\right)^3<1$；$5^{0.6}>0.6^5$.

变式训练 4

【答案】C

【解析】易知函数 $f(x)$ 为偶函数，因此排除 A，B.

一、选择题

1.【答案】A

【解析】$a^2a^3=a^{2+3}=a^5$；$(-a^2)^3=-a^6\neq(-a^3)^2=a^6$；$(\sqrt{a}-1)^0=1$，若成立，需要满足 $a\neq1$，故选 A.

2.【答案】B

【解析】$4^{\frac{2}{5}}=\sqrt[5]{4^2}=\sqrt[5]{16}$，故选 B.

3.【答案】B

【解析】$a^{-\frac{2}{3}}=\frac{1}{a^{\frac{2}{3}}}=\frac{1}{\sqrt[3]{a^2}}$，故选 B.

4.【答案】C

【解析】$(m\ \frac{1}{2})^4+(-1)^0=m^2+1$，故选 C.

5.【答案】B

【解析】因为 $a=2^{-3}$，$b=2^{\frac{1}{2}}$，$c=(\frac{1}{2})^2=2^{-2}$，指数函数 $y=2^x$ 是单调递增函数，$\frac{1}{2}>-2>-3$，所以 $2^{\frac{1}{2}}>(\frac{1}{2})^2>2^{-3}$，即 $a<c<b$，故选 B

6.【答案】D

【解析】依题意分别代入各坐标，只有 $1=(\frac{1}{5})^0$，所以(0，1) 在图像上，故选 D.

7.【答案】C

【解析】当"指数函数 $y=a^x$ 在R上为减函数"时，有 $0<a<1$，所以不一定有 $a=\frac{1}{2}$ 成立，故充分性不成立，当"$a=\frac{1}{2}$"时可得"指数函数 $y=a^x$ 在R上为减函数"，故必要条件成立. 故选 C.

8.【答案】A

【解析】因为指数函数 $y=3^x$ 在定义域上是单调递增函数，所以当 $a<b<0$ 时，$3^a<3^b<1$，故选 A.

9.【答案】D

【解析】由函数 $f(x)=a^{x+1}-\frac{1}{4}(a>0$ 且 $a\neq1)$ 得，图像过定点$(-1,\frac{3}{4})$，即 $m=-1$，$n=\frac{3}{4}$，所以 $m+n=-\frac{1}{4}$，故选 D.

10.【答案】B

【解析】作出函数 $y=3^x$ 与 $y=3^{-x}$ 的图像，可知两个函数图像关于 y 轴对称，故选 B.

11.【答案】B

【解析】$y=a^{2x-2}+2(a>0$ 且 $a\neq 1)$ 恒过顶点(1，3)，故选 B.

12.【答案】B

【解析】函数 $y=(\frac{1}{2})^{x^2-2x-3}$ 的定义域是实数R，故 A 错，因为函数 $y=x^2-2x-3$ 的单调递增区间是 $[1,+\infty)$，所以 $y=(\frac{1}{2})^{x^2-2x-3}$ 的单调递减区间是 $[1,+\infty)$. B 正确，易得函数 $y=(\frac{1}{2})^{x^2-2x-3}$ 是非奇非偶函数，C 错；因为 $y=x^2-2x-3$ 的最小值是 $y=1^2-2\times 1-3=-4$，所以 $y=(\frac{1}{2})^{x^2-2x-3}$ 有最大值为 $y=(\frac{1}{2})^{-4}=16$，故值域是 $(0,16]$，D 错.

二、填空题

13.【答案】3

【解析】依题意有 $3=a^1$，所以 $a=3$.

14.【答案】3

【解析】$3^{-2}\times 81^{\frac{3}{4}}=3^{-2}\times 3^{4\times\frac{3}{4}}=3^{-2}\times 3^3=3^{-2+3}=3^1=3$.

15.【答案】$\frac{1}{8}$

【解析】因为指数函数 $f(x)=a^x$ 的图像经过点$(2,\frac{1}{4})$，所以有$\frac{1}{4}=a^2$，解得 $a=\frac{1}{2}$，所以 $f(x)=(\frac{1}{2})^x$，则 $f(3)=\left(\frac{1}{2}\right)^3=\frac{1}{8}$.

16.【答案】$\frac{5}{3}$

【解析】$2^3\cdot 6^{-2}+(-50)^0+(9^{-2}\cdot 3^3)^2=2^3\cdot(2\times 3)^{-2}+1+(3^{-4}\times 3^3)^2=2\times 3^{-2}+1+3^{-2}=\frac{5}{3}$.

17.【答案】6

【解析】因为 $x+2y-2=0$，所以 $x+2y=2$，因此 $3^x+9^y=3^x+3^{2y}\geqslant 2\sqrt{3^{x+2y}}=2\sqrt{3^2}=2\times 3=6$，故 3^x+9^y 的最小值是 6.

三、解答题

18.【答案】(1)$a=-3$，(2) $[-3,0)$

【解析】(1)$f(1)=-1^2+2\times 1=1$，$f(a)=-(\frac{1}{2})^a$，所以 $f(1)+f(a)=1-(\frac{1}{2})^a=-7$，解得 $a=-3$.

(2) 当 $0\leqslant x\leqslant 4$ 时，$f(x)=-x^2+2x=-(x-1)^2+1$，易得 $f(x)$ 的值域是 $[-8,1]$；

当 $a \leqslant x < 0$ 时，因为 $f(x)=-(\frac{1}{2})^{x}$ 是单调递增函数，所以 $f(x) \in \left[-\frac{1}{2^{a}}, 1\right)$，依题意有 $\left[-\frac{1}{2^{a}}, 1\right) \subseteq [-8, 1]$，则 $-8 \leqslant -\frac{1}{2^{a}} < -1$，解得 $-3 \leqslant a < 0$，所以实数 a 的取值范围是 $[-3, 0)$.

19.【答案】(1) $f(x)=3 \times 2^{x}$，(2) $\left(-\infty, \frac{5}{6}\right]$

【解析】(1) 因为 $f(x)$ 的图像过 $A(1, 6)$，$B(3, 24)$，

所以 $\begin{cases} b \cdot a^{1}=6 \\ b \cdot a^{3}=24 \end{cases}$，所以 $a^{2}=4$.

又因为 $a>0$，所以 $a=2$，$b=3$，所以 $f(x)=3 \times 2^{x}$.

(2) 由 (1) 知 $a=2$，$b=3$，则当 $x \in (-\infty, 1]$ 时，$(\frac{1}{2})^{x}+(\frac{1}{3})^{x}-m \geqslant 0$ 恒成立，即 $m \leqslant (\frac{1}{2})^{x}+(\frac{1}{3})^{x}$ 在 $(-\infty, 1]$ 上恒成立.

又因为 $y=\left(\frac{1}{2}\right)^{x}$ 与 $y=\left(\frac{1}{3}\right)^{x}$ 在 $(-\infty, 1]$ 上均为减函数，所以 $y=(\frac{1}{2})^{x}+(\frac{1}{3})^{x}$ 在 $(-\infty, 1]$ 上也是减函数，所以当 $x=1$ 时，$y=(\frac{1}{2})^{x}+(\frac{1}{3})^{x}$ 有最小值 $\frac{5}{6}$，所以 $m \leqslant \frac{5}{6}$，即 m 的取值范围是 $(-\infty, \frac{5}{6}]$.

【考点 2　对数与对数函数】

变式训练 1

【解析】(1) 由 $0.2^{3}=0.008$，得 $\log_{0.2} 0.008=3$.

(2) 由 $5^{x}=18$，得 $\log_{5} 18=x$.

(3) 由 $\log_{81} 27=\frac{3}{4}$，得 $81^{\frac{3}{4}}=27$.

(4) 由 $\log_{5} \frac{1}{625}=-4$，得 $5^{-4}=\frac{1}{625}$.

变式训练 2

【解析】 (1) 原式 $=\frac{1}{2}(5\lg 2-2\lg 7)-\frac{4}{3} \cdot \frac{3}{2}\lg 2+\frac{1}{2}(2\lg 7+\lg 5)$

$=\frac{5}{2}\lg 2-\lg 7-2\lg 2+\lg 7+\frac{1}{2}\lg 5$

$=\frac{1}{2}\lg 2+\frac{1}{2}\lg 5=\frac{1}{2}(\lg 2+\lg 5)=\frac{1}{2}\lg 10=\frac{1}{2}$.

(2) 原式 $=2\lg 5+2\lg 2+\lg 5(2\lg 2+\lg 5)+(\lg 2)^{2}$

$=2\lg 10+(\lg 5+\lg 2)^{2}$

$=2+(\lg 10)^{2}=2+1=3$.

(3) 原式 $=\dfrac{\frac{1}{2}\lg2+\lg3-\frac{1}{2}\lg10}{\lg1.8}=\dfrac{\lg\frac{18}{10}}{2\lg1.8}=\dfrac{\lg1.8}{2\lg1.8}=\dfrac{1}{2}$.

变式训练 3

【解析】$\log_2 0.8<\log_{0.3}0.7$

变式训练 4

【答案】D

【解析】$c=\log_{\frac{1}{3}}\frac{1}{4}=\log_3 4>\log_3 e=a$. 又 $c=\log_3 4<\log_3 9=2$，$b=e^{1.5}>2$，所以 $a<c<b$.

变式训练 5

【答案】②③

【解析】由图像可知函数为减函数，所以 $0<a<1$，

令 $y=0$ 得 $y=\log_a(x+c)=0$，

$x+c=1$，$x=1-c$. 由图像知 $0<1-c<1$，所以 $0<c<1$.

变式训练 6

【解析】要使 $\lg(x^2+2x)$ 有意义，需令 $x^2+2x>0$，即 $x>0$ 或 $x<-2$. 所以函数的定义域为 $(-\infty, -2)\cup(0, +\infty)$.

一、选择题

1.【答案】C

【解析】因为函数定义是在 $(-\infty, +\infty)$ 上，故排除 B，选项 A 是递减函数，不符合；选项 D 在 $(0, +\infty)$ 上是递增函数，在 $(-\infty, 0)$ 上是递减函数，不符合，只有 C 正确.

2.【答案】B

【解析】依题意有 $3x-1>0$，解得 $x>\frac{1}{3}$，故定义域是 $(\frac{1}{3}, +\infty)$，故选 B.

3.【答案】C

【解析】集合 $A=\{x\mid 2\lg x<1\}=\{x\mid 0<x<\sqrt{10}\}$，

集合 $B=\{x\mid x^2-9\leqslant 0\}=\{x\mid -3\leqslant x\leqslant 3\}$.

所以 $A\cap B=(0, 3]$，故选 C.

4.【答案】B

【解析】指数式 $m^x=n(m>0$ 且 $m\neq 1)$ 写成对数形式是 $x=\log_m n$，故选 B.

5.【答案】A

【解析】$\sqrt{(3-\pi)^2}+(-27)^{\frac{1}{3}}+\lg2+\lg5=\pi-3-3+\lg2\times5=\pi-6+1=\pi-5$，故选 A.

6.【答案】B

【解析】因为 $m>n$，且函数 $y=2^x$ 在定义域R上为单调递增函数，所以有 $2^m>2^n$，故选 B.

7.【答案】C

【解析】因为 $\log_2 a=3$，所以 $a=2^3=8$，因此 $a^2=64$，故选 C.

8.【答案】B

【解析】因为$\frac{1}{2}>0$，所以$f(\frac{1}{2})=\log_2\frac{1}{2}=-1$，所以$f(f(\frac{1}{2}))=f(-1)=3^{-1}=\frac{1}{3}$，故选 B.

9.【答案】D

【解析】易得在$(0,+\infty)$上为增函数的是$y=\ln x$，故选 D.

10.【答案】D

【解析】因为$\lg 2=m$，$10^n=3$，所以$n=\lg 3$，则$m+2n=\lg 2+2\lg 3=\lg 2+\lg 9=\lg 18$，所以$10^{m+2n}=10^{\lg 18}=18$，故选 D.

二、填空题

11.【答案】$\frac{3}{2}$

【解析】$\frac{\lg\sqrt{27}+\lg 8-\lg\sqrt{1000}}{\lg 1.2}=\frac{\lg 3^{\frac{3}{2}}+3\lg 2-\lg 10^{\frac{3}{2}}}{\lg\frac{12}{10}}=\frac{\frac{3}{2}\lg 3-\frac{3}{2}+3\lg 2}{\lg 12-\lg 10}=\frac{\frac{3}{2}(\lg 3+\lg 4)-\frac{3}{2}}{\lg 12-1}=\frac{\frac{3}{2}(\lg 12-1)}{\lg 12-1}=\frac{3}{2}$.

12. 【答案】0

【解析】$f(-1)=f(-1+2)=f(1)=\log_2 1=0$.

13.【答案】0

【解析】$f(2)=1+\log_{\frac{1}{2}}2=1-1=0$.

14.【答案】$[0,+\infty)$

【解析】依题意有$\begin{cases}x+1>0\\ \log_2(x+1)\geqslant 0\end{cases}$解得$\begin{cases}x>-1\\ x\geqslant 0\end{cases}$，所以$x\geqslant 0$，所以函数的定义域为$[0,+\infty)$.

15.【答案】$(2,3)$

【解析】因为函数$y=\log_{\frac{1}{2}}x$单调递减，故$\log_{\frac{1}{2}}(x^2-x-2)>\log_{\frac{1}{2}}(2x-2)$等价于：$\begin{cases}x^2-x-2>0\\ 2x-2>0\\ x^2-x-2<2x-2\end{cases}$，解不等式得$\begin{cases}x>2\text{ 或 }x<-1\\ x>1\\ 0<x<3\end{cases}$，因此原不等式的解集是$(2,3)$.

16.【答案】$(0,\sqrt{2})$

【解析】因为$y=(a^2-1)\log_a x$是对数函数，所以$\begin{cases}a>0\text{ 且 }a\neq 1\\ \cdots\cdots\cdots\cdots\\ a^2-1=1\end{cases}$，解得$a=\sqrt{2}$，所以函数$y=\log_{\sqrt{2}}x$，依题意有$\log_{\sqrt{2}}x<1$，解得$0<x<\sqrt{2}$，所以$x$的取值范围是$(0,\sqrt{2})$.

三、解答题

17.【答案】$-\frac{3}{2}$

【解析】因为

$$\frac{(1-\log_6 3)^2+\log_6 2\cdot\log_6 18}{\log_6 4}=\frac{1-2\log_6 3+(\log_6 3)^2+\log_6\frac{6}{3}\cdot\log_6(6\times 3)}{\log_6 4}$$

$$=\frac{1-2\log_6 3+(\log_6 3)^2+1-(\log_6 3)^2}{\log_6 4}=\frac{2(1-\log_6 3)}{2\log_6 2}=\frac{\log_6 6-\log_6 3}{\log_6 2}=\frac{\log_6 2}{\log_6 2}=1,$$

所以

$$8^{-\frac{1}{3}}+\log_3\frac{1}{27}+\frac{(1-\log_6 3)^2+\log_6 2\cdot\log_6 18}{\log_6 4}=2^{-1}+\log_3 3^{-3}+1=\frac{1}{2}-3+1=-\frac{3}{2}.$$

18.【答案】(1)$(-1,3)$，(2)$f(1)=\log_2 4=2$

【解析】(1)$\because f(1)=2$，$\therefore \log_a 4=2(a>0$，且 $a\neq 1)$，

$\therefore a=2$. 由$\begin{cases}1+x>0,\\3-x>0,\end{cases}$得 $-1<x<3$，

$\therefore$ 函数 $f(x)$ 的定义域为$(-1,3)$.

(2)$f(x)=\log_2(1+x)+\log_2(3-x)=\log_2(1+x)(3-x)=\log_2[-(x-1)^2+4]$.

$\therefore$ 当 $x\in(-1,1]$ 时，$f(x)$ 是增函数；

当 $x\in(1,3)$ 时，$f(x)$ 是减函数.

故函数 $f(x)$ 在$\left[0,\frac{3}{2}\right]$上的最大值是 $f(1)=\log_2 4=2$.

【考点 3　指数函数与对数函数的应用】

变式训练 1

【解析】(1)1 次过滤后，溶液杂质含量 $y_1=\frac{1}{50}\times\frac{1}{2}=0.01=1\%$，2 次过滤后，溶液杂质含量 $y_2=\frac{1}{50}\times\frac{1}{2}\times\frac{1}{2}=0.005=0.5\%$.

(2) 因为每经过一次过滤均可使溶液杂质含量减少一半，所以过滤次数为 $x(x\in\mathbf{N}^*)$ 时溶液杂质含量 $y=2\%\times\left(1-\frac{1}{2}\right)^x=\frac{1}{50}\times\frac{1}{2}^x$，$x\in\mathbf{N}^*$.

(3) 设至少应过滤 x 次才能使产品达到市场要求，则$\frac{1}{50}\times\frac{1}{2}^x\leqslant 0.02\%$，

即$\frac{1}{2}^x\leqslant\frac{1}{100}$，所以 $x\geqslant\frac{\lg\frac{1}{100}}{\lg\frac{1}{2}}=\frac{2}{\lg 2}\approx 6.6$，又因为 $x\in N^*$，所以 $x\geqslant 7$，

即至少应过滤 7 次才能使产品达到市场要求.

变式训练 2

【解析】(1) 由题意，$500\cdot\left(2+\frac{k}{3}\right)=3500$，所以 $k=15$.

(2)∵ 表格中 $Q(x)$ 对应的数据匀速递增时，x 对应的数据并未匀速变化，∴ 排除模型 ①.

又 ∵$Q(x)=a\mid x-18\mid+b$ 表示在 $x=18$ 两侧“等距”的函数值相等(或叙述为函数图像必然关于直线 $x=18$ 对称)，而表格中的数据并未体现此规律($5\neq 7$)，∴ 排除模型 ②.

对于模型 ③，将(5，4)，(10，5) 代入模型 ③，有 $\begin{cases}2m+n=4,\\3m+n=5,\end{cases}$ 解得 $\begin{cases}m=1,\\n=2.\end{cases}$，此时，$Q(x)=\sqrt{x-1}+2$，经验证，(17，6)，(26，7) 均满足 $Q(x)$，所以选模型 ③.

$f(x)=100Q(x)\cdot P(x)$

$=100(\sqrt{x-1}+2)\cdot\left(\frac{15}{\sqrt{x-1}}+2\right)=100\left(19+2\sqrt{x-1}+\frac{30}{\sqrt{x-1}}\right)$

$\geqslant 100\times(19+4\sqrt{15})=1900+400\sqrt{15}$.

取等条件为 $2\sqrt{x-1}=\frac{30}{\sqrt{x-1}}$，即 $x=16$.

∴ 在第 16 天达到最低.

一、选择题

1.【答案】D

2.【答案】A

【解析】设镭的衰变率为 p，

则 x，y 的函数关系是 $y=(1-p)^x$，

当 $x=100$ 时，$y=0.9576$，即 $0.9576=(1-p)^{100}$，

解得 $1-p=0.9576^{\frac{1}{100}}$.

即 $y=0.9576^{\frac{x}{100}}$.

3.【答案】C

【解析】由已知，得 $\frac{4}{9}a=a\cdot e^{-50k}$，所以 $e^{-k}=\left(\frac{4}{9}\right)^{\frac{1}{50}}$.

设经过 t_1 天后，一个新丸体积变为 $\frac{8}{27}a$，

则 $\frac{8}{27}a=a\cdot e_1^{-kt}$，

所以 $\frac{8}{27}=e^{-kt_1}=\left(\frac{4}{9}\right)^{\frac{t1}{50}}$，所以 $\frac{t1}{50}=\frac{3}{2}$，即 $t_1=75$.

4.【答案】D

【解析】今年产量为 a，经过 1 年后产量为 $y=a(1+5\%)$，经过 2 年后产量为 $y=a(1+5\%)^2$，依此类推，经过 x 年后产量为 $y=a(1+5\%)^x$.

5.【答案】C

【解析】由函数图像可知符合条件的只有指数型函数模型.

6.【答案】D

【解析】由题目信息可知，初期增长迅速，后来增长越来越慢，故可用对数型函数模型来反映 y 与 x 的关系.

7.【答案】A

【解析】因为一丈等于十尺，所以"道高一尺，魔高一丈"更适合用 $y=10x$，$x>0$ 来表示.

8.【答案】C

【解析】方案 1：所得奖金为 10(万元)，

方案 2：所得奖金为 $4.5+4.5\times1.2=9.9$(万元)，

方案 3：所得奖金为 $2+(2+0.5)+(2+1)+(2+1.5)=11$(万元)，

方案 4：所得奖金为 $(7000+200)+(7000+200\times2)+\cdots+(7000+200\times12)=99600$(元)$=9.96$(万元).

所以应选方案 3.

二、填空题

9.【答案】$\sqrt[11]{m}-1$

【解析】设每月的产量增长率为 x，1 月份产量为 a，

则 $a(1+x)^{11}=ma$，

所以 $1+x=\sqrt[11]{m}$，即 $x=\sqrt[11]{m}-1$.

10.【答案】②

【解析】根据表格提供数据可知，y 随着 x 的增大先变小，后变大，即至少有递减和递增两个过程，而 ①、③ 对应的函数为单调函数，不符合题意；② 为二次函数，有递减和递增两个区间，当 $a>0$ 时，能恰当地描述该商品的市场价 y 与上市时间 x 的变化关系.

11.【答案】$a(1+b)^7$

【解析】2016 年的垃圾量为 $a(1+b)$ 吨，从 2015 年开始经过 7 年到 2022 年时该区的垃圾量应为 $a(1+b)^7$ 吨.

三、解答题

12. 解：本题是一个关于人口的典型问题，计划生育是我国的基本国策，通过本题可以让学生了解控制人口的现实意义.

(1)1 年后该城市人口数为 $y=100+100\times1.2\%=100\times(1+1.2\%)$

2 年后该城市人口数为：$y=100\times(1+1.2)+100\times(1+1.2\%)\times1.2\%=100\times(1+1.2\%)^2$

3 年后该城市人口数为：$100\times(1+1.2\%)^2+100\times(1+1.2\%)^2\times1.2=100\times(1+1.2\%)^3$……

x 年后该城市人口数为 $y=100\times(1+1.2\%)^x$；

(2)10 年后该城市人口数为 $y=100\times(1+1.2\%)^{10}=100\times1.012^{10}\approx112.7$(万人)

设 x 年后该城市人口将达到 120 万人，即

$100\times(1+1.2)^x=120.$

$x=\log_{1.012}\dfrac{120}{100}=\log_{1.012}1.20\approx15$(年).

评注：此问题反映了控制人口的现实意义. 一般认为，世界人口超过地球极限人口一半时，世界人口便进入了缓慢的增长期. 地球的极限人口大约为100亿人，1987年7月11日世界人口达到50亿人，为了引起国际社会对人口问题更深切的关注，联合国人口基金决定自1988年起把每年的7月11日定为“世界人口日”. 人口问题已成为人类实现社会和经济持续发展所面临的最严峻的挑战，因而人口问题也是近年高考的热点问题之一，此问题常以指数函数、等比数列形式来考查.

13. 解：了解复利概念之后，利率就是本金的增长率，即复利问题可同指数函数相联系.

1 期后的本利之和为$y_1=a+a\times r=a(1+r)$.

2 期后的本利之和为$y_1=a(1+r)^2$……

x 年后的本利之和为$y_1=a(1+r)^x$.

将 $a=1000$ 元，$r=2.25\%$，$x=5$ 代入上式，

可算得 $y=1117.68$(元).

评注：增长率问题是当前的经济生活中的热点问题，年利率就是一种增长率. 本题主要是理解、推导、掌握复利公式. 解此问题的关键是恰当引入变量，正确理解数量关系，准确转换为数学表达式.

14. 解：设每年降低的百分比为 $x(0<x<1)$，

(1) 由 $a(1-x)^T=\dfrac{1}{2}a$，两边同取常用对数得，$T\lg(1-x)=\lg\dfrac{1}{2}$，

又设经过 M 年剩余面积为原来的$\dfrac{\sqrt{2}}{2}$，则

$a(1-x)^M=\dfrac{\sqrt{2}}{2}a\Rightarrow M\lg(1-x)=\lg\dfrac{\sqrt{2}}{2}$，

所以$\dfrac{T}{M}=\log_{\frac{\sqrt{2}}{2}}\dfrac{1}{2}=2$

所以 $M=\dfrac{T}{2}$

即到今年为止已砍伐了$\dfrac{T}{2}$年.

(2) 设从今年开始以后再砍伐 N 年，在 N 年后剩余面积为$\dfrac{\sqrt{2}}{2}a(1-x)^N$.

依题意，$\frac{\sqrt{2}}{2}a(1-x)^N \geqslant \frac{1}{4}a$，由(1)知，$(1-x)^T=\frac{1}{2}$，

所以$\frac{\sqrt{2}}{2}\times\left(\frac{1}{2}\right)^{\frac{N}{T}} \geqslant \frac{1}{4}$，

所以$\frac{N}{T} \leqslant \frac{3}{2}$，$N \leqslant \frac{3}{2}T$，故今后至多还能砍伐$\frac{3}{2}T$ 年.

评注：本题为环保这一社会热点问题同指数函数、对数函数结合的典例. 在今天社会各方面都十分关注环保的大背景下，无疑环保问题仍是高考命题的热点问题，此类问题多以二次函数、数列的形式考查.

与指数函数、对数函数相关的应用题较多，如人口的增长、环保等社会热点问题，国民生产总值的增长、成本的增长或降低、平均增长率等经济生活问题，放射性物质的蜕变、温度等物理学科问题等.

第 5 章　三角函数

【考点 1　三角函数的定义】

变式训练 1

【答案】C

【解析】顺时针旋转后所得的角大小为$\beta=\frac{\pi}{5}-\pi=-\frac{4}{5}\pi$，因为$-\pi<-\frac{4}{5}\pi<-\frac{\pi}{2}$，所以是第三象限角，故选 C.

变式训练 2

【答案】A

【解析】由终边相同的角可知，

与$-75°$终边相同的角的集合是$\{\beta|\beta=-75°+k\cdot 360°, k\in \mathbf{Z}\}$.

【答案】A

变式训练 3

【答案】(1) $\frac{2}{3}$；(2)12

【解析】(1) 由题意可知，该扇形的弧长为$l=16-2\times 6=4$，故该扇形圆心角的弧度数为$\alpha=\frac{4}{6}=\frac{2}{3}$.

(2) 由题意可知，该扇形的面积为$S=\frac{1}{2}\times 4\times 6=12$.

变式训练 4

【答案】$\sin\alpha\cdot\cos\alpha\cdot\tan\alpha=\frac{9}{13}$

【解析】已知点$P(2, -3)$，则

$R=|OP|=\frac{2}{\sqrt{13}}=\frac{2\sqrt{13}}{13}$.

由三角函数的定义，得

$\sin\alpha=\frac{y}{r}=\frac{-3}{\sqrt{13}}=-\frac{3\sqrt{13}}{13}$,

$\cos\alpha=\frac{x}{r}=\frac{2}{\sqrt{13}}=\frac{2\sqrt{13}}{13}$,

$\tan\alpha=\frac{y}{x}=-\frac{3}{2}$,

所以 $\sin\alpha \cdot \cos\alpha \cdot \tan\alpha = -\frac{3\sqrt{13}}{13} \times \frac{2\sqrt{13}}{13} \times (-\frac{3}{2}) = \frac{9}{13}$.

变式训练 5

【答案】C

【解析】由正切函数定义得 $\tan\theta = \frac{3-m}{m} = \frac{1}{2}$，解得 $m=2$，故选 C.

变式训练 6

【答案】(1)1；(2)－1

【解析】(1) 当 $x=\frac{\pi}{4}$ 时，

$$f(\frac{\pi}{4}) = \sin\left(\frac{\pi}{4}+\frac{\pi}{4}\right) + 2\sin\left(\frac{\pi}{4}-\frac{\pi}{4}\right) - 4\cos\left(2\times\frac{\pi}{4}\right) + 3\sin\left(\frac{\pi}{4}+\frac{3\pi}{4}\right)$$

$$= \sin\frac{\pi}{2} + 2\sin 0 - 4\cos\frac{\pi}{2} + 3\sin\pi = 1.$$

(2) 当 $x=\frac{3\pi}{4}$ 时，

$$f(\frac{3\pi}{4}) = \sin\left(\frac{3\pi}{4}+\frac{\pi}{4}\right) + 2\sin\left(\frac{3\pi}{4}-\frac{\pi}{4}\right) - 4\cos\left(2\times\frac{3\pi}{4}\right) + 3\sin\left(\frac{3\pi}{4}+\frac{3\pi}{4}\right)$$

$$= \sin\pi + 2\sin\frac{\pi}{2} - 4\cos\frac{3\pi}{2} + 3\sin\frac{3\pi}{2} = 2-3=-1.$$

一、选择题

1.【答案】D

【解析】由角度转化弧度公式得 $\frac{150}{180}\pi = \frac{5\pi}{6}$，故选 D

2.【答案】B

【解析】因为 $-2020° = -6\times 360° + 140°$，所以与 $-2020°$ 终边相同的角是 $140°$，故选 B.

3.【答案】C

【解析】因为 $2024° = 5\times 360° + 224°$，所以与 $2024°$ 终边相同的角是 $224°$，而 $180° < 224° < 270°$，所以在第三象限，故选 C.

4.【答案】D

【解析】设扇形的圆心角为 α，则 $S=\frac{1}{2}\alpha R^2$，即 $\frac{3\pi}{8}=\frac{1}{2}\alpha\times 2^2$，解得 $\alpha=\frac{3\pi}{16}$. 故选 D.

5.【答案】A

【解析】因为 $R=\sqrt{(-3)^2+4^2}=5$，所以 $\cos\theta=\frac{x}{R}=\frac{-3}{5}=-\frac{3}{5}$，故选 A.

6.【答案】D

【解析】设点 $P(-4, 3)$，则 $|OP|=\sqrt{(-4)^2+3^2}=5$，

故 $\cos\alpha=\frac{-4}{|OP|}=-\frac{4}{5}$.

7.【答案】C

【解析】因为 $\sin\alpha<0$，所以 α 是第三或第四象限角，同理 $\cos\alpha<0$，可知 α 是第二或第三象限角，所以角 α 是第三象限角，故选 C.

8.【答案】A

【解析】因为角 θ 的终边经过点 $A\left(-\sin\frac{\pi}{4},\ \cos60^\circ\right)$，即 $A\left(-\frac{\sqrt{2}}{2},\ \frac{1}{2}\right)$，所以 $\tan\theta=\frac{y}{x}=\frac{\frac{1}{2}}{-\frac{\sqrt{2}}{2}}=-\frac{\sqrt{2}}{2}$，故选 A.

9.【答案】C

【解析】因为 $\sin\frac{\pi}{3}\cos\frac{\pi}{3}=\frac{\sqrt{3}}{2}\times\frac{1}{2}$，故选 C.

10.【答案】A

【解析】设角 x 的终边经过点 $P(a,\ b)$，则 $\cos x=\frac{a}{\sqrt{a^2+b^2}}$，而 $-1\leqslant\frac{a}{\sqrt{a^2+b^2}}\leqslant 1$，即 $-1\leqslant\cos x=a-1\leqslant 1$，解此不等式得 $0\leqslant a\leqslant 2$，故选 A.

二、填空题

11.【答案】$\left\{\alpha\,\middle|\,\alpha=\frac{k\pi}{2},\ k\in \mathbf{Z}\right\}$

【解析】终边与横轴正半轴重合的角：$\alpha=2k\pi,\ k\in \mathbf{Z}$；

终边与横轴负半轴重合的角：$\alpha=\frac{\pi}{2}+2k\pi,\ k\in \mathbf{Z}$；

终边与纵轴正半轴重合的角：$\alpha=\pi+2k\pi,\ k\in \mathbf{Z}$；

终边与纵轴负半轴重合的角：$\alpha=\frac{3\pi}{2}+2k\pi,\ k\in \mathbf{Z}$；

合并后为：$\alpha=\frac{k\pi}{2},\ k\in \mathbf{Z}$.

12.【答案】$\frac{7\pi}{4}$

【解析】依题意 $\alpha=2k\pi-\frac{17\pi}{4},\ k\in \mathbf{Z}$，由于 $0<\alpha<2\pi$，所以 $k=3$，

即 $\alpha=6\pi-\frac{17\pi}{4}=\frac{7\pi}{4}$.

13.【答案】45°

【解析】因为 $405^\circ=360^\circ+45^\circ$，所以在 0° 到 360° 范围内与 405° 终边相同的角为 45°.

14.【答案】1

【解析】因为 $a<0$，所以 $R=\sqrt{(-4a)^2+(3a)^2}=5|a|=-5a$，

所以 $\sin\alpha=\frac{3a}{-5a}=-\frac{3}{5}$，$\cos\alpha=\frac{-4a}{-5a}=\frac{4}{5}$，所以 $\sin\alpha+2\cos\alpha=-\frac{3}{5}+\frac{8}{5}=1$.

15.【答案】$\frac{2}{11}$

【解析】由题可知，$\frac{2a+1}{\sqrt{(2a+1)^2+(a-2)^2}}=\frac{3}{5}$，且 $2a+1>0$，即 $a>-\frac{1}{2}$，

所以$\frac{4a^2+4a+1}{5a^2+5}=\frac{9}{25}$，则 $11a^2+20a-4=0$，解得 $a=-2$ 或 $a=\frac{2}{11}$. 综上，$a=\frac{2}{11}$.

三、解答题

16.【答案】(1) 四类

(2) $-330°$，$-240°$，$-150°$，$-60°$，$30°$，$120°$，$210°$，$300°$

(3)$\beta=120°+k\cdot360°$，$k\in\mathbf{Z}$

【解析】(1) 集合 M 中的角可以分成四类，即终边分别与 $-150°$，$-60°$，$30°$，$120°$ 的终边相同的角.

(2) 令 $-360°<30°+k\cdot90°<360°$，得 $-\frac{13}{3}<k<\frac{11}{3}$，又 $k\in\mathbf{Z}$，所以集合 M 中大于 $-360°$ 且小于 $360°$ 的角共有 8 个，分别是 $-330°$，$-240°$，$-150°$，$-60°$，$30°$，$120°$，$210°$，$300°$.

(3) 集合 M 中的第二象限角与 $120°$ 角的终边相同，所以 $\beta=120°+k\cdot360°$，$k\in Z$.

17. 解：依题意，α 为第四象限角，其终边上的一个点是 $P(x,\ -\sqrt{5})$，则 $x>0$.

$\cos\alpha=\frac{x}{\sqrt{x^2+5}}=\frac{\sqrt{2}}{4}x$，解得 $x=\sqrt{3}$，则 $P(\sqrt{3},\ -\sqrt{5})$，所以 $\sin\alpha=\frac{-\sqrt{5}}{\sqrt{3+5}}=\frac{-\sqrt{5}}{2\sqrt{2}}=-\frac{\sqrt{10}}{4}$，$\tan\alpha=\frac{-\sqrt{5}}{\sqrt{3}}=\frac{-\sqrt{15}}{3}$.

18.【答案】$m=\pm\sqrt{5}$；当 $m=\sqrt{5}$ 时，$\cos\alpha=-\frac{\sqrt{6}}{4}$，$\tan\alpha=-\frac{\sqrt{15}}{3}$；当 $m=-\sqrt{5}$ 时，$\cos\alpha=-\frac{\sqrt{6}}{4}$，$\tan\alpha=\frac{\sqrt{15}}{3}$

【解析】$\because \sin\alpha=\frac{m}{\sqrt{3+m^2}}=\frac{\sqrt{2}}{4}m\,(m\neq0)$，$\therefore m=\pm\sqrt{5}$；

当 $m=\sqrt{5}$ 时，$\cos\alpha=-\frac{\sqrt{3}}{\sqrt{3+m^2}}=-\frac{\sqrt{6}}{4}$，$\tan\alpha=-\frac{m}{\sqrt{3}}=-\frac{\sqrt{15}}{3}$；

当 $m=-\sqrt{5}$ 时，$\cos\alpha=-\frac{\sqrt{3}}{\sqrt{3+m^2}}=-\frac{\sqrt{6}}{4}$，$\tan\alpha=-\frac{m}{\sqrt{3}}=\frac{\sqrt{15}}{3}$.

19. 解：(1) 原式 $=\sin\frac{3\pi}{2}+\cos\frac{\pi}{2}+\cos\pi+1=-1+0-1+1=-1$.

(2) 原式 $=a^2\sin 90°-b^2\cos 180°+2ab\tan 45°=a^2+b^2+2ab=(a+b)^2$.

20. 解：由题意知 $r=|OP|=\sqrt{x^2+9}$，

由三角函数定义得 $\cos\theta=\frac{x}{r}=\frac{x}{\sqrt{x^2+9}}$，

又因为 $\cos\theta=\frac{\sqrt{10}}{10}x$，所以$\frac{x}{\sqrt{x^2+9}}=\frac{\sqrt{10}}{10}x$.

因为 $x\neq 0$，所以 $x=\pm 1$.

当 $x=1$ 时，$P(1,3)$，此时 $\sin\theta=\frac{3}{\sqrt{1^2+3^2}}=\frac{3\sqrt{10}}{10}$，$\tan\theta=\frac{3}{1}=3$；

当 $x=-1$ 时，$P(-1,3)$，此时 $\sin\theta=\frac{3}{\sqrt{(-1)^2+3^2}}=\frac{3\sqrt{10}}{10}$，$\tan\theta=\frac{3}{-1}=-3$.

【考点 2　同角三角函数的基本关系式及诱导公式】

变式训练 1

【答案】D

【解析】因为 $\alpha\in\left(\pi,\frac{3\pi}{2}\right)$，所以 $\sin\alpha<0$.

又 $\cos\alpha=-\frac{1}{3}$，所以 $\sin\alpha=\sqrt{1-\cos^2\alpha}=-\frac{2\sqrt{2}}{3}$.

变式训练 2

【答案】A

【解析】由 $3\cos2\alpha+8\sin\alpha+5=0$ 得 $3(1-2\sin^2\alpha)+8\sin\alpha+5=0$，

即 $3\sin^2\alpha-4\sin\alpha-4=0$，

所以 $(3\sin\alpha+2)(\sin\alpha-2)=0$，又 $\alpha\in\left(-\frac{\pi}{2},\frac{\pi}{2}\right)$，则 $\sin\alpha\in(-1,1)$，

$\therefore\sin\alpha=-\frac{2}{3}$，$\therefore\alpha\in\left(-\frac{\pi}{2},0\right)$ $\therefore\cos\alpha=\sqrt{1-\sin^2\alpha}=\frac{\sqrt{5}}{3}$，故选 A.

变式训练 3

【答案】C

【解析】由 $\Delta\geqslant 0$ 知 $a\leqslant\frac{1}{3}$. 又$\begin{cases}\sin a+\cos a=\frac{2}{3}(1)\\ \sin a\cdot\cos a=\frac{a}{3}(2)\end{cases}$，由(1)(2) 得 $\sin\alpha\cos\alpha=-\frac{5}{18}$，

所以$\frac{a}{3}=-\frac{5}{18}$，$\therefore a=-\frac{5}{6}$. 故选 C.

变式训练 4

【答案】A

【解析】由三角函数的定义可得 $\tan\alpha=\frac{2\cos\alpha}{3}=\frac{\sin\alpha}{\cos\alpha}$，也即 $\sin\alpha=\frac{2}{3}\cos^2\alpha$，由 $\sin^2\alpha+\cos^2\alpha=1$ 可得 $4\cos^4\alpha+9\cos^2\alpha-9=0$，解得 $\cos^2\alpha=\frac{3}{4}$ 或 $\cos^2\alpha=-3$（舍去），

因为角 α 的终边过点 $P(3,2\cos\alpha)$，所以 $\cos\alpha>0$，则 $\cos\alpha=\frac{\sqrt{3}}{2}$，故选 A.

变式训练 5

【答案】B

【解析】由 $\sin\alpha-3\cos\alpha=0$，有 $\sin\alpha=3\cos\alpha$，

所以 $\frac{1}{2\sin\alpha\cos\alpha-\cos^2\alpha}=\frac{\sin^2\alpha+\cos^2\alpha}{2\sin\alpha\cos\alpha-\cos^2\alpha}=\frac{9\cos^2\alpha+\cos^2\alpha}{6\cos^2\alpha-\cos^2\alpha}=\frac{10\cos^2\alpha}{5\cos^2\alpha}=2$. 故选 B.

变式训练 6

【解析】

(1) 左边 $=\frac{(\cos x-\sin x)^2}{(\cos x-\sin x)(\cos x+\sin x)}=\frac{\cos x-\sin x}{\cos x+\sin x}=\frac{1-\tan x}{1+\tan x}=$ 右边.

即证 $\frac{1-2\sin x\cos x}{\cos^2 x-\sin^2 x}=\frac{1-\tan x}{1+\tan x}$.

(2) 左边 $=\frac{\sin^2\alpha}{\cos^2\alpha}-\sin^2\alpha=\frac{\sin^2\alpha-\sin^2\alpha\cos^2\alpha}{\cos^2\alpha}=\frac{\sin^2\alpha(1-\cos^2\alpha)}{\cos^2\alpha}=\tan^2\alpha\sin^2\alpha=$ 右边.

即证 $\tan^2\alpha-\sin^2\alpha=\tan^2\alpha\cdot\sin^2\alpha$.

变式训练 7

【答案】C

【解析】$\cos\left(\frac{7\pi}{4}\right)=\cos\left(2\pi-\frac{\pi}{4}\right)=\cos\left(-\frac{\pi}{4}\right)=\cos\frac{\pi}{4}=\frac{\sqrt{2}}{2}$. 故选 C.

变式训练 8

【答案】A

【解析】因为角 θ 的终边经过点 $(-2,3)$，所以 $\sin\theta=\frac{3}{\sqrt{(-2)^2+3^2}}=\frac{3\sqrt{13}}{13}$，

$\sin(\pi+\theta)=-\sin\theta=-\frac{3\sqrt{13}}{13}$. 故选 A.

变式训练 9

【答案】$-\cos\theta$

【解析】原式 $=\frac{(-\cos\theta)\cdot\sin^2\theta}{\tan^2\theta\cdot\cos^2\theta}=-\cos\theta$. 故答案为 $-\cos\theta$.

变式训练 10

【答案】(1) $\frac{3}{5}$；(2) $\frac{4}{3}$

【解析】(1) $\sin\left(\frac{\pi}{2}-\alpha\right)=\cos\alpha=-\frac{4}{5}$，∵$\alpha$ 为第二象限角，

$\therefore \sin\alpha=\sqrt{1-\cos^2\alpha}=\frac{3}{5}$.

(2) ∵$f(\alpha)=\frac{\cos\left(\frac{\pi}{2}-\alpha\right)\tan(-\pi+\alpha)\cos(2\pi-\alpha)}{-\tan(-19\pi-\alpha)\sin(5\pi-\alpha)\sin(\pi+\alpha)}=\frac{\sin\alpha\tan\alpha\cos\alpha}{\tan\alpha\sin\alpha(-\sin\alpha)}=\frac{-\cos\alpha}{\sin\alpha}$,

$\therefore f(\alpha)=-\frac{\cos\alpha}{\sin\alpha}=\frac{4}{3}$.

变式训练 11

【解析】由题可知 $\cos(\alpha-106^\circ)=\cos(106^\circ-\alpha)$

$=\cos[180^\circ-(74^\circ+\alpha)]=-\cos(74^\circ+\alpha)=-\frac{3}{5}$.

$\sin(\alpha-106^\circ)=-\sin[180^\circ-(74^\circ+\alpha)]=-\sin(74^\circ+\alpha)$.

∵α 为第三象限角，∴$74^\circ+\alpha$ 为第三或第四象限角.

又 ∵$\cos(74^\circ+\alpha)=\frac{3}{5}>0$，∴$74^\circ+\alpha$ 为第四象限角，

$\therefore \sin(74^\circ+\alpha)=-\sqrt{1-\cos^2(74^\circ+\alpha)}=-\sqrt{1-\left(\frac{3}{5}\right)^2}=-\frac{4}{5}$.

$\therefore \sin(\alpha-106^\circ)=-\sin(74^\circ+\alpha)=\frac{4}{5}$. $\therefore \tan(\alpha-106^\circ)=\frac{\sin(\alpha-106^\circ)}{\cos(\alpha-106^\circ)}=-\frac{4}{3}$.

所以得证.

变式训练 12

【答案】(1) $\sin\alpha+\cos\alpha=\frac{1}{5}$，$\tan\alpha=-\frac{4}{3}$；(2) -4

【解析】(1) 解：由三角函数的定义可得 $\sin\alpha=\frac{4}{5}$，

又因为 α 为第二象限角，则 $\cos\alpha=-\sqrt{1-\sin^2\alpha}=-\frac{3}{5}$，

所以 $\sin\alpha+\cos\alpha=\frac{1}{5}$，$\tan\alpha=\frac{\sin\alpha}{\cos\alpha}=-\frac{4}{3}$.

(2) 由题知 $\beta=\alpha+\frac{\pi}{2}$，则 $\sin\beta=\sin\left(\alpha+\frac{\pi}{2}\right)=\cos\alpha=-\frac{3}{5}$，$\cos\beta=\cos\left(\alpha+\frac{\pi}{2}\right)=$

$-\sin\alpha=-\frac{4}{5}$，则 $\frac{\sin(\beta+3\pi)\tan(\pi+\alpha)}{\cos(\pi-\beta)+\sin\left(\alpha+\frac{\pi}{2}\right)}=\frac{(-\sin\beta)\tan\alpha}{-\cos\beta+\cos\alpha}=\frac{\frac{3}{5}\times\left(-\frac{4}{3}\right)}{\frac{4}{5}-\frac{3}{5}}=-4$.

一、单选题

1.【答案】A

【解析】因为 α 是第二象限角，所以 $\sin\alpha>0$，所以 $\sin\alpha=\sqrt{1-\cos^2\alpha}=\sqrt{1-(\frac{3}{5})^2}=\frac{4}{5}$，故选 A.

2.【答案】B

【解析】因为 $\cos\alpha=-\frac{3}{5}$，且 $\alpha\in(-\pi,0)$，所以 α 是第三象限角，故 $\sin\alpha<0$，且 $\sin\alpha=-\sqrt{1-\cos\alpha^2}=-\frac{4}{5}$，所以 $\tan\alpha=\frac{\sin\alpha}{\cos\alpha}=\frac{4}{3}$. 故选 B.

3.【答案】D

【解析】因为 $\sin\alpha-\cos\alpha=\frac{1}{5}$，所以 $\sin\alpha=\cos\alpha+\frac{1}{5}$，又因为角 α 为第三象限，所以 $\cos\alpha<0$，即 $\cos\alpha=-\sqrt{1-\sin^2\alpha}=-\sqrt{1-(\cos\alpha+\frac{1}{5})^2}$，解得 $\cos\alpha=\frac{3}{5}$(舍去)，或者 $\cos\alpha=-\frac{4}{5}$，故选 D.

4.【答案】C

【解析】原式 $=\sin^2\alpha+\cos^2\alpha(\cos^2\alpha+\sin^2\alpha)=\sin^2\alpha+\cos^2\alpha=1$.

5.【答案】C

【解析】因为 $\sin\alpha\cos\alpha=\frac{\sin\alpha\cos\alpha}{1}=\frac{\sin\alpha\cos\alpha}{\sin^2\alpha+\cos^2\alpha}$，分子、分母同除以 $\cos^2\alpha$ 得 $\frac{\tan\alpha}{\tan^2\alpha+1}=-\frac{2}{5}$，故选 C.

6.【答案】C

【解析】因为角 α 的终边经过点$(-5,12)$，所以 $\tan\alpha=-\frac{12}{5}$.

$\sin^2\alpha-\cos^2\alpha=\frac{\sin^2\alpha-\cos^2\alpha}{\sin^2\alpha+\cos^2\alpha}=\frac{\tan^2\alpha-1}{\tan^2\alpha+1}=\frac{119}{169}$，故选 C.

7.【答案】A

【解析】因为 $\sin(\pi+\theta)=-\sin\theta=-\frac{3}{5}$，所以 $\sin\theta=\frac{3}{5}$，又 θ 为第二象限角，所以 $\cos\theta=-\sqrt{1-\sin^2\theta}=-\frac{4}{5}$，故选 A.

8.【答案】D

【解析】因为 $\sin(2\pi+\alpha)=\sin\alpha$，又 α 为第二象限角，所以 $\cos\alpha<0$，$\sin\alpha>0$，并且 $\begin{cases}\frac{\sin\alpha}{\cos\alpha}=-\frac{3}{4}\\ \sin^2\alpha+\cos^2\alpha=1\end{cases}$，解得 $\sin\alpha=\frac{3}{5}$，故选 D.

9.【答案】D

【解析】因为 $\tan(\alpha-\pi)=-\tan(\pi-\alpha)=\tan\alpha$，又 α 经过点(2，−1)，所以 $\tan\alpha=\frac{y}{x}=-\frac{1}{2}$，故选 D.

10.【答案】B

【解析】因为 $\cos(\pi-\alpha)=-\cos\alpha=-\frac{\sqrt{3}}{2}$，所以 $\cos\alpha=\frac{\sqrt{3}}{2}$，又 α 经过点 $P(x，-2)$，所以 $\cos\alpha=\frac{x}{\sqrt{x^2+(-2)^2}}=\frac{\sqrt{3}}{2}$，解得 $x=\pm2\sqrt{3}$，又 $\cos\alpha=\frac{\sqrt{3}}{2}>0$，所以角 α 在第一象限或第四象限，故 $x=2\sqrt{3}$，故选 B.

二、填空题

11.【答案】−1

【解析】因为 α 是第二象限角，所以 $\tan\alpha<0$，$\cos\alpha<0$，所以 $\cos\alpha=-\sqrt{1-\sin^2\alpha}=-\frac{\sqrt{2}}{2}$，所以 $\tan\alpha=\frac{\sin\alpha}{\cos\alpha}=\frac{\frac{\sqrt{2}}{2}}{-\frac{\sqrt{2}}{2}}=-1$.

12.【答案】−3

【解析】因为 $\frac{\sin\alpha+\cos\alpha}{\sin\alpha-\cos\alpha}=\frac{\tan\alpha+1}{\tan\alpha-1}=\frac{1}{2}$，所以 $\tan\alpha=-3$.

13.【答案】$\frac{\sqrt{17}}{3}$

【解析】因为 $\sin\alpha-\cos\alpha=\frac{1}{3}$，所以两边平方得 $2\sin\alpha\cos\alpha=\frac{8}{9}$，又因为 $\frac{\pi}{4}<\alpha<\frac{\pi}{2}$，所以 $\sin\alpha>0$，$\cos\alpha>0$，所以 $\sin\alpha+\cos\alpha=\sqrt{(\sin\alpha+\cos\alpha)^2}=\sqrt{1+\frac{8}{9}}=\frac{\sqrt{17}}{3}$.

14.【答案】2

【解析】因为 $\frac{1+2\sin\alpha\cos\alpha}{\sin^2\alpha-\cos^2\alpha}=\frac{(\sin\alpha+\cos\alpha)^2}{(\sin\alpha+\cos\alpha)(\sin\alpha-\cos\alpha)}=\frac{\sin\alpha+\cos\alpha}{\sin\alpha-\cos\alpha}=\frac{\tan\alpha+1}{\tan\alpha-1}=\frac{4}{2}=2$，所以 $\frac{1+2\sin\alpha\cos\alpha}{\sin^2\alpha-\cos^2\alpha}=2$.

15.【答案】$\frac{4}{5}$

【解析】因为角 α 的终边经过点 $(3m，4m)(m<0)$，所以角 α 是第三象限，$\sin\alpha=-\frac{4}{5}$，所以 $\cos(\frac{\pi}{2}+\alpha)=-\sin\alpha=\frac{4}{5}$.

16. 【答案】$\frac{12}{13}$

【解析】因为 $\sin(2\pi-\alpha)=-\sin\alpha=-\frac{12}{13}$，所以 $\sin\alpha=\frac{12}{13}$.

17. 【答案】$-\frac{4\sqrt{13}}{13}$

【解析】容易得到 $y=a^{x+3}+1(a>0$ 且 $a\neq1)$ 图像恒过点$(-3,2)$，所以点 A 坐标为$(-3,2)$，因此 $\sin\theta=\frac{2}{\sqrt{13}}$，$\cos\theta=\frac{-3}{\sqrt{13}}$，所以 $\sin(\pi-\theta)+2\sin(\frac{\pi}{2}-\theta)=\sin\theta+2\cos\theta=\frac{2}{\sqrt{13}}-\frac{6}{\sqrt{13}}=-\frac{4\sqrt{13}}{13}$.

三、解答题

18. 解：$\because \cos\alpha=-\frac{8}{17}<0$，

$\therefore \alpha$ 是第二象限角或第三象限角.

当 α 是第二象限角时，则

$$\sin\alpha=\sqrt{1-\cos^2\alpha}=\sqrt{1-\left(-\frac{8}{17}\right)^2}=\frac{15}{17},$$

$$\tan\alpha=\frac{\sin\alpha}{\cos\alpha}=\frac{\frac{15}{17}}{-\frac{8}{17}}=-\frac{15}{8};$$

当 α 是第三象限角时，则

$$\sin\alpha=-\sqrt{1-\cos^2\alpha}=-\frac{15}{17},\ \tan\alpha=\frac{15}{8}.$$

19. (1) 解：$\because \alpha$ 是第二象限角，

$\therefore \sin\alpha>0$，$\cos\alpha<0$.

$$\tan\alpha\sqrt{\frac{1}{\sin^2\alpha}-1}$$

$$=\tan\alpha\sqrt{\frac{1-\sin^2\alpha}{\sin^2\alpha}}$$

$$=\tan\alpha\sqrt{\frac{\cos^2\alpha}{\sin^2\alpha}}$$

$$=\frac{\sin\alpha}{\cos\alpha}\cdot\left|\frac{\cos\alpha}{\sin\alpha}\right|=\frac{\sin\alpha}{\cos\alpha}\cdot\frac{-\cos\alpha}{\sin\alpha}=-1.$$

(2) 证明：$\frac{\sin\alpha}{1-\cos\alpha}\cdot\frac{\cos\alpha\cdot\tan\alpha}{1+\cos\alpha}$

$$=\frac{\sin\alpha}{1-\cos\alpha}\cdot\frac{\cos\alpha\cdot\frac{\sin\alpha}{\cos\alpha}}{1+\cos\alpha}$$

$$=\frac{\sin\alpha}{1-\cos\alpha}\cdot\frac{\sin\alpha}{1+\cos\alpha}$$

$$=\frac{\sin^2\alpha}{1-\cos^2\alpha}=\frac{\sin^2\alpha}{\sin^2\alpha}=1.$$

20. **【答案】**$-\frac{9}{5}$

【解析】原式 $=\frac{\sin(3\pi+\frac{\pi}{6})\cos(-8\pi+\frac{\pi}{3})}{\sin(4\pi+\frac{\pi}{2})\tan(6\pi+\frac{\pi}{4})-\cos(-6\pi-\frac{\pi}{3})\tan^2(-5\pi+\frac{\pi}{6})}+\tan(3\pi+\frac{\pi}{3})\cos(7\pi+\frac{\pi}{6})=\frac{(-\frac{1}{2})\times\frac{1}{2}}{1\times1-\frac{1}{2}\times\frac{1}{3}}+\sqrt{3}\times(-\frac{\sqrt{3}}{2})=-\frac{9}{5}.$

21. **【答案】**(1) $-\frac{1}{2}$；(2) $\frac{9-7\sqrt{3}}{11}$

【解析】(1) 因为角 α 的终边上的一点为 $(-2,2\sqrt{3})$，所以 $\sin\alpha=\frac{2\sqrt{3}}{4}=\frac{\sqrt{3}}{2}$，$\cos\alpha=\frac{-2}{4}=-\frac{1}{2}$.

(2) 原式 $=\frac{\sin\alpha+3\cos\alpha}{2\sin\alpha-\cos\alpha}=\frac{\tan\alpha+3}{2\tan\alpha-1}$，因为 $\sin\alpha=\frac{\sqrt{3}}{2}$，$\cos\alpha=-\frac{1}{2}$，所以 $\tan\alpha=\frac{\sin\alpha}{\cos\alpha}=-\sqrt{3}$，所以 $=\frac{\sin\alpha+3\cos\alpha}{2\sin\alpha-\cos\alpha}=\frac{\tan\alpha+3}{2\tan\alpha-1}=\frac{-\sqrt{3}+3}{-2\sqrt{3}-1}=\frac{9-7\sqrt{3}}{11}$

22. **【答案】**(1) $\frac{4}{5}$；(2) $-\frac{6}{5}$

【解析】(1) 点 P 到坐标原点的距离 $d=\sqrt{(3a)^2+(4a)^2}=5|a|$. $\because a>0$，$\therefore d=5a$，$\therefore \sin\theta=\frac{4a}{5a}=\frac{4}{5}$.

(2) 由三角函数的定义，可得 $\cos\theta=\frac{3a}{5a}=\frac{3}{5}$，所以 $\sin\left(\frac{3\pi}{2}-\theta\right)+\cos(\theta-\pi)=-\cos\theta-\cos\theta=-2\cos\theta=-\frac{6}{5}$.

【考点 3　和角公式和二倍角公式】

变式训练 1

【答案】$\sin(\frac{\pi}{4}-\alpha)=\frac{7\sqrt{2}}{10}$，$\cos(\frac{\pi}{4}+\alpha)=\frac{7\sqrt{2}}{10}$

【解析】因为 $\sin\alpha=-\frac{3}{5}$，α 是第四象限角，得 $\cos\alpha=\sqrt{1-\sin^2\alpha}=\sqrt{1-\left(-\frac{3}{5}\right)^2}=\frac{4}{5}$，于是有 $\sin\left(-\frac{\pi}{4}-\alpha\right)=\sin\frac{\pi}{4}\cos\alpha-\cos\frac{\pi}{4}\sin\alpha=\frac{\sqrt{2}}{2}\times\frac{4}{5}-\frac{\sqrt{2}}{2}\times\left(-\frac{3}{5}\right)=\frac{7\sqrt{2}}{10}$，$\cos\left(\frac{\pi}{4}+\alpha\right)=\cos\frac{\pi}{4}\cos\alpha-\sin\frac{\pi}{4}\sin\alpha=\frac{\sqrt{2}}{2}\times\frac{4}{5}-\frac{\sqrt{2}}{2}\times\left(-\frac{3}{5}\right)=\frac{7\sqrt{2}}{10}$.

变式训练 2

【答案】B

【解析】由点(1，2)在角 α 的终边上，则 $\sin\alpha=\frac{2}{\sqrt{5}}$，$\cos\alpha=\frac{1}{\sqrt{5}}$，又点(−2，6)在角 β 的终边上，则 $\sin\beta=\frac{3}{\sqrt{10}}$，$\cos\beta=\frac{1}{\sqrt{10}}$，所以 $\cos(\alpha+\beta)=\cos\alpha\cdot\cos\beta-\sin\alpha\cdot\sin\beta=\frac{1}{\sqrt{5}}\times\left(-\frac{1}{\sqrt{10}}\right)-\frac{2}{\sqrt{5}}\times\left(\frac{3}{\sqrt{10}}\right)=-\frac{7\sqrt{2}}{10}$.

变式训练 3

【答案】$\frac{4-6\sqrt{2}}{15}$

【解析】因为 $\cos B=\frac{3}{5}>0$，则 B 为锐角，$\sin B=\sqrt{1-\left(\frac{3}{5}\right)^2}=\frac{4}{5}$.

又 $\sin B>\sin A$，有 $B>A$，则 A 为锐角，$\cos A=\sqrt{1-\frac{1}{9}}=\frac{2\sqrt{2}}{3}$.

则 $\cos C=\cos(\pi-A-B)=-\cos(A+B)=-(\cos A\cos B-\sin A\sin B)$

$=-\left(\frac{2\sqrt{2}}{3}\times\frac{3}{5}-\frac{1}{3}\times\frac{4}{5}\right)=\frac{4-6\sqrt{2}}{15}$.

变式训练 4

【答案】D

【解析】$\cos(\alpha-\beta)\cos\beta+\sin(\alpha-\beta)\sin\beta=\cos((\alpha-\beta)-\beta)=\cos(\alpha-2\beta)$. 故选 D.

变式训练 5

【答案】$\frac{1}{2}$

【解析】$\sin\alpha\sin\left(\alpha-\frac{\pi}{3}\right)+\cos\alpha\cos\left(\alpha-\frac{\pi}{3}\right)=\cos\left(\alpha-\frac{\pi}{3}-\alpha\right)=\cos\left(-\frac{\pi}{3}\right)=\frac{1}{2}$.

变式训练 6

【答案】(1) $\cos\alpha=\frac{3\sqrt{10}}{10}$，$\sin\alpha=\frac{\sqrt{10}}{10}$； (2) $\frac{1}{2}$

【解析】(1) $\because\alpha$ 为锐角，$\therefore\alpha+\frac{\pi}{4}\in\left(\frac{\pi}{4},\frac{3\pi}{4}\right)$，又 $\because\cos\left(\alpha+\frac{\pi}{4}\right)=\frac{\sqrt{5}}{5}$，

$\therefore\sin\left(\alpha+\frac{\pi}{4}\right)=\frac{2\sqrt{5}}{5}$，

则 $\cos\alpha=\cos\left[\left(\alpha+\frac{\pi}{4}\right)-\frac{\pi}{4}\right]=\cos\left(\alpha+\frac{\pi}{4}\right)\cos\frac{\pi}{4}+\sin\left(\alpha+\frac{\pi}{4}\right)\sin\frac{\pi}{4}$， $=\frac{\sqrt{5}}{5}\times\frac{\sqrt{2}}{2}+\frac{2\sqrt{5}}{5}\times\frac{\sqrt{2}}{2}=\frac{3\sqrt{10}}{10}$，$\sin\alpha=\sqrt{1-\cos^2\alpha}=\frac{\sqrt{10}}{10}$.

(2) 由(1) 可得 $\tan\alpha=\frac{\sin\alpha}{\cos\alpha}=\frac{1}{3}$，$\because\beta$ 为锐角且 $\sin\beta=\frac{\sqrt{2}}{10}$，

$\therefore\cos\beta=\frac{7\sqrt{2}}{10}$，$\therefore\tan\beta=\frac{\sin\beta}{\cos\beta}=\frac{1}{7}$. $\therefore\tan(\alpha+\beta)=\frac{\tan\alpha+\tan\beta}{1-\tan\alpha\tan\beta}=\frac{\frac{1}{3}+\frac{1}{7}}{1-\frac{1}{3}\times\frac{1}{7}}=\frac{1}{2}$.

变式训练 7

【答案】B

【解析】当 $A=B=\frac{\pi}{2}$ 时，$\tan(A+B)=\tan\pi=0$，此时 $\tan A$，$\tan B$ 没有意义，

故 $\tan A+\tan B$ 没有意义，故“$\tan(A+B)=0$”是“$\tan A+\tan B=0$”的非充分条件；由 $\tan A+\tan B=0$，$\tan(A+B)=\frac{\tan A+\tan B}{1-\tan A\tan B}$，可知 $\tan(A+B)=0$，故“$\tan(A+B)=0$”是“$\tan A+\tan B=0$”的必要条件；故选 B.

变式训练 8

【答案】$\alpha+\beta=\frac{4}{3}\pi$

【解析】$\tan(-\beta)=\sqrt{3}(\tan\alpha\tan\beta-3)$，变形为 $-\tan\beta=\sqrt{3}\tan\alpha\tan\beta-3\sqrt{3}$，

因为 $\tan\alpha=-2\sqrt{3}$，故 $-\tan\beta=\sqrt{3}\tan\alpha\tan\beta-\sqrt{3}+\tan\alpha$，即 $\sqrt{3}(1-\tan\alpha\tan\beta)=\tan\alpha+\tan\beta$，即 $\frac{\tan\alpha+\tan\beta}{1-\tan\alpha\tan\beta}=\sqrt{3}$，因为 $\tan(\alpha+\beta)=\frac{\tan\alpha+\tan\beta}{1-\tan\alpha\tan\beta}$，

所以 $\tan(\alpha+\beta)=\sqrt{3}$，因为 α，β 都是钝角，所以 $\alpha\in\left(\frac{\pi}{2},\pi\right)$，$\beta\in\left(\frac{\pi}{2},\pi\right)$，故 $\alpha+\beta\in(\pi,2\pi)$，则 $\alpha+\beta=\frac{4}{3}\pi$.

变式训练 9

【答案】B

【解析】由题意可知，点 $P\left(-\frac{1}{2}, \frac{\sqrt{3}}{2}\right)$，$\therefore \sin\alpha = \frac{\sqrt{3}}{2}$，$\cos\alpha = -\frac{1}{2}$，

$\sin2\alpha = 2\sin\alpha\cos\alpha = -\frac{\sqrt{3}}{2}$，$\cos2\alpha = 2\cos^2\alpha - 1 = -\frac{1}{2}$，$\therefore \frac{2\cos2\alpha + 3}{\sin2\alpha} = -\frac{4\sqrt{3}}{3}$. 故选 B.

变式训练 10

【答案】B

【解析】由 $\sin\frac{\alpha}{2} - \cos\frac{\alpha}{2} = \frac{\sqrt{5}}{5}$，可得 $(\sin\frac{\alpha}{2} - \cos\frac{\alpha}{2})^2 = \frac{1}{5}$，即 $1 - 2\sin\frac{\alpha}{2}\cos\frac{\alpha}{2} = \frac{1}{5}$，

$1 - \sin\alpha = \frac{1}{5}$，$\therefore \sin\alpha = \frac{4}{5}$，故选 B.

一、选择题

1. 【答案】D

【解析】$\cos15° = \cos(45° - 30°) = \cos45°\cos30° + \sin45°\sin30° = \frac{\sqrt{2}}{2} \times \frac{\sqrt{3}}{2} + \frac{\sqrt{2}}{2} \times \frac{1}{2} =$

$\frac{\sqrt{6} + \sqrt{2}}{4}$，又 $\frac{\sqrt{2 + \sqrt{3}}}{2} = \frac{2\sqrt{2 + \sqrt{3}}}{4} = \frac{\sqrt{8 + 4\sqrt{3}}}{4} = \frac{\sqrt{(\sqrt{6} + \sqrt{2})^2}}{4} = \frac{\sqrt{6} + \sqrt{2}}{4}$，故选 D.

2. 【答案】A

3. 【答案】D

【解析】因为角 α 终边上一点 $P(-3, 4)$，容易得到 $\sin\alpha = \frac{4}{5}$，$\cos\alpha = -\frac{3}{5}$，所以 $\sin(\alpha +$

$\frac{\pi}{3}) = \sin\alpha\cos\frac{\pi}{3} + \cos\alpha\sin\frac{\pi}{3} = \frac{4}{5} \times \frac{1}{2} + (-\frac{3}{5}) \times \frac{\sqrt{3}}{2} = \frac{4 - 3\sqrt{3}}{10}$，故选 D.

4. 【答案】D

【解析】$\sin39°\cos21° + \cos39°\sin21° = \sin(39° + 21°) = \sin60° = \frac{\sqrt{3}}{2}$，故选 D.

5. 【答案】D

【解析】$\cos(\frac{\pi}{3} + \alpha) = \frac{1}{2}\cos\alpha - \frac{\sqrt{3}}{2}\sin\alpha$，$\cos(\frac{\pi}{3} - \alpha) = \frac{1}{2}\cos\alpha + \frac{\sqrt{3}}{2}\sin\alpha$，

所以 $\cos(\frac{\pi}{3} + \alpha)\cos(\frac{\pi}{3} - \alpha) = (\frac{1}{2}\cos\alpha - \frac{\sqrt{3}}{2}\sin\alpha) \cdot (\frac{1}{2}\cos\alpha + \frac{\sqrt{3}}{2}\sin\alpha) = \frac{1}{4}\cos^2\alpha - \frac{3}{4}$

$\sin^2\alpha$. 因为 $\sin\alpha = \frac{3}{5}$，所以 $\cos^2\alpha = 1 - \sin^2\alpha = \frac{16}{25}$，$\sin^2\alpha = \frac{9}{25}$，

因此 $\frac{1}{4}\cos^2\alpha \quad \frac{3}{4}\sin^2\alpha = \frac{11}{100}$. 故选 D.

6.【答案】C

【解析】$\sin70°\cos20°+\sin20°\sin20°=\cos^2 20°+\sin^2 20°=1$，故选 C.

7.【答案】B

【解析】依题意有 $\sin\alpha=\frac{4}{5}$，$\cos\alpha=-\frac{3}{5}$，

所以 $\sin2\alpha=2\sin\alpha\cos\alpha=2\times\frac{4}{5}\times(-\frac{3}{5})=-\frac{24}{25}$，故选 D.

8.【答案】$\alpha=\frac{\pi}{2}$ 或$\frac{7\pi}{6}$.

【解析】$\sin\alpha\cos\frac{\pi}{3}-\cos\alpha\sin\frac{\pi}{3}=\sin\left(\alpha-\frac{\pi}{3}\right)=\frac{1}{2}$，又 $\alpha\in[0,2\pi)$，所以 $\alpha=\frac{\pi}{2}$ 或$\frac{7\pi}{6}$.

9.【答案】D

【解析】由 $2\sin2\alpha=1+\cos2\alpha$，整理得 $4\sin\alpha\cos\alpha=2\cos^2\alpha$，而 $\cos\alpha\neq0$，

所以 $2\sin\alpha=\cos\alpha$，解方程组$\begin{cases}2\sin\alpha=\cos\alpha\\ \sin^2\alpha+\cos^2\alpha=1\end{cases}$，得 $\sin\alpha=\frac{2\sqrt{5}}{5}$，故选 D.

10.【答案】A

【解析】由二倍角公式得 $2\cos^2\frac{\pi}{8}-1=\cos\frac{\pi}{4}=\frac{\sqrt{2}}{2}$，故选 A.

二、填空题

11.【答案】-3

【解析】因为 $\tan(\frac{\pi}{4}+\alpha)=\frac{\tan\frac{\pi}{4}+\tan\alpha}{1-\tan\frac{\pi}{4}\tan\alpha}=\frac{1+\tan\alpha}{1-\tan\alpha}=-\frac{1}{2}$，解得 $\tan\alpha=-3$.

12.【答案】$-\sqrt{3}$

【解析】由题意得 $\tan\alpha+\tan\beta=3\sqrt{3}$，$\tan\alpha\tan\beta=4$，所以 $\tan(\alpha+\beta)=\frac{\tan\alpha+\tan\beta}{1-\tan\alpha\cdot\tan\beta}=\frac{3\sqrt{3}}{1-4}=-\sqrt{3}$.

13.【答案】$\cos1°$

【解析】$-\cos(-50°)\cos1290°+\cos400°\cos39°=-\sin40°(-\sin39°)+\cos40°\cos39°=\cos1°$.

14.【答案】$\pm\frac{\sqrt{2}}{2}$

【解析】因为 $\sin A\cos B+\cos A\sin B=\sin(A+B)=\frac{\sqrt{2}}{2}$，又 $0<A+B<\pi$，

所以 $A+B=\frac{\pi}{4}$ 或$\frac{3\pi}{4}$，所以 $\cos(A+B)=\pm\frac{\sqrt{2}}{2}$.

15.【答案】$\frac{9}{5}$

【解析】由 $\cos\alpha=2\sin\alpha$，得 $\tan\alpha=\frac{1}{2}$，

所以$\sin^2\alpha-\sin2\alpha+3\cos^2\alpha=\frac{\sin^2\alpha-2\sin\alpha\cos\alpha+3\cos^2\alpha}{\sin^2\alpha+\cos^2\alpha}=\frac{\tan^2\alpha-2\tan\alpha+3}{\tan^2\alpha+1}=\frac{9}{5}$.

16.【答案】$\frac{1}{8}$

【解析】由 $\sin(\alpha+\beta)\cos(\alpha-\beta)+\cos(\alpha+\beta)\sin(\alpha-\beta)=\sin(\alpha+\beta+\alpha-\beta)=\sin2\alpha$，所以 $\sin2\alpha=\frac{1}{8}$.

三、解答题

17.【答案】(1) $-\frac{33}{65}$；(2) $\frac{16}{63}$

【解析】(1) $\because\alpha\in(\frac{\pi}{2},\pi)$，$\sin\alpha=\frac{4}{5}$，$\therefore\cos\alpha=-\sqrt{1-\sin^2\alpha}=-\sqrt{1-\left(\frac{4}{5}\right)^2}=-\frac{3}{5}$，

$\because\beta$ 是第三象限角，$\cos\beta=-\frac{5}{13}$，$\therefore\sin\beta=-\sqrt{1-\cos^2\beta}=-\sqrt{1-\left(-\frac{5}{13}\right)^2}=-\frac{12}{13}$，

$\therefore\cos(\alpha-\beta)=\cos\alpha\cdot\cos\beta+\sin\alpha\cdot\sin\beta=\left(-\frac{3}{5}\right)\times\left(-\frac{5}{13}\right)+\frac{4}{5}\times\left(-\frac{12}{13}\right)=-\frac{33}{65}$.

(2) 由(1) 知，$\sin\alpha=\frac{4}{5}$，$\cos\alpha=-\frac{3}{5}$，$\cos\beta=-\frac{5}{13}$，$\sin\beta=-\frac{12}{13}$，

$$\therefore\tan\alpha=\frac{\sin\alpha}{\cos\alpha}=\frac{\frac{4}{5}}{-\frac{3}{5}}=-\frac{4}{3},\quad \tan\beta=\frac{\sin\beta}{\cos\beta}=\frac{-\frac{12}{13}}{-\frac{5}{13}}=\frac{12}{5},$$

$$\therefore\tan(\alpha+\beta)=\frac{\tan\alpha+\tan\beta}{1-\tan\alpha\cdot\tan\beta}=\frac{-\frac{4}{3}+\frac{12}{5}}{1-\left(-\frac{4}{3}\right)\times\frac{12}{5}}=\frac{16}{63}.$$

18.【答案】(1) $-\frac{33}{65}$；(2) $\frac{204}{253}$

【解析】(1) 因为 α 为第二象限角，$\sin\alpha=\frac{3}{5}$，β 为第一象限角，$\cos\beta=\frac{5}{13}$，

所以 $\cos\alpha=-\frac{4}{5}$，$\sin\beta=\frac{12}{13}$，所以 $\sin(\alpha+\beta)=\frac{3}{5}\times\frac{5}{13}+\left(-\frac{4}{5}\right)\times\frac{12}{13}=-\frac{33}{65}$.

(2) $\because\tan\alpha=\frac{\sin\alpha}{\cos\alpha}=-\frac{3}{4}$，$\tan\beta=\frac{\sin\beta}{\cos\beta}=\frac{12}{5}$，

$$\therefore\tan2\alpha=\frac{2\tan\alpha}{1-\tan^2\alpha}=\frac{-\frac{3}{2}}{1-\frac{9}{16}}=-\frac{24}{7},\quad \therefore\tan(2\alpha-\beta)=\frac{-\frac{24}{7}-\frac{12}{5}}{1+\left(-\frac{24}{7}\times\frac{12}{5}\right)}=\frac{204}{253}.$$

19.【答案】$-\sqrt{2}$

【解析】原式 $=\dfrac{\dfrac{\sqrt{2}}{2}(\sin\alpha+\cos\alpha)}{2\sin\alpha\cos\alpha+2\cos^2\alpha}=\dfrac{\sqrt{2}(\sin\alpha+\cos\alpha)}{4\cos\alpha(\sin\alpha+\cos\alpha)}$.

因为 α 为第二象限角，且 $\sin\alpha\ \dfrac{\sqrt{15}}{4}$，所以 $\sin\alpha+\cos\alpha\neq 0$，$\cos\alpha=-\dfrac{1}{4}$，

所以原式 $=\dfrac{\sqrt{2}}{4\cos\alpha}=-\sqrt{2}$.

20.【答案】(1) $\cos\alpha=-\dfrac{4}{5}$；(2) $\cos\beta=-\dfrac{\sqrt{2}}{10}$

【解析】(1) 因为 α 终边在第二象限，所以 $\cos\alpha<0$，依题意 $x^2+3^2=5^2$，所以 $x=\pm 4$，且 $x<0$，所以 $x=-4$，即 $P(-4,3)$，因此 $\cos\alpha=-\dfrac{4}{5}$，$\sin\alpha=\dfrac{3}{5}$.

(2) 依题意有 $\cos\beta=\cos(\alpha-\dfrac{\pi}{4})=\cos\alpha\cos\dfrac{\pi}{4}+\sin\alpha\sin\dfrac{\pi}{4}=-\dfrac{4}{5}\times\dfrac{\sqrt{2}}{2}+\dfrac{3}{5}\times\dfrac{\sqrt{2}}{2}=-\dfrac{\sqrt{2}}{10}$.

21.【答案】(1) $-\sqrt{3}$；(2) $-2-\sqrt{3}$

【解析】(1) 原式 $=\tan(70^\circ+50^\circ)(1-\tan 70^\circ\tan 50^\circ)-\sqrt{3}\tan 70^\circ\tan 50^\circ$

$=-\sqrt{3}(1-\tan 70^\circ\tan 50^\circ)-\sqrt{3}\tan 70^\circ\tan 50^\circ=-\sqrt{3}$.

(2) 原式 $=\dfrac{\sin 15^\circ\cos 5^\circ-\sin(15^\circ+5^\circ)}{\cos 15^\circ\cos 5^\circ-\cos(15^\circ+5^\circ)}=-\dfrac{1}{\tan 15^\circ}=-\dfrac{1}{\tan(45^\circ-30^\circ)}=-2-\sqrt{3}$.

22.【答案】(1) $\tan 2\alpha=\dfrac{24}{7}$，$\sin 2\alpha=\dfrac{24}{25}$，$\cos 2\alpha=\dfrac{7}{25}$；(2) $\sin\beta=\dfrac{33}{65}$

【解析】(1) 因为 $\tan\alpha=\dfrac{3}{4}$，所以 $\tan 2\alpha=\dfrac{2\tan\alpha}{1-\tan^2\alpha}=\dfrac{\dfrac{3}{2}}{1-\dfrac{9}{16}}=\dfrac{24}{7}$；

又 $\alpha\in\left(0,\dfrac{\pi}{2}\right)$，$2\alpha\in(0,\pi)$，$\tan 2\alpha=\dfrac{24}{7}>0$，所以 $2\alpha\in\left(0,\dfrac{\pi}{2}\right)$，

则 $\sin 2\alpha>0$，$\cos 2\alpha>0$，又 $\tan 2\alpha=\dfrac{\sin 2\alpha}{\cos 2\alpha}=\dfrac{24}{7}$，且 $(\sin 2\alpha)^2+(\cos 2\alpha)^2=1$，

解得：$\sin 2\alpha=\dfrac{24}{25}$，$\cos 2\alpha=\dfrac{7}{25}$.

(2) 因为 $\alpha\in\left(0,\dfrac{\pi}{2}\right)$ 且 $\tan\alpha=\dfrac{3}{4}$，所以 $\sin\alpha=\dfrac{3}{5}$，$\cos\alpha=\dfrac{4}{5}$，

因为 β 为锐角，$\cos(\alpha+\beta)=\dfrac{5}{13}>0$，所以 $\sin(\alpha+\beta)=\dfrac{12}{13}$，

则 $\sin\beta=\sin(\alpha+\beta-\alpha)=\sin(\alpha+\beta)\cos\alpha-\cos(\alpha+\beta)\sin\alpha=\dfrac{12}{13}\times\dfrac{4}{5}-\dfrac{5}{13}\times\dfrac{3}{5}=\dfrac{33}{65}$.

【考点 4　正弦函数、余弦函数的图像与性质】

变式训练 1

【答案】D

【解析】函数 $y=\sin\left(\frac{x}{2}+\frac{\pi}{6}\right)$ 的最小正周期是 $T=2\pi\div\frac{1}{2}=4\pi$. 故选 D.

变式训练 2

【答案】A

【解析】$\because$ 函数 $f(x)=\sin(x+\varphi)$ 是奇函数且定义域为R，$\therefore f(0)=\sin\varphi=0$，$\therefore \varphi=k\pi$，$k\in Z$，结合选项可知，$\varphi$ 可取的值为 $-\pi$，故选 A.

变式训练 3

【答案】A

【解析】函数 $y=1-\sin^2x-2\sin x=-(\sin x+1)^2+2$，$\because \sin x\in[-1,1]$，

$\therefore$ 当 $\sin x=1$ 时，函数 $y=1-\sin^2x-2\sin x$ 取得最小值为 $-4+2=-2$，

当 $\sin x=-1$ 时，函数 $y=1-\sin^2x-2\sin x$ 取得最大值为 2，

故函数 $y=1-\sin^2x-2\sin x$ 的值域为 $[-2,2]$，故选 A.

变式训练 4

【答案】B

【解析】当 $x\in\left[0,\frac{3\pi}{4}\right]$时，$2x-\frac{\pi}{6}\in\left[-\frac{\pi}{6},\frac{4\pi}{3}\right]$，

则当 $x\in\left[0,\frac{3\pi}{4}\right]$时，$f(x)_{\min}=\sin\frac{4\pi}{3}=-\sin\frac{\pi}{3}=-\frac{\sqrt{3}}{2}$，故选 B.

变式训练 5

【答案】$\left[-\frac{3\pi}{8}+k\pi,\frac{\pi}{8}+k\pi\right]$，$k\in Z$

【解析】因为 $f(x)=2\cos\left(\frac{\pi}{4}-2x\right)=2\cos\left(2x-\frac{\pi}{4}\right)$，

令 $-\pi+2k\pi\leqslant 2x-\frac{\pi}{4}\leqslant 2k\pi$，$k\in Z$，解得 $-\frac{3\pi}{8}+k\pi\leqslant x\leqslant\frac{\pi}{8}+k\pi$，$k\in Z$，

所以递增区间为$\left[-\frac{3\pi}{8}+k\pi,\frac{\pi}{8}+k\pi\right]$，$k\in Z$.

变式训练 6

【答案】$\left(\frac{\pi}{8}+\frac{k\pi}{2},\frac{5\pi}{8}+\frac{k\pi}{2}\right)$，$(k\in Z)$

【解析】由 $k\pi-\frac{\pi}{2}<2x-\frac{3\pi}{4}<k\pi+\frac{\pi}{2}$，解得$\frac{k\pi}{2}+\frac{\pi}{8}<x<\frac{k\pi}{2}+\frac{5\pi}{8}$，所以函数 $y=\tan\left(2x-\frac{3\pi}{4}\right)$的单调递增区间为$\left(\frac{\pi}{8}+\frac{k\pi}{2},\ \frac{5\pi}{8}+\frac{k\pi}{2}\right)$，$(k\in\mathbf{Z})$.

变式训练 7

【答案】A

【解析】令 $2x-\frac{\pi}{3}=0$ 可得 $x=\frac{\pi}{6}$，又函数的最小正周期为 $T=\frac{2\pi}{2}=\pi$，则$\frac{1}{4}T=\frac{\pi}{4}$，所以五点的坐标依次是$\left(\frac{\pi}{6},\ 0\right)$，$\left(\frac{5\pi}{12},\ 1\right)$，$\left(\frac{2\pi}{3},\ 0\right)$，$\left(\frac{11\pi}{12},\ -1\right)$，$\left(\frac{7\pi}{6},\ 0\right)$. 故选 A.

变式训练 8

【答案】D

【解析】函数 $f(x)=\sin\left(2x-\frac{\pi}{6}\right)$ 的图像向左平移 $\frac{\pi}{12}$ 个单位长度得到：$f(x)=\sin\left(2x-\frac{\pi}{6}\right)=\sin 2x$

变式训练 9

【答案】1，$\frac{\pi}{4}$，$\frac{\pi}{4}$

【解析】根据函数图像可知 $A=1$，$\frac{T}{4}=3-1=2$，即 $T=8$，$\frac{2\pi}{\omega}=8$，解得 $\omega=\frac{\pi}{4}$，则 $f(x)=\sin\left(\frac{\pi}{4}x+\varphi\right)$，将点(3，0)代入得 $\sin\left(\frac{3\pi}{4}+\varphi\right)=0$，$\frac{3\pi}{4}+\varphi=2k\pi+\pi(k\in\mathbf{Z})$，$\varphi=2k\pi+\frac{\pi}{4}$，又 $\because 0\leqslant\varphi<\pi$，$\therefore k=1$，即 $\varphi=\frac{\pi}{4}$.

故答案为 $A=1$，$\omega=\frac{\pi}{4}$，$\varphi=\frac{\pi}{4}$.

变式训练 10

【答案】(1) $f(x)=2\sin\left(2x+\frac{\pi}{6}\right)+2$；(2) $[1,\ 4]$

【解析】(1) 由图像可知，$A=\frac{4-0}{2}=2$，$B=\frac{4+0}{2}=2$，

设 $f(x)$ 最小正周期为 T，$\because\frac{T}{4}=\frac{1}{4}\times\frac{2\pi}{\omega}=\frac{5\pi}{12}-\frac{\pi}{6}=\frac{\pi}{4}$，$\therefore\omega=2$，

$\therefore f(x)=2\sin(2x+\varphi)+2$，又 $\because f\left(\frac{\pi}{6}\right)=2\sin\left(2\times\frac{\pi}{6}+\varphi\right)+2=4$，且 $|\varphi|<\frac{\pi}{2}$，

$\therefore 2\times\frac{\pi}{6}+\varphi=\frac{\pi}{2}+2k\pi$，$k\in\mathbf{Z}$，$\therefore\varphi=\frac{\pi}{6}$，$\therefore$ 函数 $f(x)$ 的解析式为 $f(x)=2\sin\left(2x+\frac{\pi}{6}\right)+2$.

(2) 当 $x\in\left[-\frac{\pi}{6},\ \frac{\pi}{6}\right]$时，$2x+\frac{\pi}{6}\in\left[-\frac{\pi}{6},\ \frac{\pi}{2}\right]$，$\sin\left(2x+\frac{\pi}{6}\right)\in\left[-\frac{1}{2},\ 1\right]$，

所以函数 $f(x)=2\sin\left(2x+\frac{\pi}{6}\right)+2$ 的取值范围是 $[1,\ 4]$.

变式训练 11

【答案】(1) 周期为 2π，最大值为 2，最小值为 -2；(2) $g(x)=2\sin x$.

【解析】(1) $f(x)=\sin x-\sqrt{3}\cos x=2\sin\left(x-\frac{\pi}{3}\right)$，

$\therefore f(x)$ 的周期为 2π，最大值为 2，最小值为 -2.

(2) 把 $f(x)=2\sin\left(x-\frac{\pi}{3}\right)$ 的图像左移 $\frac{\pi}{3}$ 后得 $g(x)=2\sin\left(x+\frac{\pi}{3}-\frac{\pi}{3}\right)=2\sin x$.

变式训练 12

【答案】A

【解析】$f(x)=\frac{1-\cos 2x}{2}-\frac{1}{2}=-\frac{1}{2}\cos 2x$，故 $f(x)$ 的最小正周期为 π，为偶函数. 故选 A.

一、选择题

1.【答案】A

【解析】周期 $T=\frac{2\pi}{2}=\pi$，故选 A.

2.【答案】C

【解析】依题意既是偶函数又是周期函数的只有 $y=\cos x$，故选 C.

3.【答案】D

【解析】周期 $T=\frac{2\pi}{\frac{1}{2}}=4\pi$，故选 D.

4.【答案】B

【解析】周期 $T=\frac{2\pi}{2\omega}=\pi$，所以 $\omega=1$，故选 B.

5.【答案】C

6.【答案】B

【解析】因为 $y=-3\sin(2x-\frac{\pi}{3})$ 向右平移 $\frac{\pi}{4}$，

得 $y=-3\sin\left[2(x-\frac{\pi}{4})-\frac{\pi}{3}\right]=-3\sin\left(2x-\frac{5\pi}{6}\right)$，故选 B.

7.【答案】D

【解析】分别画出函数 $y=\sin x$，$x\in[0,\ 2\pi]$ 和 $y=\cos x$，$x\in[0,\ 2\pi]$ 的图像(略)，由图像观察可知，①、②、③ 均正确. 故选 D.

8.【答案】A

【解析】将 $y=\sin x$，$x\in[0, 2\pi]$ 与 $y=1$ 的函数图像绘制在同一直角坐标系上，如图所示，数形结合可知，只有 1 个交点. 故选 A.

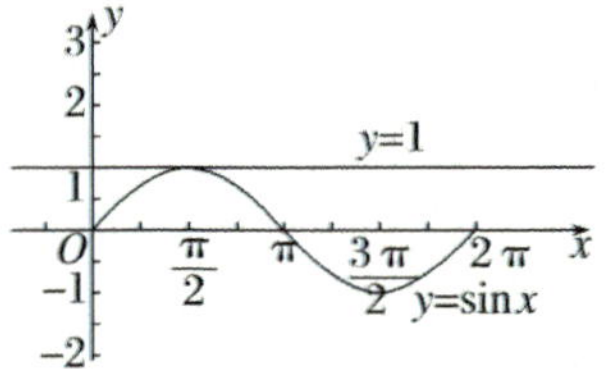

9.【答案】A

【解析】依题意函数 $f(x)=3\cos(2x+\varphi)$ 的图像过点 $(\frac{4\pi}{3}, 0)$，所以 $3\cos(2\times\frac{4\pi}{3}+\varphi)=0$，即 $\frac{8\pi}{3}+\varphi=k\pi+\frac{\pi}{2}$，所以 $\varphi=k\pi-\frac{13\pi}{6}$，当 $k=2$ 时，$|\varphi|=\left|2\pi-\frac{13\pi}{6}\right|=\frac{\pi}{6}$，所以最小值是 $\frac{\pi}{6}$，故选 A.

10.【答案】C

【解析】依题意将函数 $f(x)=\cos 2x$ 图像上所有点向右平移 $\frac{\pi}{4}$ 个单位长度后得到函数 $g(x)=\cos(2x-\frac{\pi}{2})=\sin 2x$，而函数 $g(x)=\sin 2x$ 的一个单调递增区间是 $\left[-\frac{\pi}{2}, \frac{\pi}{2}\right]$，所以有 $[0, a]\subseteq\left[-\frac{\pi}{2}, \frac{\pi}{2}\right]$，解得 $a\leqslant\frac{\pi}{2}$，故选 C.

二、填空题

11.【答案】$\frac{\sqrt{3}}{2}$

【解析】设余弦函数为 $y=\cos x$，

由函数过点 $\left(-\frac{\pi}{6}, m\right)$，可得 $m=\cos\left(-\frac{\pi}{6}\right)=\frac{\sqrt{3}}{2}$.

12.【答案】π

【解析】根据正余弦函数的周期公式 $T=\frac{2\pi}{\omega}$ 可知，函数 $y=\sin\left(2x+\frac{\pi}{3}\right)$ 的最小正周期 $T=\frac{2\pi}{2}=\pi$，故答案为 π.

13.【答案】$\varphi=\frac{2\pi}{3}$（答案不唯一，满足 $\varphi=\frac{2\pi}{3}-k\pi$，$k\in\mathbf{Z}$ 即可）

【解析】由题意可得，$\frac{2\pi}{3}-\varphi=k\pi$，$k\in\mathbf{Z}$，则 $\varphi=\frac{2\pi}{3}-k\pi$，$k\in\mathbf{Z}$，

当 $k=0$ 时，$\varphi=\frac{2\pi}{3}$. 故答案为 $\varphi=\frac{2\pi}{3}$.

14.【答案】$f(x)=2\sin(2x+\frac{\pi}{3})$

【解析】依题意函数 $f(x)$ 的周期 $T=\pi$，所以 $T=\frac{2\pi}{\omega}=\pi$，解得 $\omega=2$，$A=2$，所以 $f(x)=2\sin(2x+\theta)$.

将 $(\frac{\pi}{12}, 2)$ 代入 $2\sin(2\times\frac{\pi}{12}+\theta)=2$，函数解得 $\theta=\frac{\pi}{3}$，所以函数 $f(x)=2\sin(2x+\frac{\pi}{3})$.

15.【答案】-1

【解析】因为 $x\in\left[0, \frac{\pi}{2}\right]$，所以 $2x+\frac{\pi}{4}\in\left[\frac{\pi}{4}, \frac{5\pi}{4}\right]$，

所以当 $2x+\frac{\pi}{4}=\pi$ 时，函数 $f(x)_{\min}=-1$. 故答案为 -1.

16.【答案】$\frac{3}{2}$

【解析】$y=\sin x$ 在 $\left[-\frac{\pi}{2}, \frac{\pi}{2}\right]$ 上递增，在 $\left[\frac{\pi}{2}, \frac{3\pi}{2}\right]$ 上递减. $\omega>0$，当 $0\leqslant x\leqslant\frac{\pi}{3}$ 时，$0\leqslant\omega x\leqslant\frac{\pi}{3}\omega$，由于 $f(x)=\sin\omega x(\omega>0)$ 在 $\left[0, \frac{\pi}{3}\right]$ 上单调递增，所以 $\frac{\pi}{3}\omega\leqslant\frac{\pi}{2}$，$0<\omega\leqslant\frac{3}{2}$，所以 ω 的最大值是 $\frac{3}{2}$. 故答案为 $\frac{3}{2}$.

三、解答题

17.【答案】(1) π；(2) $\left\{x \middle| x=\frac{\pi}{6}+k\pi, k\in \mathbf{Z}\right\}$

【解析】(1) 设函数 $y=\sin\left(2x+\frac{\pi}{6}\right)$，$x\in\mathbf{R}$ 的最小正周期为 T，

则 $T=\frac{2\pi}{2}=\pi$，∴ 函数 $y=\sin\left(2x+\frac{\pi}{6}\right)$，$x\in\mathbf{R}$ 的最小正周期为 π.

(2) 令 $2x+\frac{\pi}{6}=\frac{\pi}{2}+2k\pi$，$k\in\mathbf{Z}$，解得 $x=\frac{\pi}{6}+k\pi$，$k\in\mathbf{Z}$，

所以函数 $y=\sin\left(2x+\frac{\pi}{6}\right)$，$x\in\mathbf{R}$ 取最大值时，

自变量 x 的取值集合为 $\left\{x \middle| x=\frac{\pi}{6}+k\pi, k\in\mathbf{Z}\right\}$.

18. 解：(1) 列表

x	0	$\frac{\pi}{2}$	π	$\frac{3\pi}{2}$	2π
$1-\sin x$	1	0	1	2	1

描点连线，画图如下图所示.

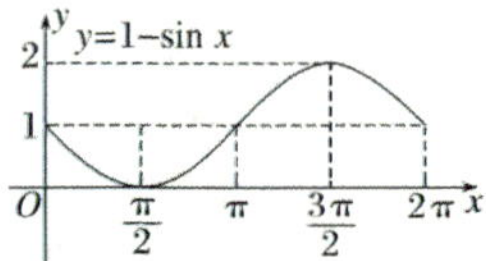

(2) 列表

x	0	$\frac{\pi}{2}$	π	$\frac{3\pi}{2}$	2π
$3\cos x+1$	4	1	-2	1	4

描点连线，画图如下图所示.

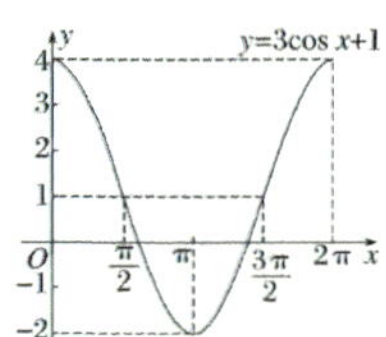

19.【答案】(1) $\frac{\sqrt{2}}{2}+1$；(2) 当 $x\in\left\{x\middle|x=k\pi-\frac{3\pi}{8},\ k\in\mathbf{Z}\right\}$ 时，$f(x)_{\min}=-\frac{\sqrt{2}}{2}+1$

【解析】(1) $f(x)=\frac{1}{2}(\sin x+\cos x)^2+\cos^2 x=\frac{1}{2}\sin 2x+\frac{1}{2}+\frac{\cos 2x+1}{2}=\frac{\sqrt{2}}{2}\sin(2x+\frac{\pi}{4})+1$，所以 $f(\frac{\pi}{8})=\frac{\sqrt{2}}{2}\sin(2\times\frac{\pi}{8}+\frac{\pi}{4})+1=\frac{\sqrt{2}}{2}+1$.

(2) 由(1)知 $f(x)=\frac{\sqrt{2}}{2}\sin(2x+\frac{\pi}{4})+1$，所以 $f(x)_{\min}=-\frac{\sqrt{2}}{2}+1$，最小值时 $2x+\frac{\pi}{4}=2k\pi-\frac{\pi}{2}$，解得 $x=k\pi-\frac{3\pi}{8}$，即 x 的集合是 $\left\{x\middle|x=k\pi-\frac{3\pi}{8},\ k\in\mathbf{Z}\right\}$.

20.【答案】(1) $T=\pi$；(2) $\left[k\pi-\frac{\pi}{3},\ k\pi+\frac{\pi}{6}\right]$

【解析】(1) 依题意函数周期 $T=4(\frac{5\pi}{12}-\frac{\pi}{6})=\pi$，所以 $T=\frac{2\pi}{\omega}=\pi$，解得 $\omega=2$；

(2) 由(1)得 $f(x)=2\sin(2x+\frac{\pi}{6})$，解不等式 $2k\pi-\frac{\pi}{2}\leqslant 2x+\frac{\pi}{6}\leqslant 2k\pi+\frac{\pi}{2}$ 得 $k\pi-\frac{\pi}{3}\leqslant x\leqslant k\pi+\frac{\pi}{6}$ 所以单调递增区间是 $\left[k\pi-\frac{\pi}{3},\ k\pi+\frac{\pi}{6}\right]$.

21.【答案】(1) $f(x)=\sin\left(2x-\frac{\pi}{6}\right)$；(2) 答案见解析

【解析】(1) ∵ 周期 $T=\frac{2\pi}{\omega}=2\times\left(\frac{5\pi}{6}-\frac{\pi}{3}\right)=\pi$，∴ $\omega=2$.

又因为 $\sin\left(2\times\frac{\pi}{3}+\varphi\right)=1$，所以 $\frac{2\pi}{3}+\varphi=2k\pi+\frac{\pi}{2}$，$k\in\mathbf{Z}$，即 $\varphi=2k\pi-\frac{\pi}{6}$，$k\in\mathbf{Z}$.

因为 $|\varphi|<\frac{\pi}{2}$，所以 $\varphi=-\frac{\pi}{6}$，所以 $f(x)=\sin\left(2x-\frac{\pi}{6}\right)$.

(2)$y=\sin x$ 的图像向右平移 $\frac{\pi}{6}$ 个单位得 $y=\sin\left(x-\frac{\pi}{6}\right)$ 的图像，再由 $y=\sin\left(x-\frac{\pi}{6}\right)$ 的图像上所有点的横坐标缩短到原来的 $\frac{1}{2}$ 倍（纵坐标不变），得到 $f(x)=\sin\left(2x-\frac{\pi}{6}\right)$ 的图像.

第6章　数　　列

【考点1　数列的概念】

一、选择题

1.【答案】B

【解析】依题意 $a_4=\frac{4}{4^2+8}=\frac{4}{24}=\frac{1}{6}$，故选 B.

2.【答案】A

【解析】因为 $a_n=\begin{cases}3n-2, & n\geq 10\\ 3^{n-2}, & n\leq 9\end{cases}(n\in\mathbf{N}^*)$，所以 $a_5=3^{5-2}=3^3=27$，故选 A.

3.【答案】B

【解析】因为题中数列的第 n 项为 $\sqrt{2n-1}$，而 $3\sqrt{5}=\sqrt{45}=\sqrt{2\times 23-1}$，所以 $3\sqrt{5}$ 是题中数列的第 23 项. 故选 B.

4.【答案】C

【解析】把 $n=5$ 代入 $a_n=4n-3$ 中得到所求为 17，故选 C.

5.【答案】C

【解析】数列 1，-3，5，-7，9，… 的一个通项公式为 $a_n=(-1)^n(1-2n)$. 故选 C.

6.【答案】C

【解析】因为 $a_1=\frac{1}{3}$，$a_{n+1}=1-\frac{1}{a_n}$，所以 $a_2=-2$，$a_3=\frac{3}{2}$，$a_4=\frac{1}{3}=a_1$，所以数列 $\{a_n\}$ 是周期为 3 的周期数列，所以 $a_{28}=a_1=\frac{1}{3}$，故选 C.

7.【答案】D

【解析】因为 $S_n=a_1+a_2+a_3+\cdots+a_n=(a_3-a_2)+(a_4-a_3)+(a_5-a_4)+(a_6-a_5)+\cdots(a_{n+2}-a_{n+1})=a_{n+2}-a_2=a_{n+2}-1$，所以 $S_{2019}=a_{2021}-1$，故选 D.

8.【答案】B

【解析】细心观察，寻求相邻项及项与序号之间的关系，由题意知，数列$\{a_n\}$的各项为1，6，15，28，45，…

所以$a_1=1=1\times1$，$a_2=6=2\times3$，$a_3=15=3\times5$，$a_4=28=4\times7$，$a_5=45=5\times9$，…，$a_n=n(2n-1)$，所以$a_10=10\times19=190$，故选B.

9.【答案】B

【解析】根据图(a)的规律可求得第n个图形中点的个数通项公式，以及图(b)中第m个图形中点的个数的通项公式，再逐个选项辨析即可. 易得图(a)中第n个图形中点的个数通项公式$a_n=1+2+3+\cdots+n=\dfrac{n(n+1)}{2}$，图$(b)$中第$m$个图形中点的个数通项公式$b_m=m^2$. 四个选项中仅$\begin{cases}\dfrac{n(n+1)}{2}=36\\ m^2=36.\end{cases}$有正整数解. $\begin{cases}n=8\\ m=6.\end{cases}$ 故选B.

10.【答案】B

【解析】通过观察发现从第二项起，每一项与它前一项的差是前一项的序号的3倍，可得：$6-3=3=1\times3$，$12-6=6=2\times3$，$21-12=9=3\times3$，

根据规律有$x-21=4\times3$所以$x=21+12=33$，并且也满足$48-33=5\times3$，故选B.

二、填空题

11.【答案】$a_n=\begin{cases}1,\ (n=1)\\ 3\times4^{n-1},\ (n\geqslant2)\end{cases}$

【解析】当$n=1$时，$a_1=S_1=4^1-3=1$；

当$n\geqslant2$时，$a_n=S_n-S_{n-1}=(4^n-3)-(4^{n-1}-3)=3\times4^{n-1}$，而$3\times4^{1-1}=3\neq1$.

故数列$\{a_n\}$的通项公式为$a_n=\begin{cases}1,\ (n=1)\\ 3\times4^{n-1},\ (n\geqslant2)\end{cases}$.

12.【答案】$a_n=\begin{cases}5,\ (n=1)\\ 2^{n-1},\ (n\geqslant2 且 n\in N^*)\end{cases}$

【解析】当$n=1$时，$a_1=S_1=5$；当$a\geqslant2$时，$a_n=S_n-S_{n-1}=2^{n-1}$，经验证，当$n=1$时，$a_1=1\neq5$，所以数列的通项公式是$a_n=\begin{cases}5,\ n=1\\ 2^{n-1},\ n\geqslant2 且 n\in N^*\end{cases}$.

13.【答案】$a_n=\begin{cases}1,\ (n=1)\\ 2n-3,\ (n\geqslant2)\end{cases}$

【解析】$a_n=\begin{cases}S_1,\ (n=1)\\ S_n-S_{n-1},\ (n\geqslant2)\end{cases}$，而$S_1=1-2+2=1$，

当$n\geqslant2$时，$S_n-S_{n-1}=n^2-(n-1)^2-2=2n-3$，故$a_n=\begin{cases}1,\ (n=1)\\ 2n-3,\ (n\geqslant2)\end{cases}$.

14.【答案】$a_n=(-1)^n\cdot(6n-5)$

【解析】由于$\{a_n\}=\{-1，7，-13，19，-25，31，\cdots\}$是首项为1，公差为6的等差数列，所以$|a_n|+6n-5$，所以$a_n=(-1)^n\cdot(6n-5)$. 故答案为$a_n=(-1)^n\cdot(6n-5)$.

15.【答案】25

【解析】$\because 2a_{n+1}=2a_n+3$，$\therefore a_{n+1}=a_n+\dfrac{3}{2}$，

又 $a_1=1$，$\therefore$ 数列$\{a_n\}$是以 1 为首项，公差 $d=\dfrac{3}{2}$ 的等差数列，

$\therefore a_{17}=a_1+16d=1+16\times\dfrac{3}{2}=25$.

故答案为 25.

16.【答案】$a_n=3n-1$

【解析】因为 $a_{n+1}-a_n=3$，所以数列$\{a_n\}$是公差为 3 的等差数列，$a_n=2-(n-1)\cdot 3=3n-1$. 故答案为 $a_n=3n-1$.

17.【答案】299

【解析】因为 $a_n+a_{n+2}=2a_{n+1}$，所以数列$\{a_n\}$是等差数列，因为 $a_1=2$，$a_2=5$，所以公差 $d=3$，$a_n=2+3(n-1)=3n-1$，$a_{100}=300-1=299$. 故答案为 299.

18.【答案】$\dfrac{3}{2n}$

【解析】由 $a_n=\dfrac{3a_{n-1}}{3+2a_{n-1}}(n\geqslant 2)$，可得$\dfrac{1}{a_n}=\dfrac{2}{3}+\dfrac{1}{a_{n-1}}$，可得数列$\{a_n\}$是以$\dfrac{2}{3}$为首项，公差为 $\dfrac{2}{3}$ 的等差数列，所以$\dfrac{1}{a_n}=\dfrac{2}{3}+(n-1)\dfrac{2}{3}=\dfrac{2n}{3}$，可得 $a_n=\dfrac{3}{2n}$，故答案为 $\dfrac{3}{2n}$.

【考点 2　等差数列】

一、选择题

1.【答案】C

【解析】第一个数列是公差为 1 的等差数列. 第二个数列是摆动数列，不是等差数列. 第三个数列是公差为 0 的等差数列. 第四个数列是公差为$\dfrac{1}{10}$的等差数列. 故有 3 个等差数列，故选 C.

2.【答案】A

【解析】因为 $a_1=4$，$d=3$，所以 $a_n=a_1+(n-1)d=3n+1$，所以 $a_n=3n+1=28$，解得 $n=9$，故选 A.

3.【答案】A

【解析】因为 $a_3+a_7+a_{15}=8$，得 $3a_1+22d=8$①，又 $a_8=3$，得 $a_1+7d=3$②，由①②得$\begin{cases}a_1=10\\d=-1\end{cases}$，故 $a_9=a_1+8d=10-8=2$，故选 A.

4.【答案】A

【解析】由 $2S_3+S_2=S_4$，得 $4a_1+d=0$，$\therefore d=-4$，$a_4=-11$，$S_7=7a_4=-77$. 故选 A.

5.【答案】A

【解析】$\because a_4=4$，$S_4=10\therefore a_4=a_1+3d=4$，$S_4=4a_1+\dfrac{4\times 3}{2}d=10$，解得 $a_1=1$，$d=1$. 故选 A.

6.【答案】C

【解析】在等差数列 $\{a_n\}$ 中，$a_3+a_9=12$，所以 $a_1+a_{11}=a_3+a_9$，

所以 $S_{11}=\dfrac{11\times(a_1+a_{11})}{2}=\dfrac{11\times(a_3+a_9)}{2}=\dfrac{11\times 12}{2}=66$，故选 C.

7.【答案】B

【解析】因为 $3+a_5=a_3+a_8$，由等差数列性质，若 $m+n=p+q$，则 $a_m+a_n=a_p+a_q$，所以 $a_6=3$. S_n 为数列 $\{a_n\}$ 的前 n 项和，则 $S_{11}=\dfrac{11(a_1+a_{11})}{2}=11a_6=33$，故选 B.

8.【答案】B

【解析】由题意每天织布的数量组成等差数列，在等差数列 $\{a_n\}$ 中，$a_1=5$，$a_{30}=1$，

所以 $S_{30}=\dfrac{30\times 5+1}{2}=90$(尺)，故选 B.

9.【答案】D

【解析】数列 $\{a_n\}$ 满足 $2a_n=a_{n-1}+a_{n+1}(n\geqslant 2)$，则数列 $\{a_n\}$ 是等差数列，利用等差数列的性质可知，$a_3+a_4+a_5=a_2+a_4+a_6=12$，故选 D.

10.【答案】A

【解析】由题知 $x+1$ 是 5 和 7 的等差中项，所以 $2\times(x+1)=5+7$，得 $x=5$，故选 A.

11.【答案】D

【解析】由题知三个数 $2a$，3，$a-6$ 成等差数列，则 $2\times 3=2a+a-6$，得 $a=4$，故选 D.

12.【答案】C

【解析】因为 $\{a_n\}$ 是等差数列，所以 $a_3=a_1+2d=1$，$(a_1+d)(a_1+3d)=\dfrac{3}{4}$，解得 $d=\dfrac{1}{2}$，$a_1=0$，故选 C.

13.【答案】D

【解析】因为 $a_1=2$，$a_{n+1}-a_n=2$，所以数列 $\{a_n\}$ 是以 2 为首项，2 为公差的等差数列，所以 $a_n=2n$，所以 $a_{51}=2\times 51=102$，故选 D.

二、填空题

14.【答案】0

【解析】由 $a_2=2$，得 $a_1+d=2$，又因为 $a_3+a_5=12$，得 $2a_1+6d=12$，联立解得：$a_1=0$，$d=2$，故答案为0.

15.【答案】-17

【解析】∵ 等差数列10，7，4⋯中，$a_1=10$，$d=7-10=-3$，∴$a_{10}=10+9\times(-3)=-17$，故答案为$-17$.

16.【答案】21

【解析】∵$a_1=3$，$d=2$，∴$a_{10}=a_1+9d=3+9\times2=21$，故答案为21.

17.【答案】27

【解析】∵x，6，y，12，是等差数列，∴ 公差 $d=\dfrac{12-6}{2}=3$，则 $x=3$，$y=9$，$xy=27$，故答案为27.

18.【答案】27

【解析】因为$\{a_n\}$为等差数列，所以 S_3，S_6-S_3，S_9-S_6 为等差数列，所以 $2(S_6-S_3)=S_3+S_9-S_6$，即 $2\times(12-3)=3+S_9-12$，所以 $S_9=27$，故答案为27.

【考点3　等比数列】

一、选择题

1.【答案】B

【解析】由题意$\begin{cases}a_1+a_1q=6\\a_1q^2=3\end{cases}$，解得$\begin{cases}a_1=3\\q=1\end{cases}$或$\begin{cases}a_1=12\\q=-\dfrac{1}{2}\end{cases}$，故选B.

2.【答案】C

【解析】设正数的等比数列$\{a_n\}$的公比为q，则$\begin{cases}a_1+a_1q+a_1q^2+a_1q^3=15\\a_1q^4=3a_1q^2+4a_1\end{cases}$，解得$\begin{cases}a_1=1\\q=2\end{cases}$，所以 $a_3=a_1q^2=4$，故选C.

3.【答案】D

【解析】∵$\{a_n\}$是等比数列，∴$q^3=\dfrac{a_4}{a_1}=\dfrac{\frac{1}{4}}{2}=\dfrac{1}{8}$，∴$q=\dfrac{1}{2}$，故选D.

4.【答案】B

【解析】由等比中项的性质可得 $a_1a_3a_5=a_3^3=8$，解得 $a_3=2$，因此，$a_2a_4=a_3^2=2^2=4$，故选B.

5.【答案】B

【解析】因为 1，2，m 为等比数列，故$\frac{2}{1}=\frac{m}{2}$，即 $m=4$，故选 B.

6.【答案】B

【解析】由等比数列的性质可知，$a_1+a_2+a_3=4$，$a_4+a_5+a_6=9^3(a_1+a_2+a_3)=8$，所以 $9^3=2$，则 $S_{12}=4+8+16+32=60$，故选 B.

7.【答案】C

【解析】因为数列$\{a_n\}$是等比数列，故可得S_5，$S_{10}-S_5$，$S_{15}-S_{10}$，$S_{20}-S_{15}$依然成等比数列，因为$S_5=10$，$S_{10}=30$，故可得$S_{10}-S_5=20$，故该数列的首项为10，公比为2，故可得 $S_{20}=\frac{10(1-2^4)}{1-2}=150$，故选 C.

8.【答案】D

【解析】数列 0，0，0，…，0，… 是无穷数列，从第 2 项开始起，每一项与它前一项的差都等于常数0，符合等差数列的定义，所以数列0，0，0，…，0，… 是等差数列，根据等比数列的定义可知，等比数列中不含有为 0 的项，所以数列 0，0，0，…，0，… 不是等比数列，故选 D.

9.【答案】A

【解析】在等比数列$\{a_n\}$中，因为a_3，a_7是方程 $x^2-6x+1=0$ 的两个根，所以 $a_3+a_7=6>0$，$a_3\cdot a_7=1>0$，所以 $a_3>0$，$a_7>0$，$a_5>0$，因为 $a_3\cdot a_7={a_5}^2=1$，所以 $a_5=1$，故选 A.

10.【答案】A

【解析】设等比数列$\{a_n\}$的公比为q，前 n 项和为 S_n，

则 $S_{20}-S_{10}=a_{11}+a_{12}+\cdots+a_{20}=q^{10}(a_1+a_2+\cdots+a_{10})=q^{10}S_{10}$，

$S_{30}-S_{20}=a_{21}+a_{22}+\cdots+a_{30}=q^{20}(a_1+a_2+\cdots+a_{10})=q^{20}S_{10}$，

所以，$(S_{20}-S_{10})^2=q^{20}S_{10}^2=S_{10}\cdot(S_{30}-S_{20})$，$(21-S_{10})^2=S_{10}(49-21)$，

整理可得 $S_{10}^2-70S_{10}+441=0$，解得 $S_{10}=7$ 或 63.

当 $S_{10}=63$ 时，$S_{20}-S_{10}=-42$，则 $q^{10}=-\frac{42}{63}=-\frac{2}{3}$，显然不成立，故 $S_{10}=7$，故选 A.

二、填空题

11.【答案】±3

【解析】∵1，x，9 成等比数列，∴$x^2=9$，得 $x=\pm3$，故答案为 ±3.

12.【答案】2

【解析】∵a，$2a$，8 是等比数列的前三项，∴ $(2a)^2=8a$，得 $4a^2=8a$，

又 ∵$a\neq0$，∴$a=2$，故答案为 2.

13.【答案】$\frac{5}{3}$

【解析】设组成的等比数列为 $20+x$，$50+x$，$100+x$，得$(50+x)^2=(20+x)(100+x)$，解得 $x=25$，这时等比数列变成 45，75，125，从而公比 $q=\frac{75}{45}=\frac{5}{3}$，故答案为$\frac{5}{3}$.

14.【答案】27

【解析】在等比数列$\{a_n\}$中，$a_n>0$，且 $a_1+a_2=1$，$a_3+a_4=9$，

得$\frac{a_1(1-q^2)}{1-q}=1$，且$\frac{a_1q^2(1-q^2)}{1-q}=9$，解得 $q=3$，$a_1=\frac{1}{4}$.

所以 $a_4+a_5=\frac{a_1q^3(1-q^2)}{1-q}=27$，故答案为 27.

15.【答案】16

【解析】由 S_3，S_6-S_3，S_9-S_6，$S_{12}-S_9$ 成等比数列，此数列首项为 $S_3=2$，

其公比 $q=\frac{S_6-S_3}{S_3}=\frac{6-2}{2}=2$，得 $S_{12}-S_9=2\times2^3=16$，故答案为 16.

16.【答案】2

【解析】$a_3=3$，$a_{10}=384$，所以 $a_{10}=a_3\cdot q^7$，得 $q^7=128$，$q=2$，故答案为 2.

17.【答案】$\frac{7}{3}$

【解析】$q\neq1$，否则$\frac{S_6}{S_3}=\frac{6a_1}{3a_1}=2\neq3$.

$$\frac{S_6}{S_3}=\frac{\frac{a_1(1-q^6)}{1-q}}{\frac{a_1(1-q^3)}{1-q}}=1+q^3=3，q^3=2.\quad \frac{S_9}{S_6}=\frac{\frac{a_1(1-q^9)}{1-q}}{\frac{a_1(1-q^6)}{1-q}}=\frac{1-q^9}{1-q^6}=\frac{1-2^3}{1-2^2}=\frac{7}{3}.$$

故答案为$\frac{7}{3}$.

第 7 章　平面向量

【考点 1　向量的概念及几何运算】

一、选择题

1.【答案】C

【解析】$|\vec{a}|=2$，$|\vec{b}|=\sqrt{2}$，即$|\vec{a}|\neq|\vec{b}|$，A 答案错误；$4\vec{a}-3\vec{b}=(5,-3)$，B 答案错误；$2\times1-0\times1\neq0$，得$\vec{a}$，$\vec{b}$不共线，$\vec{a}$，$\vec{b}$可以作为平面向量的一个基底，C 正确；$\vec{a}-\vec{b}=(1,-1)$，$1\times(-1)-1\times1\neq0$，即$\vec{a}-\vec{b}$与$\vec{b}$不共线，D 答案错误.

2.【答案】A

【解析】由题知 $\vec{a}\perp\vec{b}\Leftrightarrow\vec{a}\cdot\vec{b}=0$，则 $\vec{a}\cdot\vec{b}=-4+2k=0$，得 $k=2$，

$|\vec{a}+\vec{b}|=\sqrt{(-1+4)^2+(2+2)^2}=\sqrt{25}=5$，故选 A.

3.【答案】B

【解析】$\because (\vec{a}-2\vec{b})\cdot\vec{c}=(3,\ 0)\cdot(m,\ 2)=3m+0=0$，$\therefore m=0$，故选 B.

4.【答案】B

【解析】因为 $\vec{a}=(2,\ -1)$，$\vec{b}=(1,\ 3)$，所以 $\vec{a}\cdot\vec{b}=2\times1-1\times3=-1$，

$|\vec{a}|=\sqrt{2^2+(-1)^2}=\sqrt{5}$，$|\vec{b}|=\sqrt{1^2+3^2}=\sqrt{10}$，

$\cos\theta=\dfrac{\vec{a}\cdot\vec{b}}{|\vec{a}|\cdot|\vec{b}|}=\dfrac{-1}{\sqrt{5}\times\sqrt{10}}=\dfrac{-5\sqrt{2}}{50}=-\dfrac{\sqrt{2}}{10}$，故选 B.

5.【答案】B

【解析】$|\vec{a}-\vec{b}|^2=|\vec{a}|^2-2\vec{a}\cdot\vec{b}+|\vec{b}|^2=|\vec{a}|^2-2|\vec{a}||\vec{b}|\cos45°+|\vec{b}|^2=18-2\times 3\sqrt{2}\times2\times\dfrac{\sqrt{2}}{2}+4=10$，故 $|\vec{a}-\vec{b}|=\sqrt{10}$，故选 B.

6.【答案】D

【解析】$\overrightarrow{AN}=\overrightarrow{AM}+\overrightarrow{MN}=(-6,\ 4)$，$\overrightarrow{AM}\cdot\overrightarrow{AN}=(-7,\ 1)\times(-6,\ 4)=(-7)\times(-6)+1\times4=46$. 故选 D.

7.【答案】D

【解析】设 $\vec{a}$ 与 $\vec{b}$ 的夹角为 θ，则 $(2\vec{a}+\vec{b})\cdot\vec{a}=2\vec{a}^2+\vec{a}\cdot\vec{b}=2|\vec{a}|^2+|\vec{a}|\cdot|\vec{b}|\cos\theta=0$，即 $2+2\sqrt{2}\cos\theta=0$，

解得 $\cos\theta=-\dfrac{\sqrt{2}}{2}$，因为 $\theta\in[0,\ \pi]$，所以 $\theta=\dfrac{3\pi}{4}$，故选 D.

8.【答案】C

【解析】设非零向量 $\vec{a}$，$\vec{b}$ 的夹角为 θ. $\because \vec{a}\cdot\vec{b}=|\vec{a}||\vec{b}|\cos\theta=|2\vec{a}+\vec{b}|>0$，

$\therefore 0<\cos\theta\leqslant1$，由 $\vec{a}\cdot\vec{b}=|2\vec{a}+\vec{b}|$ 两边平方得 $|\vec{a}|^2|\vec{b}|^2\cos^2\theta=4\vec{a}^2+\vec{b}^2+4\vec{a}\cdot\vec{b}$，

$\because 4\vec{a}^2+\vec{b}^2\geqslant2|2\vec{a}||\vec{b}|$，$\therefore |\vec{a}|^2|\vec{b}|^2\cos^2\theta\geqslant2|2\vec{a}||\vec{b}|+4|\vec{a}|\cdot|\vec{b}|\cos\theta$，

即 $|\vec{a}||\vec{b}|\cos^2\theta\geqslant4+4\cos\theta$，即 $|\vec{a}||\vec{b}|\geqslant\dfrac{4(1+\cos\theta)}{\cos^2\theta}=4\left[\left(\dfrac{1}{\cos\theta}\right)^2+\dfrac{1}{\cos\theta}\right]=4\left(\dfrac{1}{\cos\theta}+\dfrac{1}{2}\right)^2-1$，

$\because 0<\cos\theta\leqslant1$，$\therefore \dfrac{1}{\cos\theta}\geqslant1$，即当 $\dfrac{1}{\cos\theta}=1$ 时，$|\vec{a}||\vec{b}|$ 取得最小值，最小值为 8，故选 C.

二、填空题

9.【答案】$3\sqrt{2}$

【解析】$\because \vec{a}=(-1,\ 1)$，且 $\vec{a}\parallel\vec{c}$，$\therefore$ 可设 $\vec{c}=\lambda\vec{a}$，则 $\vec{c}=(-\lambda,\ \lambda)$，

$\because \vec{b}=(-2, 4)$，$\therefore \vec{b}+\vec{c}=(-2, 4)+(-\lambda, \lambda)=(-\lambda-2, \lambda+4)$，

$\because \vec{a}\perp(\vec{b}+\vec{c})$，$\therefore \vec{a}\perp(\vec{b}+\vec{c})=(-1)\times(-\lambda-2)+1\times(\lambda+4)=0$，

即 $2\lambda+6=0$，解得 $\lambda=-3$，$\therefore \vec{c}=(3, -3)$，$|\vec{c}|=\sqrt{(-3)^2+3^2}=3\sqrt{2}$，故答案为 $3\sqrt{2}$.

10.【答案】$\sqrt{3}$

【解析】由 $\vec{a}+\vec{b}=(-2, 1)$，得 $|\vec{a}+\vec{b}|^2=5$.

$\because |\vec{a}-\vec{b}|^2=|\vec{a}+\vec{b}|^2-4\vec{a}\cdot\vec{b}=5-2=3$，$\therefore |\vec{a}-\vec{b}|=\sqrt{3}$. 故答案为$\sqrt{3}$.

【考点 2　平面向量直角坐标运算】

一、选择题

1.【答案】B

【解析】$\because \vec{a}=(1, 2)$，$\vec{b}=(3, 4)$，$\vec{c}=(5, m)(m\in\mathrm{R})$，

$\therefore (2\vec{a}-\vec{b})\cdot\vec{c}=(-1, 0)\times(5, m)=-5$，故选 B.

2.【答案】D

【解析】$\vec{a}=(m, 2)$，$\vec{b}=(m, m-4)$，$\because \vec{a}\perp\vec{b}$，$\therefore \vec{a}\cdot\vec{b}=0$，则 $m^2+2m-8=0$，

解得 $m=2$ 或 $m=-4$，又 $\because |\vec{a}|\neq|\vec{b}|$，$\therefore m=-4$，故选 D.

3.【答案】C

【解析】$\because \vec{a}=(1, 2)\ \vec{b}=(3, x)$，$\therefore \vec{a}+\vec{b}=(4, 2+x)$，又 $\because \vec{a}$与$\vec{b}$共线，$\therefore 2+x=8$，解得 $x=6$，$\therefore \vec{b}=(3, 6)$，那么$\vec{a}-\vec{b}=(-2, -4)$，则$|\vec{a}-\vec{b}|=\sqrt{(-2)^2+(-4)^2}=2\sqrt{5}$. 故选 C.

4.【答案】D

【解析】在直角梯形 $ABCD$ 中，$\angle A=90°$，$AB//CD$，$AD=DC=\frac{1}{2}AB=1$，则 $\angle B=45°$，$BC=\sqrt{2}$，$\overrightarrow{AB}\cdot\overrightarrow{BC}=2\times\sqrt{2}\times(-\frac{\sqrt{2}}{2})=-2$，设$\overrightarrow{BP}=\lambda\overrightarrow{BC}(0\leqslant\lambda\leqslant1)$，则$\overrightarrow{AP}\cdot\overrightarrow{PC}=(\overrightarrow{AB}+\overrightarrow{BP})\cdot(\overrightarrow{BC}-\overrightarrow{BP})=(1-\lambda)\overrightarrow{BC}\cdot(\overrightarrow{AB}+\lambda\overrightarrow{BC})=(1-\lambda)\cdot\lambda\overrightarrow{BC}^2+(1-\lambda)\cdot\overrightarrow{AB}\cdot\overrightarrow{BC}=-2(\lambda-1)^2$，又 $0\leqslant\lambda\leqslant-1$，则$\overrightarrow{AP}\cdot\overrightarrow{PC}\in[-2, 0]$，故选 D..

5.【答案】C

【解析】$\because \vec{a}=(1, n)$，$\vec{b}=(-1, n)$，且 $\vec{a}\perp\vec{b}$，$\therefore 1\times(-1)+n^2=0$，解得 $n=\pm1$.

$\therefore \vec{a}=(1, \pm1)$，故$|\vec{a}|=\sqrt{1^2+(\pm1)^2}=\sqrt{2}$，故选 C.

6.【答案】D

【解析】$|\vec{a}|=1$，$|\vec{b}|=2$，$\vec{a}+\vec{b}=(2\sqrt{2},1)$，$|\vec{a}+\vec{b}|=\sqrt{(2\sqrt{2})^2+1^2}=3$，即 $|\vec{a}+\vec{b}|=|\vec{a}|+|\vec{b}|$，则 $\vec{a}$，$\vec{b}$ 同向，所以 $|3\vec{a}+\vec{b}|=3|\vec{a}|+|\vec{b}|=5$，故选 D.

7.【答案】C

【解析】$\because \vec{a}+\vec{b}=\left(\frac{1}{2},\frac{\sqrt{3}}{2}\right)$，得 $(\vec{a}+\vec{b})^2=1$，即 $\vec{a}^2+\vec{b}^2+2\vec{a}\vec{b}=2+2\vec{a}\vec{b}=1$，

$\therefore \vec{a}\vec{b}=-\frac{1}{2}$，则 $|\vec{b}-\vec{a}|=\sqrt{(\vec{b}-\vec{a})^2}=\sqrt{\vec{b}^2+\vec{a}^2-2\vec{b}\vec{a}}=\sqrt{1+1+1}=\sqrt{3}$，

$\vec{a}\times(\vec{b}-\vec{a})=\vec{b}\vec{a}-\vec{a}^2=-\frac{1}{2}-1=-\frac{3}{2}$，$\cos\theta=\frac{\vec{a}\cdot(\vec{b}-\vec{a})}{|\vec{a}||\vec{b}-\vec{a}|}=\frac{-\frac{3}{2}}{3}=-\frac{1}{2}$，

又 $0\leqslant\langle\vec{a},\vec{b}-\vec{a}\rangle\leqslant\pi$，所以 $\langle\vec{a},\vec{b}-\vec{a}\rangle=\frac{2\pi}{3}$，即向量 $\vec{a}$ 与 $\vec{b}-\vec{a}$ 的夹角为 $\frac{2\pi}{3}$，故选 C.

二、填空题

8.【答案】$\frac{1}{2}$

【解析】$\because \vec{a}$，$\vec{b}$ 是单位向量，$(2\vec{a}+\vec{b})(\vec{a}-\vec{b})=\frac{1}{2}$，则 $(2\vec{a}+\vec{b})(\vec{a}-\vec{b})=2\vec{a}^2-2\vec{a}\vec{b}+\vec{a}\vec{b}-\vec{b}^2=2-\vec{a}\vec{b}-1=1-\vec{a}\vec{b}=\frac{1}{2}$，解得 $\vec{a}\cdot\vec{b}=\frac{1}{2}$.

9.【答案】$\frac{1}{4}$

【解析】$\because \vec{a}$，$\vec{b}$ 是单位向量，且满足 $|2\vec{a}-\vec{b}|=2|\vec{b}|$，$\therefore (2\vec{a}-\vec{b})^2=4\vec{b}^2$.

即 $4\vec{a}^2-4\vec{a}\vec{b}+\vec{b}^2=4\vec{b}^2$，即 $4|\vec{a}|^2-4\vec{a}\vec{b}+|\vec{b}|^2=4|\vec{b}|^2$，即 $4-4\vec{a}\vec{b}+1=4$，

得 $\vec{a}\cdot\vec{b}=\frac{1}{4}$.

10.【答案】$2\sqrt{5}$

【解析】$\because |\vec{a}+2\vec{b}|=|\vec{a}-2\vec{b}|$，$\therefore |\vec{a}+2\vec{b}|^2=|\vec{a}-2\vec{b}|^2$.

则 $|\vec{a}|^2+4|\vec{a}||\vec{b}|+|\vec{b}|^2=|\vec{a}|^2-4|\vec{a}||\vec{b}|+|\vec{b}|^2$，得 $\vec{a}\cdot\vec{b}=-m-4=0$，$\therefore m=-4$，此时 $\vec{b}=(-4,2)$，

则 $|\vec{b}|=\sqrt{2^2+(-4)^2}=\sqrt{20}=2\sqrt{5}$.

11.【答案】22

【解析】$\vec{a}\cdot\vec{b}=(-2)\times3+4\times7=-6+28=22$.

三、解答题

12. 解：(1) $\because \vec{a}/\!/\vec{b}$，$\therefore 3x-36=0$，$x=12$，$\vec{b}=(9,12)$，

又 $\because \vec{a} \perp \vec{c}$，$\therefore \vec{a} \cdot \vec{c}=12+4y=0$，$y=-3$，$\vec{c}=(4, -3)$.

(2)$\vec{m}=2\vec{a}-\vec{b}=(-3, -4)$，$\vec{n}=\vec{a}+\vec{c}=(7, 1)$，$\therefore \vec{m} \cdot \vec{n}=-25$，$|\vec{m}|=5$，$|\vec{n}|=5\sqrt{2}$，设 $\vec{m}$，$\vec{n}$ 的夹角为 θ，则 $\cos\theta=\frac{\vec{m} \cdot \vec{n}}{|\vec{m}||\vec{n}|}=-\frac{\sqrt{2}}{2}$，$\because \theta \in [0, \pi]$，$\therefore \theta=\frac{3\pi}{4}$，即向量 $\vec{m}$ 与向量 $\vec{n}$ 的夹角为 $\frac{3\pi}{4}$.

第 8 章　平面解析几何

【考点 1　两点间的距离与线段中点的坐标】

一、选择题

1.【答案】C

【解析】根据中点坐标公式易解，$x=\frac{(2+4)}{2}=3$，$y=\frac{(3-1)}{2}=1$，故选 C.

2.【答案】B

【解析】根据两点间距离公式 $d=\sqrt{(x_1-x_2)^2-(y_1-y_2)^2}$ 易解，故选 B.

3.【答案】D

【解析】根据两点间距离公式 $d=\sqrt{(x_1-x_2)^2-(y_1-y_2)^2}$ 易解，故选 D.

4.【答案】B

【解析】根据中点坐标公式和两点间距离公式易解，故选 B.

5.【答案】C

【解析】根据中点坐标公式易解，故选 C.

二、填空题

6.【答案】5，(3.5，5)

【解析】根据中点坐标公式和两点间距离公式易解.

7.【答案】-1 或 1.6

【解析】根据两点间距离公式 $d=\sqrt{(x_1-x_2)^2-(y_1-y_2)^2}$ 易解.

8.【答案】(9，0) 或 $(-1, 0)$

【解析】根据两点间距离公式 $d=\sqrt{(x_1-x_2)^2-(y_1-y_2)^2}$ 易解.

三、解答题

9. 解：(1) 设 D 点的坐标为 (x, y)，因为 $A(-2, 3)$，$B(6, -3)$，并且 D 是线段 AB 的中点，所以 $x=(-2+6)/2=2$，$Y=\{-3+(-3)\}/2=-3$，即 $D(2, -3)$.

(2) 因为 $C(6, 0)$，所以 $|CD|=\sqrt{16+9}=5$.

10. 解：因为 $A(2, y)$，$B(4, 10)$，$C(x, 6)$，并且点 A 与点 B 关于点 C 对称，所以 $x=(2+4)/2=3$，$6=(y+10)/2$，即 $x=3$，$y=2$.

【考点 2　直线的方程】

一、选择题

1.【答案】D

【解析】由直线方程知，$k=-\frac{\sqrt{3}}{3}$，倾斜角为 $\frac{5\pi}{6}$，故选 D.

2.【答案】A

【解析】令 $x=0$，解之 $y=-\frac{1}{3}$，故选 A.

3.【答案】C

【解析】易知 $k=3\times 2=6$，又过 $(1, -1)$，故直线方程为 $6x-y-7=0$，故选 C.

4.【答案】C

【解析】经过点 $A(-1, -5)$ 和 $B(2, 13)$ 的直线为 $\frac{y-13}{x-2}=\frac{13+5}{2+1}$，即直线方程为：$y=6x+1$，令 $y=0$，得 $y=-\frac{1}{6}$，故选 C.

5.【答案】C

【解析】直线 l 在 x 轴上的截距为 2，在 y 轴上的截距为 3，则直线 l 的方程为 $\frac{x}{2}+\frac{y}{3}$，即 $3x+2y-6=0$，故选 C.

6.【答案】C

【解析】① 直线 $3x+y-6=0$ 与坐标轴围成的三角形的面积为 6，正确；

② 直线 $x+\sqrt{3}y-2=0$ 的倾斜角为 $\frac{2\pi}{3}$，错误；

③ 若直线 l 的纵截距为 -2，且经过点 $P(1, 3)$，则直线 l 的方程为 $5x-y-2=0$ 正确；

故选 C.

二、填空题

7.【答案】120°

【解析】若直线 l 过点 $M(2,\sqrt{3})$，$N(5,\ -2\sqrt{3})$，则直线 l 斜率为

$k=\dfrac{-2\sqrt{3}-\sqrt{3}}{5-2}=-\sqrt{3}$，所以倾斜角为 120°.

8.【答案】$-\dfrac{1}{2}$

【解析】过点 $A(-2,m)$，$B(m,4)$ 的直线的斜率为 3，$k=\dfrac{4-m}{m+2}=3$，则实数 m 的值为 $-\dfrac{1}{2}$.

三、解答题

9. 解：利用 $\sin^2\alpha+\cos^2\alpha=1$，得 $\sin\alpha=\pm\dfrac{3}{5}$，

由 $\alpha\in[0,\pi)$，得 $\sin\alpha=0.75$，斜率 $k=\tan\alpha=0.75$，

由 $y-3=0.75(x+2)$ 知，直线 l 的方程为 $3x-4y+18=0$.

10. 解：直线 l 的方程为 $x-y+3=0$.

11. 解：由 $\sin2\alpha+\cos2\alpha=1$，$\sin\alpha=0.8$，$\alpha\in[0,\pi)$，

知 $\cos\alpha=\pm\dfrac{3}{5}$，$\tan\alpha=\pm\dfrac{4}{3}$，得直线 l 的方程为 $4x-3y+6=0$ 或 $4x+3y-6=0$.

12.【答案】直线 l 的方程为 $2x+y-9=0$ 或 $x-4y=0$.

【解析】直线 l 过点 $A(4,1)$，且在 y 轴上的截距是在 x 轴上截距的 2 倍，如果截距等于 0，不妨设直线 l 的方程 $y=kx$，把点 $A(4,1)$ 代入得 $x-4y=0$. 如果截距不等于 0，设 直线 l 的方程为 $\dfrac{x}{m}+\dfrac{y}{2m}=1$，把点 $A(4,1)$ 代入得 $m=4.5$，直线 l 的方程为 $2x+y-9=0$. 故直线 l 的方程为 $2x+y-9=0$ 或 $x-4y=0$.

13.【答案】直线方程为 $4x-y+16=0$ 或 $x+3y-9=0$

【解析】经过点 $P(-3,4)$，且在两坐标轴上的截距之和等于 12，不妨设直线的方程为 $\dfrac{x}{m}+\dfrac{y}{12-m}=1$，把点 $P(-3,4)$ 代入，解之，$m=-4$ 或者 9. 直线的方程为 $4x-y+16=0$ 或 $x+3y-9=0$.

14.【答案】$b=\pm2$

【解析】已知直线 $y=2x+b$ 与坐标轴围成的三角形的面积为 8.

令 $x=0$ 时，$y=b$；令 $y=0$ 时，$x=-\dfrac{b}{2}$，根据三角形面积公式得：

$S=\dfrac{1}{2}\cdot|b|\cdot\left|-\dfrac{b}{2}\right|$，解之实数 $b=\pm2$.

【考点 3　两条直线的位置关系】

一、选择题

1.【答案】C

【解析】直线 l_1：$x+ay=2a+2$ 与直线 l_2：$ax+y=a+1$ 平行，则 a 的值 1 或 -1，当 $a=-1$ 时两直线重合，不符合题意，故选 C.

2.【答案】B

【解析】过点 $A(2,1)$ 且与直线 $x+y=1$ 垂直的直线斜率为 1，不妨设 $x-y+m=0$，把点 $A(2,1)$ 代入得 $m=-1$，故选 B.

3.【答案】B

【解析】点 $P(x,y)$ 在直线 $x+y-4=0$ 上，O 为原点，则 $|OP|$ 的最小值是点 O 到直线得距离为最小值：$d=\dfrac{|0+0-4|}{\sqrt{1^2+1^2}}=2\sqrt{2}$，故选 B.

4.【答案】C

【解析】由点到直线的距离公式，解得 $a=0$ 或 10，故选 C.

5.【答案】D

【解析】斜率分别为 k_1，k_2 的两条直线垂直的充要条件为 $k_1 \cdot k_2=-1$，故选 D.

6.【答案】C

【解析】过点(1，2)且与 y 轴平行的直线的方程是 $x=1$，故选 C.

7.【答案】A

【解析】设该直线的方程为 $x+2y+b=0$，代入点(2，0)，得 $b=-2$，即该直线的方程为 $x+2y-2=0$，故选 A.

8.【答案】A

【解析】两条直线垂直的充要条件为 $k_1 \cdot k_2=-1$，故选 A.

二、填空题

9.【答案】$2x+3y+1=0$

【解析】根据两条直线垂直条件，可以求出直线斜率为 $-\dfrac{2}{3}$

设所求直线方程为 $2x+3y+c=0$，

因为过点(1，-1)，所以 $2\times1+3\times(-1)+c=0$，即 $c=1$，

所以所求直线的方程为 $2x+3y+1=0$.

10.【答案】$x=5$ 或 $3x-4y+25=0$

【解析】可以设为 $x=5$ 或 $y=k(x-5)+10=0$，把(0，0)代入点到直线的距离公式得 $\frac{|0+0+10-5k|}{\sqrt{k^2+1^2}}=5$，解得 $k=\frac{3}{4}$，所以所求直线的方程为 $x=5$ 或 $3x-4y+25=0$.

11.【答案】$\frac{5\sqrt{13}}{13}$

【解析】两条平行直线 $2x+3y-5=0$ 与 $2x+3y-10=0$ 之间的距离是利用平行线间距离公式得到 $\frac{|-5+10|}{\sqrt{2^2+3^2}}=\frac{5\sqrt{13}}{13}$.

三、解答题

12.【答案】$x+3y-2=0$

【解析】解方程组 $\begin{cases}3x+2y+1=0\\2x-3y+5=0\end{cases}$ 得交点坐标为$(-1, 1)$. 又因为垂直于直线 l：$6x-2y+5=0$，故斜率为 $-\frac{1}{3}$，利用点斜式可求得直线方程为 $x+3y-2=0$.

13.【答案】$x+2y-1=0$

【解析】直线 l 过直线 $3x-4y+2=0$ 与 y 轴的交点. 令 $x=0$ 得 $y=0.5$，所以交点坐标为(0，0.5)；因为直线 l 平行于直线 $x+2y-3=0$，所以 $k=-0.5$，

不妨设直线 l：$x+2y+m=0$，把交点(0，0.5)代入得 $m=-1$，所以直线 l 的方程为 $x+2y-1=0$.

14.【答案】$x+2y-1=0$，4

【解析】(1) 联立解方程组，得 $\begin{cases}x=3\\y=3\end{cases}$，因此交点 P 的坐标为(3，3).

令平行于直线 $3x+4y-1=0$ 的直线方程为 $3x+4y+m=0(m\neq-1)$，

因为直线过点 $P(3, 3)$，所以 $3\times3+4\times3+m=0$，解得 $m=-21$.

故过点 P 且平行于直线 $3x+4y-1=0$ 的直线方程为 $3x+4y-21=0$.

(2) 由(1)知，点 P 的坐标为(3，3).

由点到直线的距离公式，得 $d=\frac{|3\times3+4\times3-11|}{3^2+4^2}=4$，

故点 P 到直线 $3x+4y-1=0$ 的距离为 4.

【考点 4　圆】

一、选择题

1.【答案】D

【解析】圆的方程为 $x^2+y^2+4x-6y-12=0$，可变为 $(x+2)^2+(y-3)^2=25$，圆心 $(-2,3)$，$r=5$，故选 D.

2.【答案】B

【解析】线段的中点坐标就是圆心坐标，线段 MN 的长度就是圆的直径.

已知点 $M(1,2)$，$N(3,4)$，则以线段 MN 为直径的圆的标准方程圆心坐标：$x=\dfrac{1+3}{2}=2$，$y=\dfrac{2+4}{2}=3$，即圆心 $(2,3)$；$|MN|=\sqrt{(3-1)^2+(4-2)^2}=2\sqrt{2}$，$r^2=2$，圆的标准方程为 $(x-2)^2+(y-3)^2=2$，故选 B.

3.【答案】C

【解析】若直线 $x-y+1=0$ 与圆 $(x-a)^2+y^2=2$ 有公共点，

圆心 $(a,0)$ 到直线的距离 $d=\dfrac{|a-0+1|}{\sqrt{1^2+1^2}}\leqslant\sqrt{2}$，

则必须 $d\leqslant r$，所以化简得 $|a+1|\leqslant 2$，得 $-2\leqslant a+1\leqslant 2$，解得 $-3\leqslant a\leqslant 1$，故选C.

4.【答案】D

【解析】圆心 $C(1,-1)$，半径 $r=3$. 因为圆心到直线的距离为 $d=2.2<r=3$，所以应选 D.

5.【答案】A

【解析】根据直线与圆的位置关系可得 $r=\sqrt{2}$，所以圆的方程 为 $(x-1)^2+(y+2)^2=2$.

6.【答案】D

【解析】利用点到直线的距离公式可知，答案应为 D.

二、填空题

7.【答案】$x-y+1=0$

【解析】圆的方程为 $(x-1)^2+(y-2)^2=5$，所以直线过圆心 $(1,2)$，再根据直线的倾斜角是 $45°$ 可求出该直线的方程 .

8.【答案】$(0,\dfrac{4}{3})$

【解析】$r=1$，$\dfrac{|2k-3+2|}{k^2+1}<1$，$3k^2-4k<0$，$0<k<\dfrac{4}{3}$.

9.【答案】$2\sqrt{2}$

【解析】圆心到直线的距离 $d=2$，圆的半径 $r=2$，所以 $|AB|=2\sqrt{2}$.

10.【答案】相切

【解析】因为圆心到直线的距离 $d=5=r$，所以直线与圆相切.

三、解答题

11.【答案】圆的标准方程为$(x-2)^2+(y+3)^2=5$

【解析】由圆心坐标可设所求圆的方程为$(x-2)^2+(y+3)^2=r^2$，联立两直线方程，得方程组解 $x=1$，$y=1$.

即交点(1，1)，所以圆经过交点（1，－1），故 $(1-2)^2+(-1+3)^2=r^2$，解得 $r^2=5$，即所求圆的标准方程为$(x-2)^2+(y+3)^2=5$.

12.【答案】当$-2<b<2$时，直线 l 与圆相交；当$b=-2$或$b=2$时，直线 l 与圆相切；当 $b>2$ 或 $b<-2$ 时，直线 l 与圆相离.

【解析】代数法：联立方程得$\begin{cases}y=x+b,\\x^2+y^2=2,\end{cases}$ 则 $2x^2+2bx+b^2-2=0$（＊），$\Delta=(2b)^2-8(b^2-2)=-4(b+2)(b-2)$. 所以

当 $\Delta>0$，即 $-2<b<2$ 时，方程（＊）有两个不同的实数解，则直线 l 与圆相交；

当 $\Delta=0$，即 $b=-2$ 或 $b=2$ 时，方程（＊）有两个相同的实数解，则直线 l 与圆相切；

当 $\Delta<0$，即 $b>2$ 或 $b<-2$ 时，方程（＊）没有实数解，则直线 l 与圆相离.

方法二几何法：圆 $x^2+y^2=2$ 的圆心坐标为(0，0)，半径 $r=2$. 圆心到直线 l 的距离为 d，所以当 $d<r$，即 $-2<b<2$ 时，直线 l 与圆相交；当 $d=r$，即 $b=-2$ 或 $b=2$ 时，直线 l 与圆相切；当 $d>r$，即 $b>2$ 或 $b<-2$ 时，直线 l 与圆相离.

【真题典现】

1.【答案】(1)$2x-y-1=0$. (2)$x^2+y^2+4x-1=0$

【解析】$k_{MN}=\dfrac{0-4}{2-0}=\dfrac{4}{2}=2=k=k_1$，所以 l_1 的方程为 $y-1=2(x-1)$，即 $2x-y-1=0$.

(2) 直线 l 为 $2x-y+4=0$，与 x 轴的交点为$C(-2,0)$.

又 ∵ 圆 C 与 l_1 相切，∴ $d=r=\dfrac{|2\times(-2)+(-1)\times0-1|}{\sqrt{2^2+1^2}}=\sqrt{5}$.

∴ 圆 C 的标准方程为$(x+2)^2+y^2=5$. 一般式方程为 $x^2+y^2+4x-1=0$.

2.【答案】(1) $x-y-2=0$；(2) 相切

【解析】(1) 易知点 $A(-2,4)$ 关于 x 轴的对称点为 $A'(-2,-4)$.

则 $k_{AB}=\dfrac{-4-0}{2-2}=\dfrac{4}{4}=1$. 所以直线 l 方程：$y-0=1\times(x-2)$，即 $x-y-2=0$.

(2) $|AB|=\sqrt{(-2-2)^2+(4-0)^2}=4\sqrt{2}$.

所以圆的圆心是(0，2).

所以所求圆的方程为 $x^2+(y-2)^2=8$.

圆心到直线 l 的距离 $d=\frac{0-2-2}{1+1}=2\sqrt{2}=r$.

故该圆与直线 l 的位置关系是相切.

3.【答案】(1) 圆心为$(-1,0)$，$r=3$，直线 l 与圆相交；

(2) l 的方程为 $x+2=0$ 或 $3x+4y-20$

【解析】(1) 圆的标准方程为$(x+1)^2+y^2=9$.

所以圆心为$(-1,0)$，半径 $r=3>1$.

l 与圆相交.

(2) 当 k 存在时，设直线 l：$y-2=k(x+2)$，

$d=\frac{|k-0+2+2k|}{\sqrt{1+k^2}}=1$，解得 $k=-\frac{3}{4}$.

此时直线 l 为 $3x+4y-2=0$. 当 k 不存在时，$x=-2$.

所以 l 的方程为 $x+2=0$ 或 $3x+4y-2=0$.

4. 【答案】(1)$x^2+y^2-4y-1=0$；(2) $\sqrt{3}x-y+5=0$ 或$\sqrt{3}x-y-3=0$.

【解析】(1) 设直线 $5x+3y-6=0$ 与 y 轴相交于点 C，当 $x=0$ 时，$y=2$.

所以 点 C 的坐标为$(0,2)$，$|AC|^2=(2-0)^2+(3-2)2=5$，所以圆的标准方程为 $x^2+(y-2)^2=5$，

一般方程为 $x^2+y^2-4y-1=0$.

(2) $\because l_1\perp l$，$\therefore l_1$为$\sqrt{3}x-y+m=0$. $\because$ 点 $B(0,1)$ 到 l_1 的距离为 2，

$\therefore \frac{|0-1+m|}{\sqrt{1+3^2}}=2$，解得 $m=5$ 或 -3.

$\therefore l_1$的方程为$\sqrt{3}x-y+5=0$ 或$\sqrt{3}x-y-3=0$.

5.【答案】(1)$4x-y-5=0$；(2)$x^2+y^2-6y+5=0$

【解析】(1) 易得 $A(3,0)$，$B(0,2)$，AB 中点的坐标为$(1.5,1)$，

又 $\because$ 纵截距为 -5，则 l 过点$(0,-5)$，斜 率 $k=4$.

$\therefore y+5=4(x-0)$，即 $4x-y-5=0$.

(2) 易得 $P(0,3)$，点到直线的距离为 $d=2$. 即$(x-0)^2+(y-3)^2=4$，所以可得出 $x^2+y^2-6y+5=0$.

6.【答案】(1)$x-y-3=0$；(2) 圆的方程为$(x+1)2+(y-2)2=18$

【解析】(1) 设直线 l_l 的斜率分别为 k，k_1. $\because k_1=-1$，且 $l_1\perp l$. $\therefore k=1$.

由点斜式得 $y+1=x-2$，即 $x-y-3=0$.

(2) 易得 l_1 与 l_2 的交点为 $C(-1,2)$.

又 $\because l$ 与圆 C 相切，$\therefore r$ 等于圆心到直线 l 的距离 $d=3\sqrt{2}$，

$\therefore$ 圆的方程为$(x+1)^2+(y-2)^2=18$.

第 9 章　立体几何

【考点　柱、锥、球及其简单组合体】

一、选择题

1.【答案】B

【解析】①、②错误，①圆柱是旋转体，②侧棱长相等，底面边长相等，故选 B.

2.【答案】C

【解析】由底面边长和侧棱，可以先求出斜高为 $2\sqrt{3}$，再求出侧面积，故选 C.

3.【答案】A

【解析】根据圆柱的 $S_{全}=2\pi rh+2\pi r^2$，$V=\pi r^2 h$. 分别求解，故选 A.

4.【答案】B

【解析】先利用轴截面是等腰直角三角形，求出圆锥的母线长为 $4\sqrt{2}$，再由圆锥的 $S_{侧}=\pi rl$ 求解，故选 B.

5.【答案】D

【解析】直接由 $\frac{4}{3}\pi R^3=4\pi R^2$ 得 $R=3$，再由圆的面积公式求得，故选 D.

6.【答案】A

【解析】设圆柱的高为 h，底面圆半径为 r，球的半径为 R. 由题意知，$h=2r$，根据圆柱体积公式 $V=\pi r^2 h$，可得 $r=3$，所以 $R=r=3$. 由球体积公式 $V_{球}=\frac{4}{3}\pi R^3$，可得 $V=36\pi$，故选 A.

7.【答案】C

【解析】绕 BC 边旋转一周所围成的图形是一个圆柱和一个圆锥的简单组合体，分别求出圆柱的体积为 8π、圆锥的体积为 $\frac{4}{3}\pi$，相加后即可求出旋转一周所围成的图形的体积为 $\frac{28}{3}\pi$，故选 C.

8.【答案】C

【解析】由球的体积公式可得 $8\times\frac{4}{3}\pi R^3=\frac{4}{3}\pi(2R)^3$. 球的半径增大为原来的 2 倍，故选 C.

二、填空题

9.【答案】$30\pi m^3$

【解析】该粮仓体积＝圆柱体积＋圆锥体积，$V_{圆柱}=\pi\times3^2\times3=27\pi m^3$，

$V_{圆锥}=\frac{4}{3}\times\pi\times3^2\times1=3\pi m^3$， 所以粮仓体积 $V=V_{圆柱}+V_{圆锥}=30\pi m^2$.

10.【答案】48，20

【解析】底面边长为 2cm，由正棱柱的全面积公式 $S_{全}=ch+2S_{底}$ 可得 $S_{全}=48cm^2$. 根据 $V=S_{底}\cdot h$ 解得 $V=20\ cm^3$.

11.【答案】$\frac{2\sqrt{2}\pi}{3}$

【解析】圆锥的高 $h=2\sqrt{2}cm$，故体积 $V=\frac{1}{3}\pi r^2\cdot h=\frac{2\sqrt{2}\pi}{3}$.

12.【答案】$\frac{27}{4\pi}cm^3$，$(\frac{9}{2\pi}+9)cm^2$

【解析】圆柱的高和底面周长都是 3cm，所以 $2\pi r=3cm$，$r=\frac{3}{2\pi}cm$，$h=3cm$，体积 $V=\pi r^2h=\pi(\frac{3}{2\pi})^2\times3=\frac{27}{2\pi}cm^3$；$S_{表}=2\pi r(r+h)=3\times(\frac{3}{2\pi}+3)=(\frac{9}{2\pi}+9)cm^2$.

13.【答案】$\frac{256\sqrt{3}\pi}{27}$

【解析】小圆半径为 2，设求得半径为 R，则 $R^2-(\frac{R}{2})^2=4$， 所以球半径 R 为 $\frac{4\sqrt{3}}{3}$，

$V=\frac{4}{3}\pi R^3=\frac{4}{3}\pi\times(\frac{4\sqrt{3}}{3})^3=\frac{256}{27}\sqrt{3}\pi$.

三、解答题

14.【答案】(1)$20\sqrt{3}$；(2) $\frac{9}{4}\sqrt{2}$

【解析】(1) 设正三棱柱的底面边长为 $a$cm. 因为正三棱柱的侧面积为 $60cm^2$ 且高为 5cm，所以 $3\times5\times a=60$，解得 $a=4$，所以底面正三角形的高为$\sqrt{4^2-2^2}$(cm)， 所以该正三棱柱的体积为$\frac{1}{2}\times4\times2\sqrt{3}\times5=20\sqrt{3}$ (cm^3).

(2) 已知正三棱锥 $P-ABC$ 中，$AB=3$， 侧棱 $PA=PB=PC=3$，所以该正三棱锥 $P-ABC$ 的全面积为$\frac{1}{2}\times4\times3\times\sqrt{3}\times1.5=9\sqrt{3}$，体积为$\frac{1}{3}\times\frac{9}{4}\sqrt{3}\times\sqrt{6}=\frac{9}{4}\sqrt{2}$.

15. 【答案】(1)48；(2) 圆锥的全面积 $S=1\times\pi\times(2+1)=3\pi$，体积为 $V=\frac{1}{3}\pi\times1^2\times\sqrt{3}=\frac{\sqrt{3}\pi}{3}$

【解析】(1) 因为球 O 的半径 $r=\sqrt[3]{\frac{36}{\pi}}$，所以球 O 的体积为 $V_{球}=\frac{4}{3}\pi\times(\sqrt[3]{\frac{36}{\pi}})^3=48$，所以正四棱柱的体积 $V_{正四棱柱}=48$，因为正四棱柱 $ABCD-A_1B_1C_1D_1$ 的底面边长为 4，所以正四棱柱的高为 $\frac{48}{16}=3$，所以正四棱柱 $ABCD-A_1B_1C_1D_1$ 的侧面积为 $4\times4\times3=48$.

(2) 设圆锥的底面半径为 r，因为圆锥的轴截面是面积为 $\sqrt{3}$ 的正三角形，所以 $\frac{1}{2}\times2r\times3r=3$，解得 $r=1$，

所以圆锥的全面积 $S=1\times\pi\times(2+1)=3\pi$，体积为 $V=\frac{1}{3}\pi\times1^2\times\sqrt{3}=\frac{\sqrt{3}\pi}{3}$.

【真题再现】

1.【答案】C

【解析】由题意可知，$V_{圆锥}=V_{圆柱}$，即 $\frac{1}{3}\pi r^2\times12=\pi r^2\times h$，所以 $h=4$，故选 C.

2. 【答案】C

【解析】由题意可知，熔成球的体积 $V=\frac{4}{3}\pi(3^3+4^3+5^3)=\frac{4}{3}\pi r^3$，解得 $r=6$，故选 C.

3.【答案】36π

【解析】由 $V=\frac{4}{3}\pi r^3$ 可得 $\frac{4}{3}\pi r^3=36\pi$，解得 $r=3$，则该球的表面积 $S=4\pi r^2=36\pi(\text{cm}^2)$.

第 10 章　概率与统计

【考点 1　计数原理】

【强化训练】

一、选择题

1【答案】D

【解析】选出任意 1 人参加学校的演讲比赛，总共 27 人，所以有 27 种方法，故选 D.

2.【答案】C

【解析】从中任取一个球，总共 30 个球，所以有 30 种方法，故选 C.

3.【答案】D

【解析】从 30 个球中选出 2 个分别为 1 个白球 1 个红球，可以看成是经过先选 1 个白球，再选 1 红球这两个步骤完成. 先选 1 个白球，共有 10 种选法；选定白球，再选 1 个红球有 20 种选法，根据分步计数原理. 所求的不同的选法数是 $10\times20=200$ 种，故选 D.

4.【答案】B

【解析】十位数上有 5 种选择，个位数上有 4 种选择 $4\times5=20$，故选 B.

5.【答案】B

【解析】：总共 5 层，需要上楼梯 4 次，每次两种选择 $2\times2\times2\times2=24$，故选 B.

6.【答案】C

【解析】：3 枚硬币，每枚硬币 2 种结果，所以 $2\times2\times2=8$，故选 C.

7.【答案】C

【解析】男生 25 人，女生 20 人，从男生和女生中各选 1 人参加县里的演讲比赛，男生选法 25 种女生选法 20 种，$20\times25=500$，故选 C.

8.【答案】D

【解析】一个口袋中有 5 封信的选法有 5 种，另一个口袋中有 4 封信的选法有 4 种，$5\times4=20$，故选 D.

9.【答案】B

【解析】高一$\frac{30}{6}=5$，所以高二$\frac{40}{5}=8$，故选 B.

10.【答案】C

【解析】总共有 10 人，任选 1 人的方法有 10 种，故选 C.

11.【答案】C

【解析】A 型电脑有 4 台选中的方法有 4 种，故选 C.

12.【答案】B

【解析】100 张奖券选 1 张的有 100 种方法，中奖的有 2 种方法，所以中奖概率为$\frac{2}{100}$，故选 B.

13.【答案】D

【解析】奇数是不能被 2 整除的数，偶数是能被 2 整除的数，不存在既能被 2 整除，又不能被 2 整除的数，故选 D.

14.【答案】C

【解析】第 1 个人有 6 种排法，第 2 个人有 5 种排法，第 3 个人有 4 种排法，第 4 个人有 3 种排法，第 5 个人有 2 种排法，第 6 个人有 1 种排法，$6\times5\times4\times3\times2\times1=720$，即不同的表排法为 $A_6^6=720$ 种，故选 C.

15.【答案】B

【解析】$C_8^2C_2^1=56$.

二、填空题

16. 8
17. 243
18. 27
19. 6
20. 12

三、解答题

21. 解：(1) 所有不同选法是从 8 个人中选 4 个人的组合数，所以共有 $C_8^4=\frac{8\times7\times6\times5}{4\times3\times2\times1}=70$ 种选法.

(2) 若甲同学必须去，再从其他 7 个人中选 3 个人即可，所以共有 $C_7^3=\frac{7\times6\times5}{3\times2\times1}=35$ 种选法.

(3) 甲、乙有 1 个人去的选法为 C_2^1，其他 3 人从其余 6 个人中选有 C_6^3 种选法，所以共有选法 $C_2^1C_6^3=2\times20=40$ 种.

22. 解：(1) 不相邻问题采用插空法. 首先排歌曲节目，有 A_6^6 种排法，然后在歌曲节目之间的 5 个空和两端排入 5 个小品，有 A_7^5 种排法，所以任何两个节目不相邻的排法有 $A_6^6A_7^5=1814400$ 种.

(2) 首先排歌曲节目有 A_6^6 种排法，然后在歌曲节目之间的 5 个空中排入小品节目有 A_5^5 种排法. 由此可知，歌曲节目和小品节目间隔排列的方法有 $A_6^6A_5^5=86400$ 种.

【考点 2　随机事件的概率与古典概型】

一、选择题

1.【答案】A

【解析】抛掷两枚硬币.

2.【答案】B

3.【答案】C

4.【答案】D

5.【答案】C

6.【答案】A

7.【答案】D

8.【答案】C

9.【答案】A

10.【答案】C

11.【答案】A

【解析】插空法：两位老师不相邻的排法种数有 $A_8^8A_9^2$ 种.

12.【答案】A

【解析】$C_7^4=35$.

13.【答案】B

【解析】$(x+1)^{10}$ 的展开式有 $10+1=11$ 项，二项式系数最大的项是第 6 项，系数最大的项也是第 6 项.

14.【答案】A

15.【答案】B

【解析】甲被选中的概率为$\dfrac{C_4^1}{C_5^2}=\dfrac{4}{10}=\dfrac{2}{5}$.

二、填空题

16. 随机

17. 不可能

18. 必然

19. 频数

20. $\dfrac{1}{14}$

三、解答题

21. 解：$P(A)=\frac{3}{6}=\frac{1}{2}$.

2. 解：$P=\frac{1}{3}$.

【考点 3　抽样与统计】

一、选择题

1. 【答案】B
2. 【答案】C
3. 【答案】C
4. 【答案】B
5. 【答案】C
6. 【答案】A
7. 【答案】A
8. 【答案】A

【解析】由题意知，$\frac{30}{N}=0.25$，解得 $N=30$.

9. 【答案】B

【解析】抽样间距为$\frac{40}{4}=10$，满足条件的是 B. 2，12，22，32.

10. 【答案】B

【解析】该组的频数是 $20\times0.25=5$.

二、填空题

11. 8，5，5，2
12. 50

三、解答题

13. 解：该学校一年级学生的身高为总体，每一个一年级学生的身高为个体，被抽取的20名一年级学生的身高为样本，样本容量是20

14. 解：应该采用分层抽样，一年级抽取 $360\times\frac{200}{1200}=60$ 人，二年级抽取 $420\times\frac{200}{1200}=70$ 人，三年级抽取 $420\times\frac{200}{1200}=70$ 人.

【考点 4　样本的均值和标准差】

一、选择题

1. 【答案】D

【解析】$3\times(2+2)=12$.

2. 【答案】C

【解析】分步计数原理：第一步，排十位数有 4 种；第二步，排个位数的有 4 种，共有 $4\times 4=16$ 种.

3. 【答案】D

【解析】准备 $A_3^3=6$ 种.

4. 【答案】C

5. 【答案】A

【解析】$C_7^4=35$ 种.

6. 【答案】B

【解析】$C_8^2C_2^1=56$.

7. 【答案】B

【解析】不同的取法种数为 $C_3^1C_4^3+C_3^2C_4^2+C_3^3C_4^1=34$.

8. 【答案】D

【解析】设第 $m+1$ 项是 x^3 项，则 $T_{m+1}=C_7^m x^m$，所以 x^2 项的系数是 $C_7^2=21$.

9. 【答案】B

【解析】$(x+1)^{10}$ 的展开式有 $10+1=11$ 项，二项式系数最大的项是第 6 项，系数最大的项也是第 6 项.

10. 【答案】B

【解析】所有项的二项式系数之和是 $C_4^0+C_4^1+C_4^3+C_4^4=2^4=16$.

11. 【答案】B

【解析】甲被选中的概率为$\dfrac{C_4^1}{C_6^2}=\dfrac{4}{10}=\dfrac{2}{5}$.

12. 【答案】A

【解析】两数都是偶数的概率为$\dfrac{C_2^2}{C_6^2}=\dfrac{3}{15}=\dfrac{1}{5}$.

13. 【答案】B

【解析】抛掷两个骰子的点数有 $6\times 6=36$ 种，点数为 7 的有(1，6)、(2，5)、(3，4)、(4，3)、(5，2)、(6，1)6 种，所以点数之和是 7 的概率是$\dfrac{1}{6}$.

二、填空题

14. $\frac{\sqrt{5}}{2}$

15. 120

16. 40

17. 乙

三、解答题

18. 解：该组的平均数为$(4.7+4.8+5.1+5.4+5.5)/5=5.1$，所以该组方差为$s^2=[(4.7-5.1)^2+(4.8-5.1)^2+(5.1-5.1)^2+(5.4-5.1)^2+(5.5-5.1)^2+\frac{1}{5}=0.1$.

19. 解：$\bar{x}=\frac{3+5+7+9+11+13+15+17+19}{9}=10$.